아이와 함께 즐거운 그림 그리기!

세상에서 제일 간단한 그림 그리기

- 동물 -

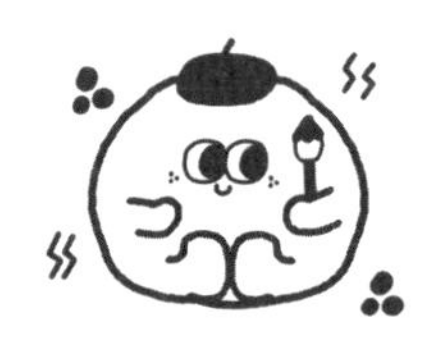

미대에서 시각디자인을 전공하고,
캐릭터 디자인 문구 회사에서 근무했다.
지금은 프리랜서 캐릭터 디자이너로 활동 중이다.
아이와 부모에게 쉽고 간단한 그리기 방법을 이 책에 소개했다.
행복한 그림 그리는 시간이 되길 기대한다.

@bosong._.bosong

코너스샤인

세상에서 제일 간단한 그림 그리기 - 동물 -

초판 3쇄 발행 2022년 9월 30일
초판 1쇄 발행 2021년 1월 30일

글·그림 코너스샤인
기획 김은경
편집 이지영
디자인 IndigoBlue

발행처 마음상자
발행인 조경아
주소 서울시 마포구 포은로2나길 31 벨라비스타 208호
전화 02.324.2102 팩스 02.324.2103
등록번호 101-90-85278 등록일자 2008년 7월 10일
이메일 mindbox1@naver.com
블로그 blog.naver.com/mindbox1
ISBN 979-11-5635-150-4 (13650)
값 13,800원

마음상자는 랭귀지북스의 임프린트입니다.

우리 아이가 그림을 그려 달라고 하면?
고민하지 마세요! 간단해요!

아이들은 그림 그리기를 무척 좋아합니다.
아이가 엄마나 아빠에게 그림을 그려 달라고 하면,
그림에 소질이 있지 않은 이상 참으로 난감합니다.
아이가 기대하는 만큼 그림을 그릴 수 없다고 생각하기 때문이죠.
그렇다고 아이와 즐거운 시간을 포기하기는 너무 아쉽죠.

아이들은 원하는 대상을 조금만 비슷하게 그려줘도
우리 엄마 아빠가 '최고의 화가'라고 생각해요.
그러니 그림에 자신이 없어도 너무 고민하지 마세요!
점, 선, 원, 도형만 그릴 수 있으면 무엇이든 그릴 수 있어요.
이 책을 따라 아이와 함께 자신 있게 시작해 보세요.
그림 그리는 시간이 행복하고 즐거워질 거예요.

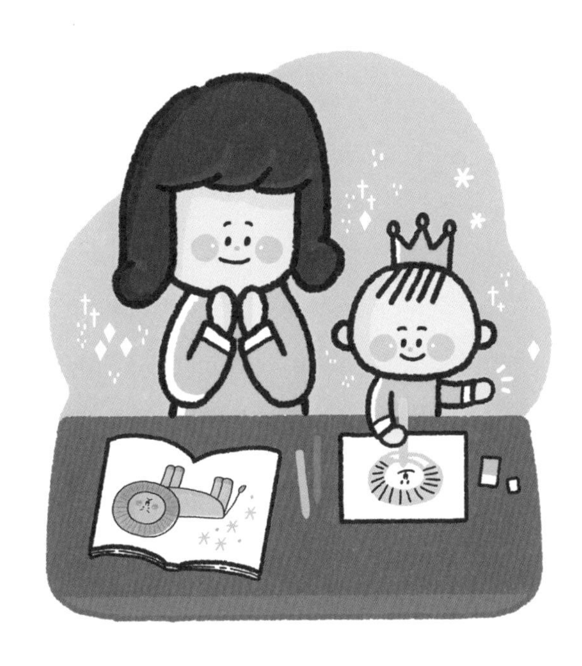

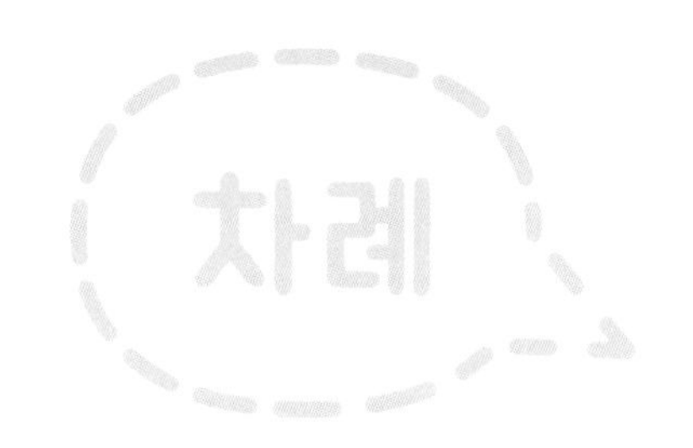

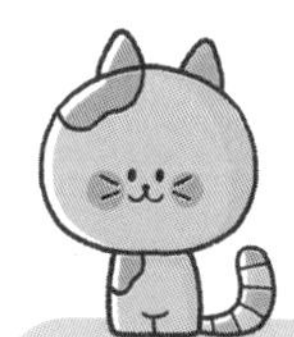

기본 그리기

선

도형

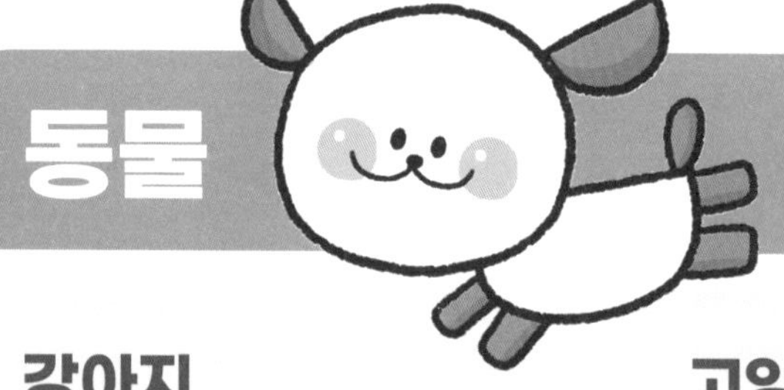

동물

강아지

고양이

토끼

사자

호랑이

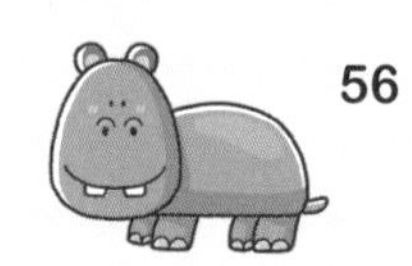

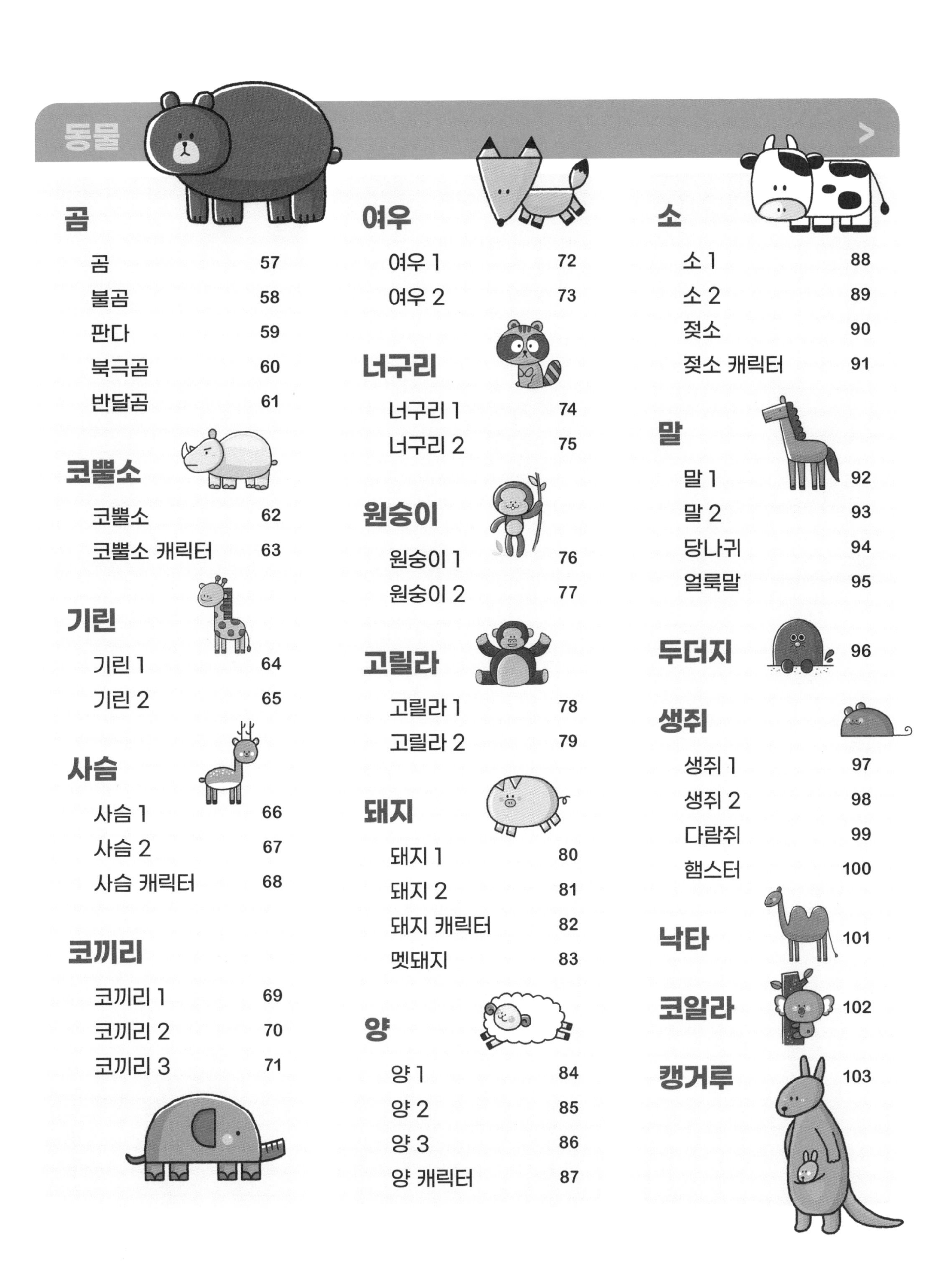

동물

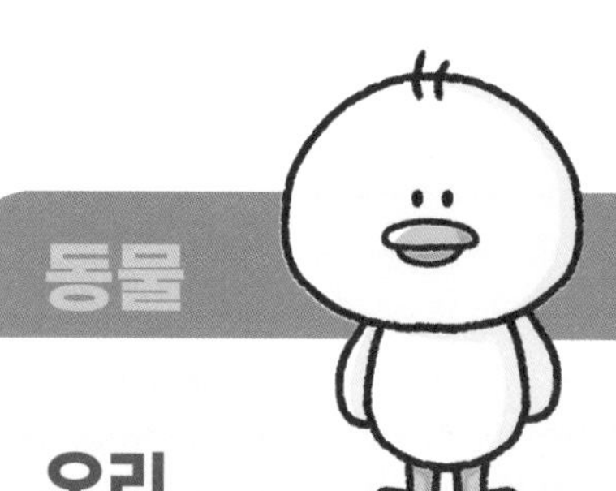

동물

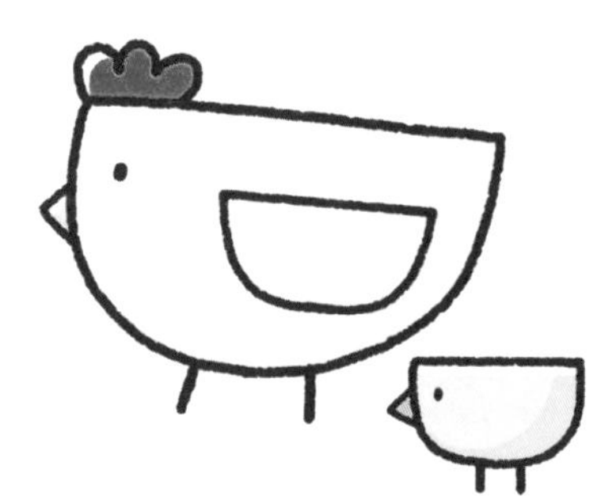

색칠하기

'그림 그리기'는 어떤 능력을 키워 주나요?

'그림 그리기'는 아이의 관찰력, 창의력, 집중력을 향상시키고, 자신감을 키워 줍니다.

관찰력 & 창의력

그림을 그리려면 그릴 대상을 충분히 관찰해야 합니다.
관찰을 통해 그리고자 하는 대상의 특징을 파악하는 능력이 향상되고,
이 능력은 창의력 발달에 도움이 됩니다.

집중력

아이가 그림 그리는 시간을 좋아하게 되면, 시간 가는 줄 몰라요.
자연스럽게 집중력이 향상됩니다.

자신감

그림을 잘 그리면 자신이 그린 그림을 친구들에게 자랑하게 돼요.
자랑은 곧 자신감이 되고, 자신감 있는 아이는 밝고 씩씩한 아이로 자랍니다.

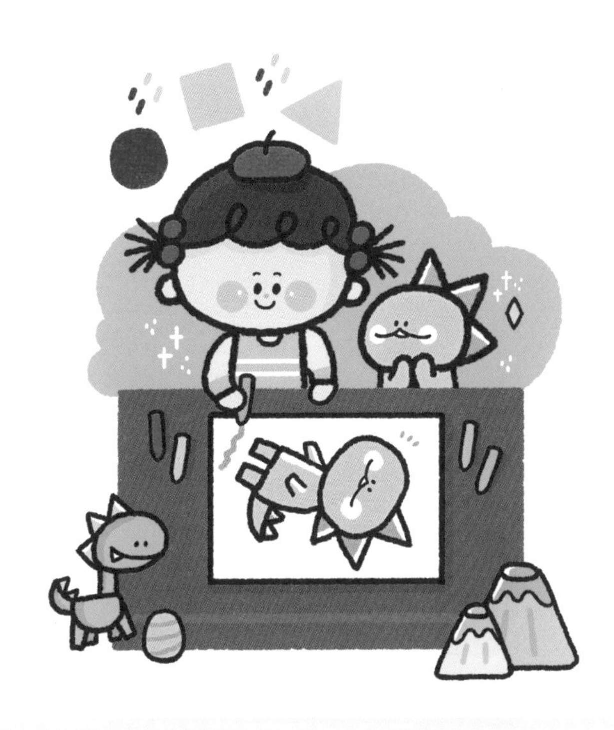

아이와 함께 '그림 그리기' 어떻게 해야 할까요?

다음 방법으로 보다 즐거운 그림 그리기 시간을 만들어 보세요.

흥미 아이가 좋아하는 대상에 대해 이야기 나누세요!
공룡을 좋아한다면, 관련 영상을 함께 본 후, 공룡에 대해 이야기를 나누면서 그림을 그려 보세요. "이건 티라노사우루스야."라고 단정적으로 말하지 말고, 다양한 이야기를 나누세요. "아까 본 목이 긴 공룡이 브라키오사우루스지?", "아빠는 힘센 티라노사우루스가 좋은데, 너는 어떤 공룡이 좋아?", 이렇게 질문하고 대답하는 대화법으로 흥미를 유발시키며, 그림에 대한 교감을 나눕니다.

칭찬 아이가 그린 그림을 평가하지 마세요!
'이것밖에 안 돼?', '전혀 다르네?' 같은 평가나 그냥 '잘 그렸네.' 같은 표현은 안 좋아요. "공룡이 살아 있는 것 같아. 뾰족한 이빨이 무서운걸? 특징을 아주 잘 살려 그렸네."라고 구체적으로 이야기하면서 칭찬하세요. 그러면 그림에 자신감도 생기고, 이야기가 있는 그림을 그리려고 노력하게 될 거예요. 그렇게 되면 생각이 확장되어 상상력과 표현력이 동시에 향상돼요.

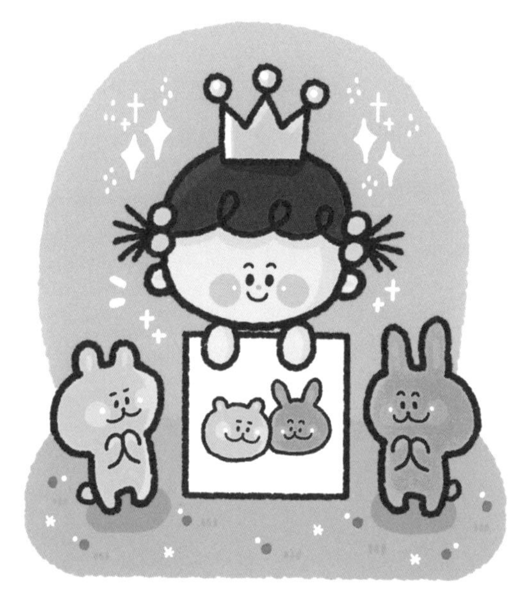

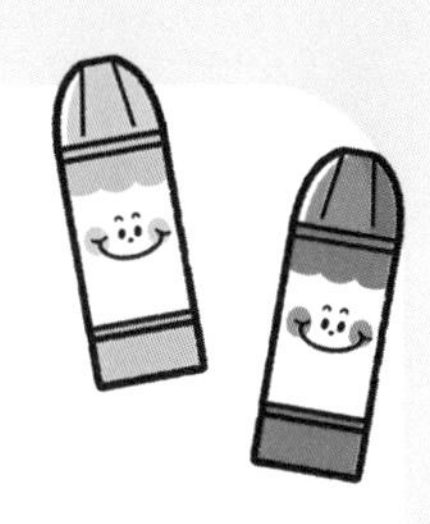

어떤 도구로 그림을 그려야 할까요?

아이가 좋아하는 재료나 도구로 그림을 그리면 됩니다. 그래도 막상 도구 선택이 어렵다면, 아이가 어리면 굵은 선이 그려지는 크레파스나 파스넷, 연령이 높으면 중간선과 얇은 선이 그려지는 사인펜이나 색연필을 추천합니다. 책에 직접 따라 그리거나 별도 종이에 원하는 형태로 자유롭게 그려보세요. 책 뒷부분에 '색칠하기'도 있으니 한번 해 보세요.

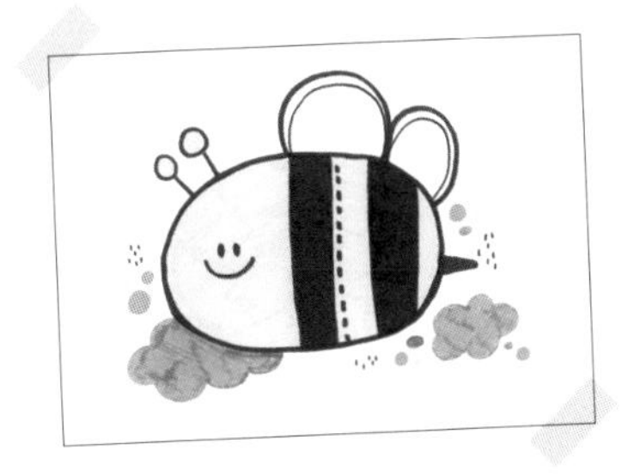

사인펜

세밀한 표현이 가능해요. 힘을 많이 주지 않아도 쉽게 그림을 그릴 수 있어요. 매직은 사인펜과 비슷하지만 훨씬 굵게 표현돼요.

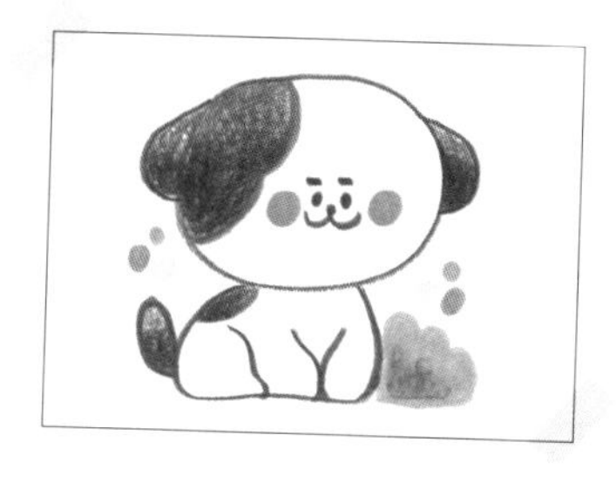

색연필

자연스럽고 풍부한 표현이 가능해요. 수성과 유성으로 나뉘고, 수성은 물을 뿌리면 번지는 효과를 얻을 수 있어요.

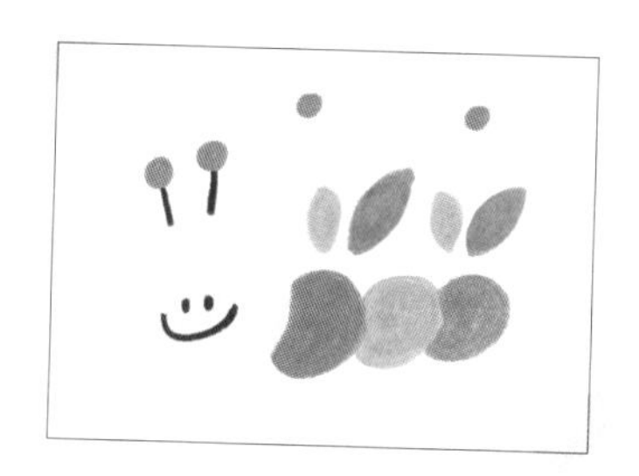

파스넷

크레파스와 파스텔을 합친 것이라고 생각하면 돼요. 크레파스에 비해 질감이 부드럽고 색이 진해 넓은 면을 색칠할 때 좋아요.

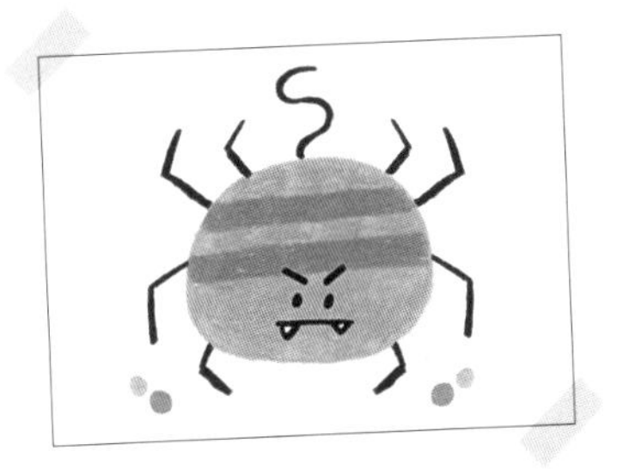

크레파스

굵은 선이나 면적이 넓은 그림을 그릴 때 사용해요. 오일 성분이 들어 있어 문지르면 색이 부드럽게 퍼져요.

기본 그리기 - 선

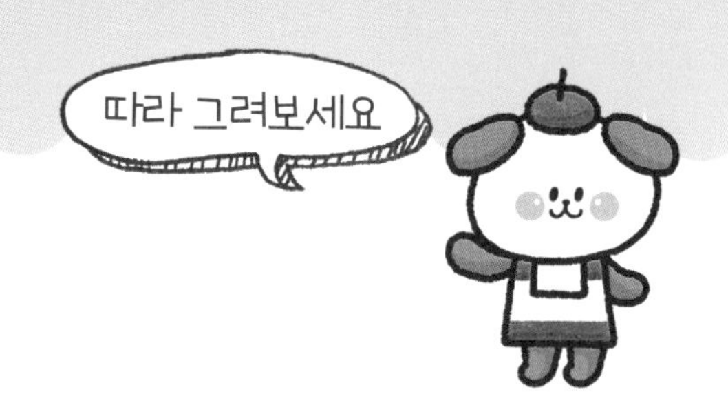

직선

그림을 그릴 때 가장 중요한 것이 선이에요.
길고 짧은 직선을 따라 그리면서 연습해 보세요.

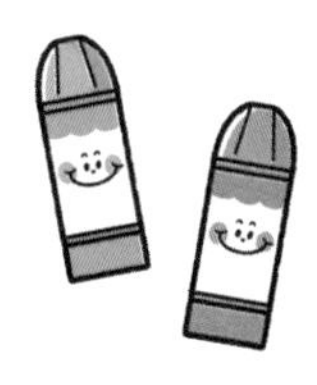

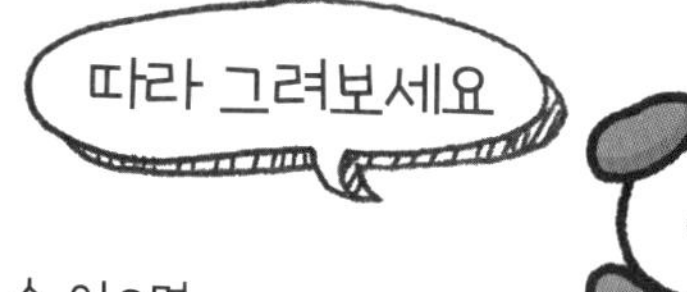

꺾은 선과 곡선

꺾은 선과 곡선을 자유롭게 그릴 수 있으면,
그림 그리기가 훨씬 쉬워져요.

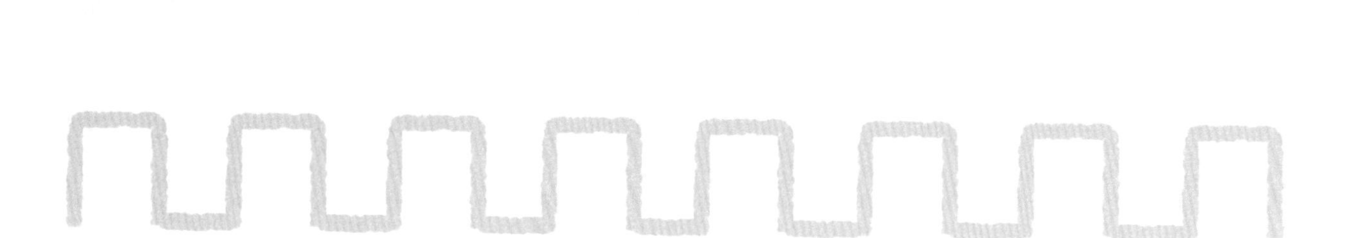

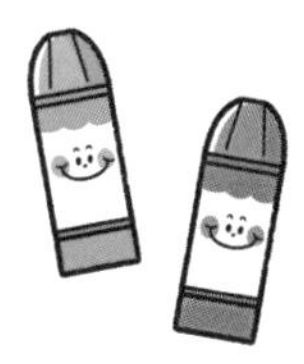

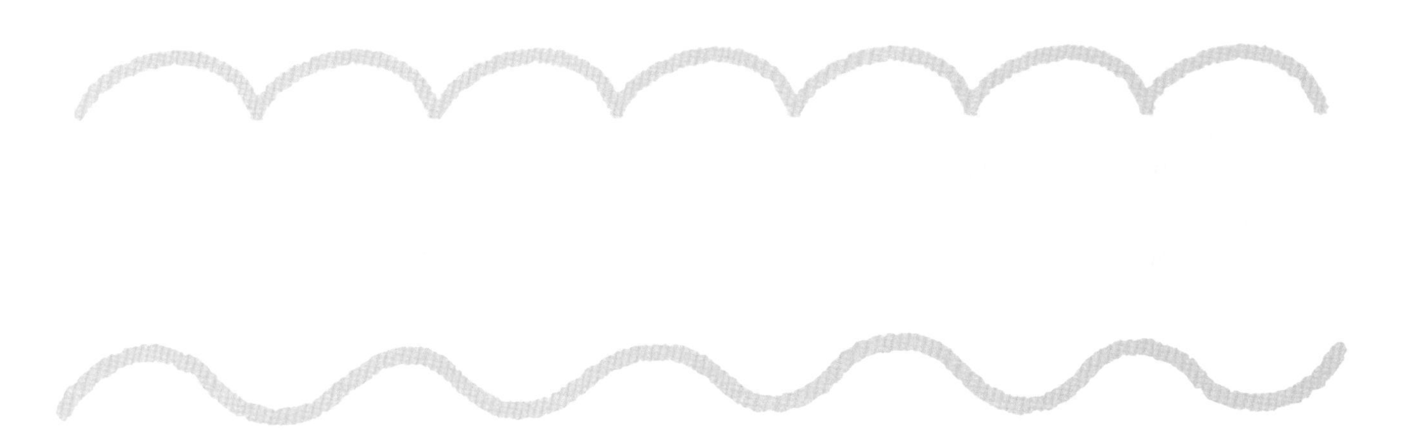

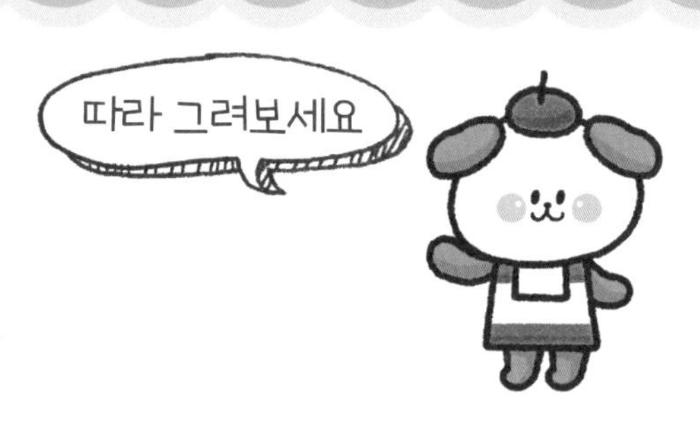

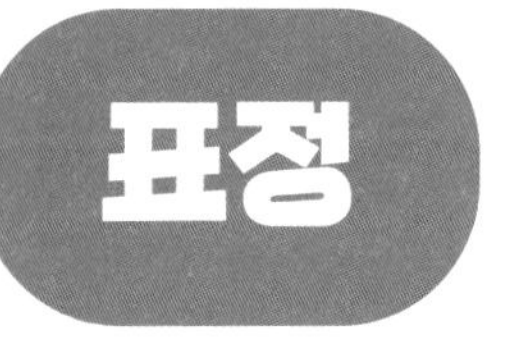

선과 점으로 표정을 다양하게 그릴 수 있어요.
여러 감정의 얼굴 표정을 따라 그리면서 연습해 보세요.

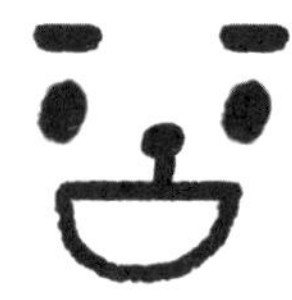

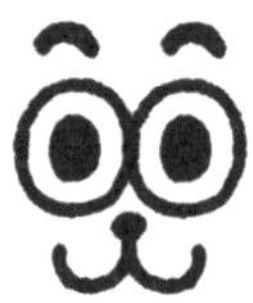

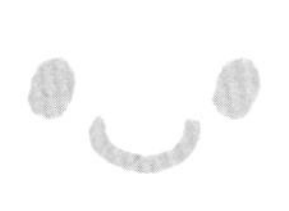

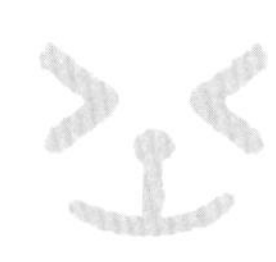
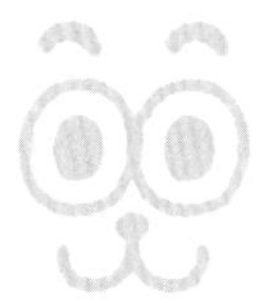

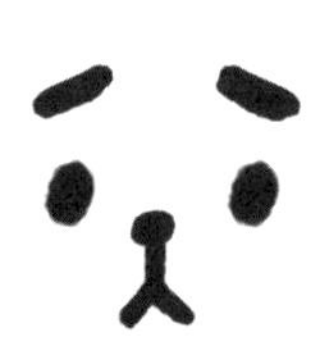
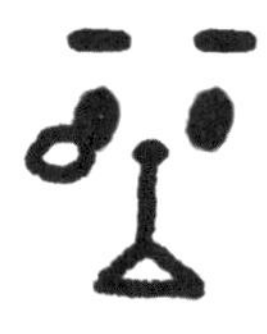
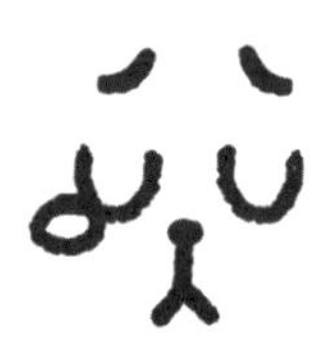
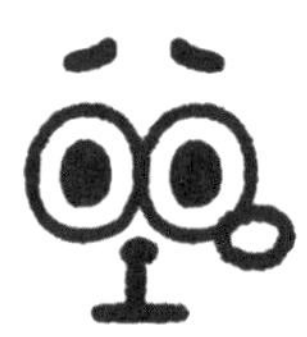

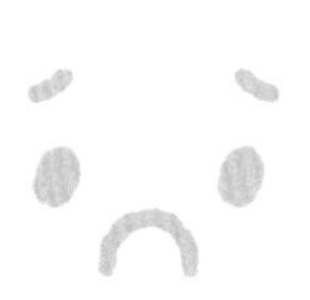
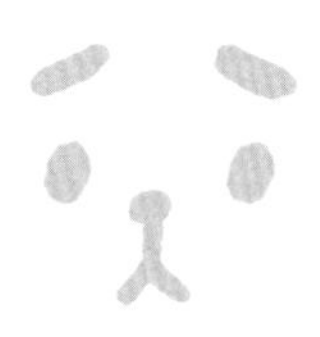
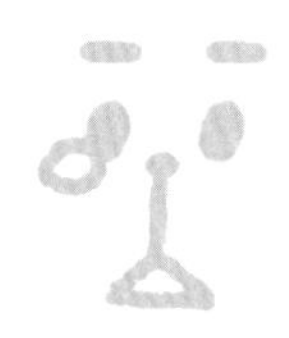
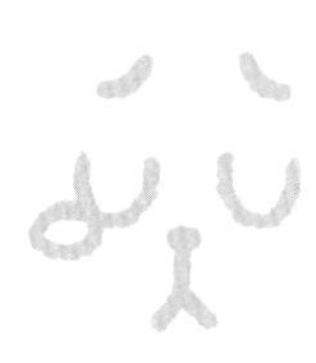
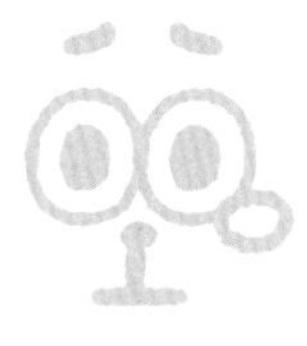

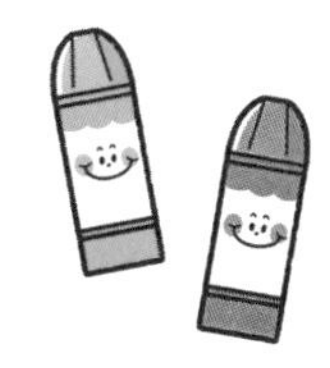

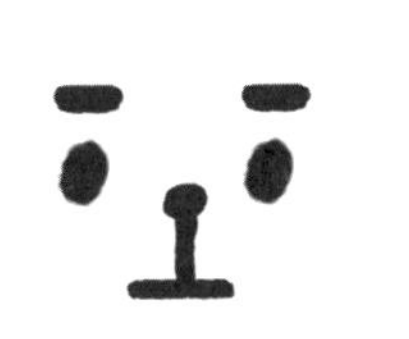

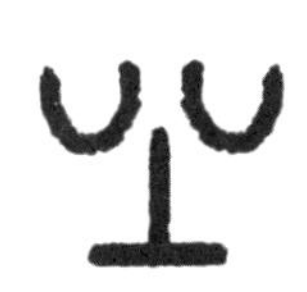

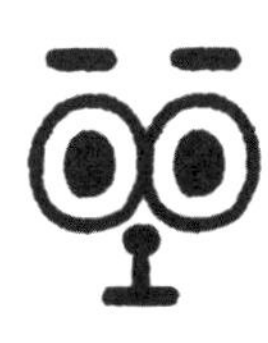

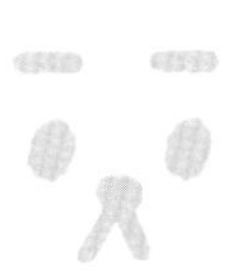

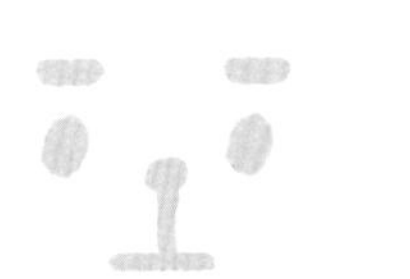

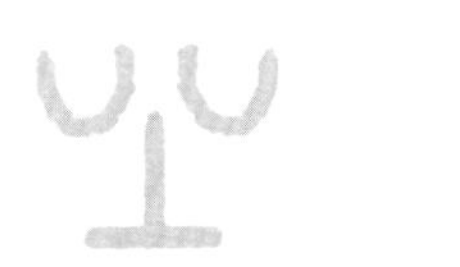

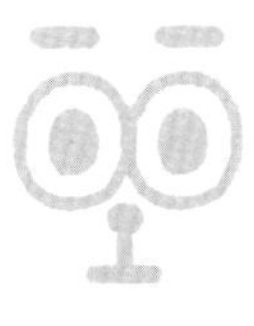

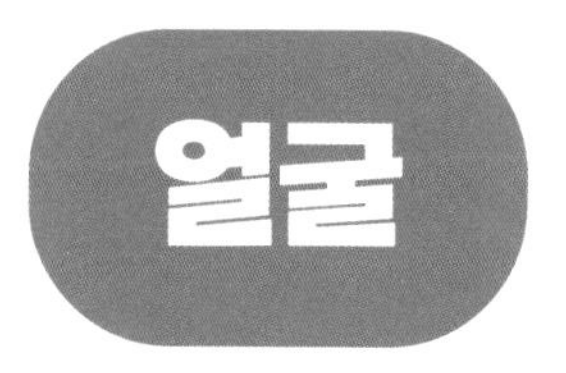

얼굴

원, 사각형, 삼각형 안에 표정을 그리면 얼굴이 돼요.
아래 비어 있는 노랑 도형 안에 점과 선으로 표정을 자유롭게 그려보세요.

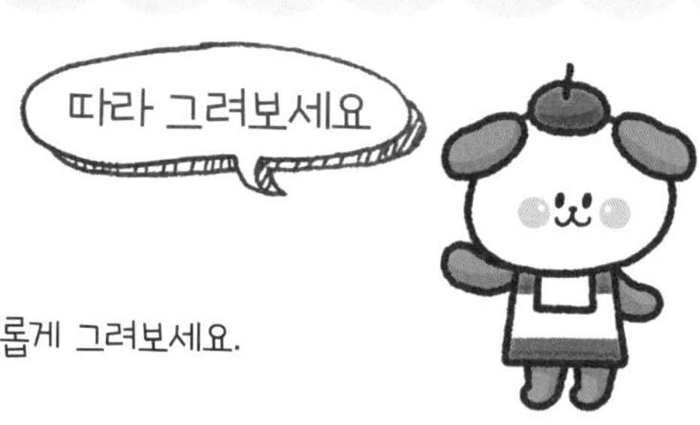

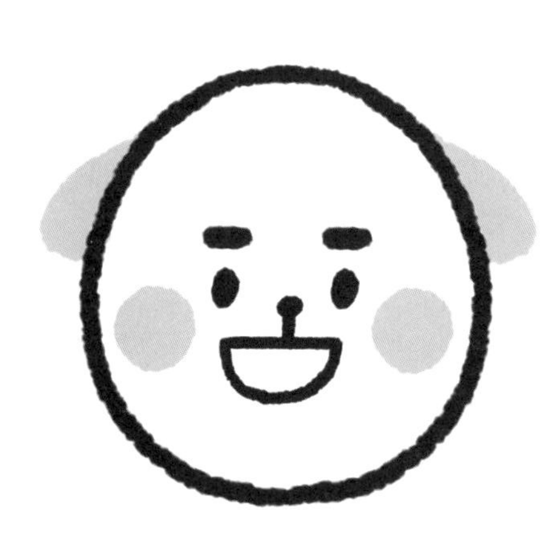
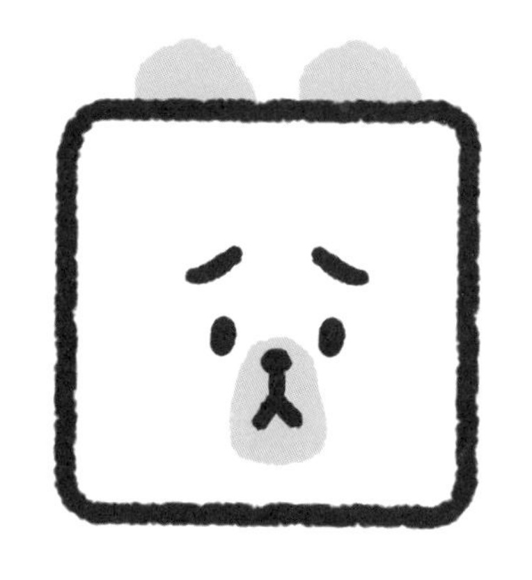
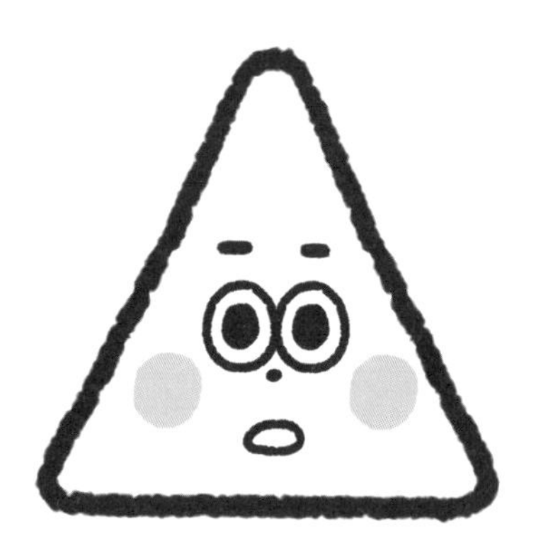

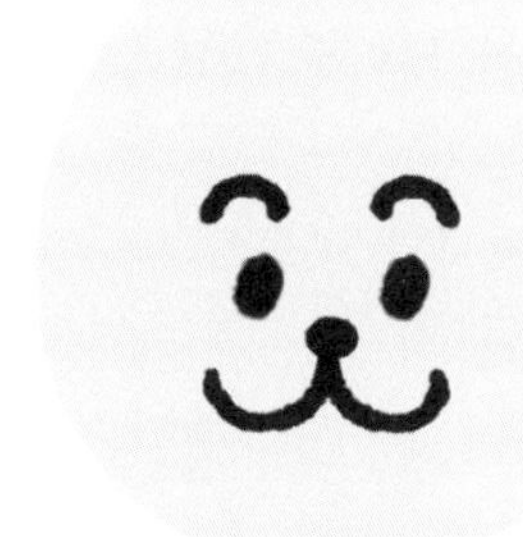

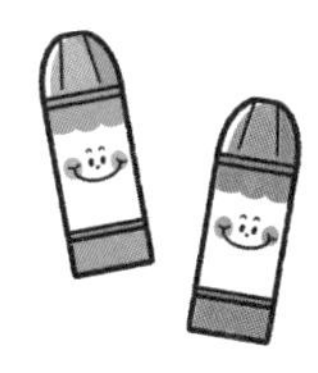

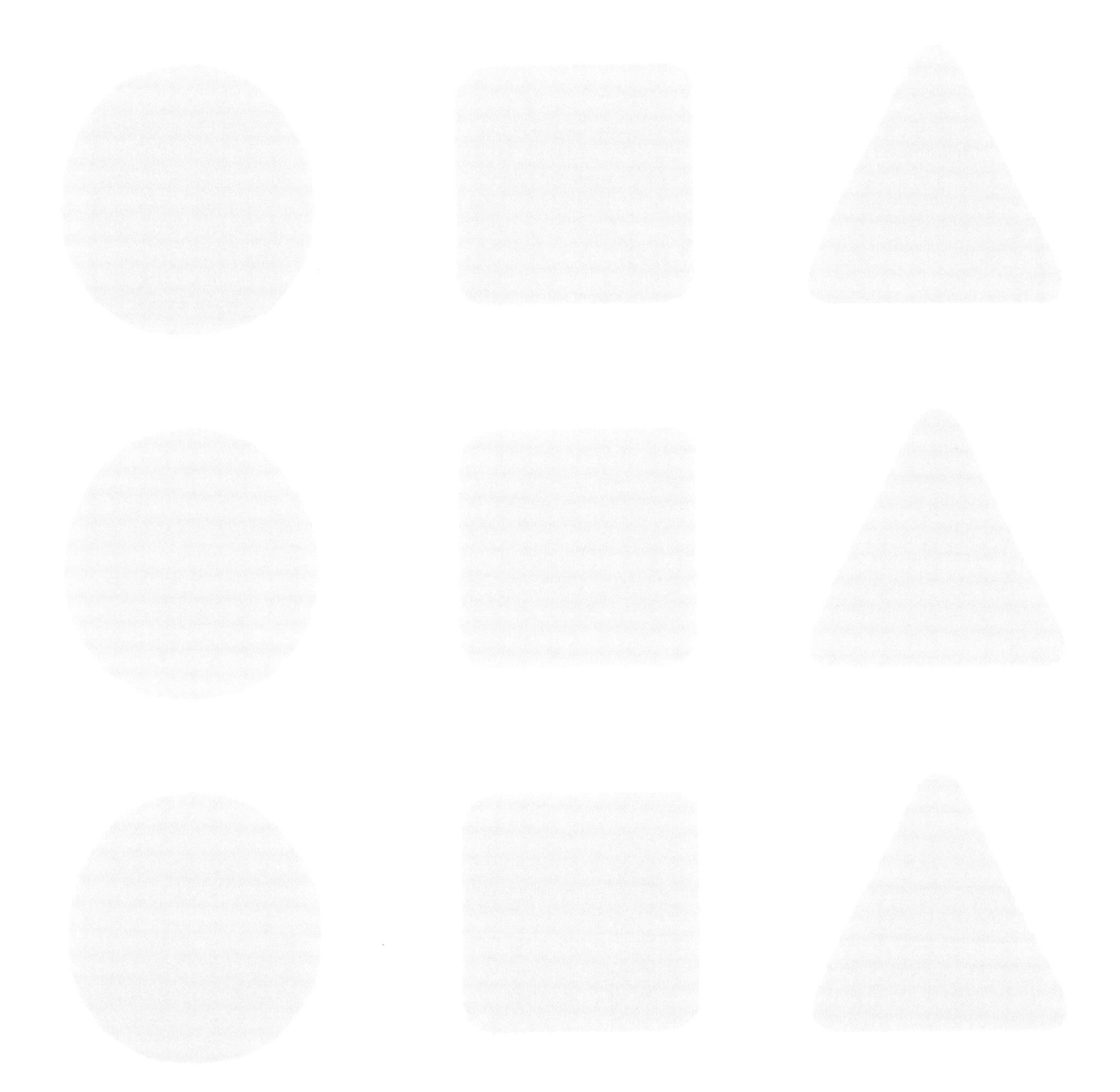

네모

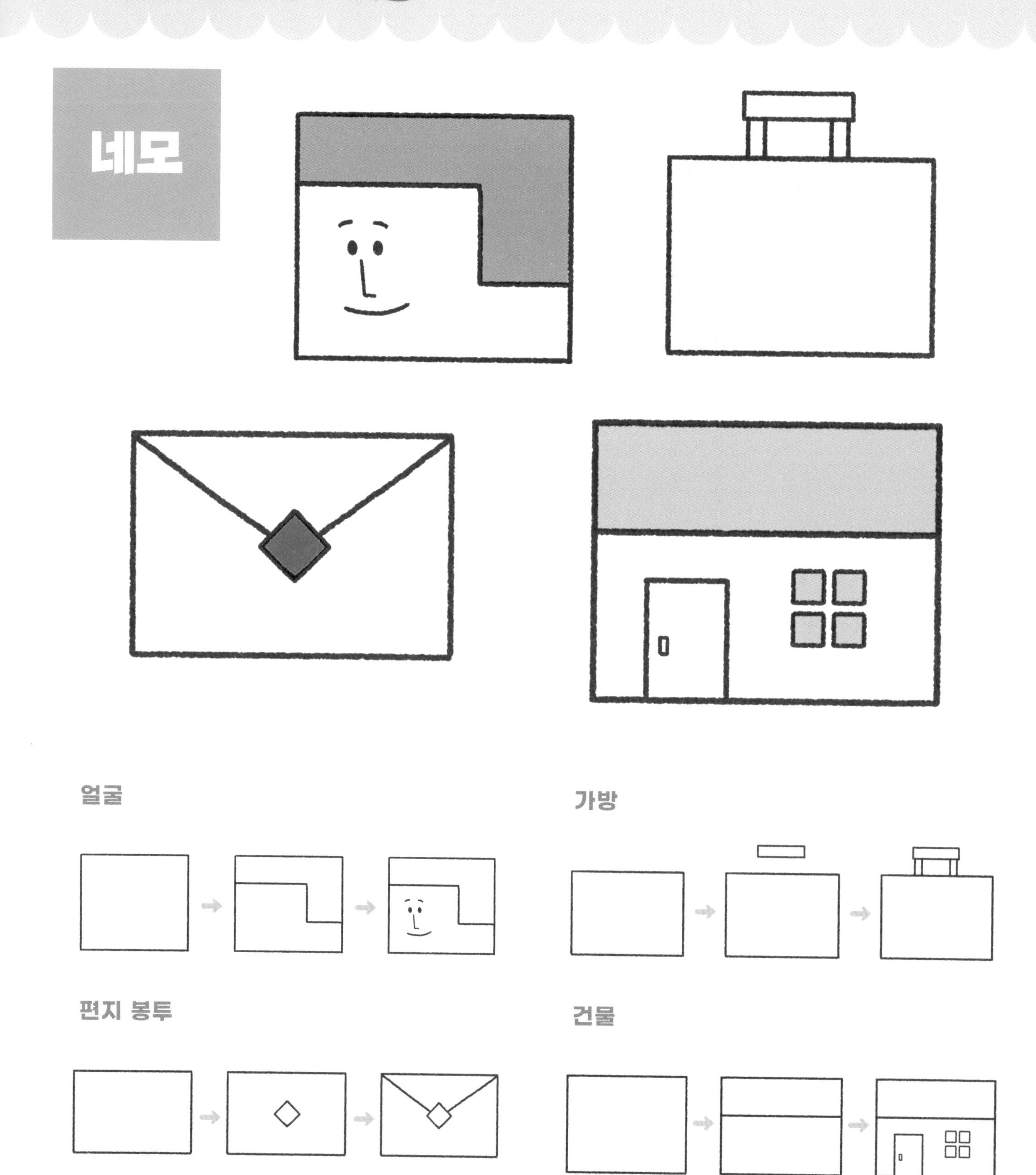

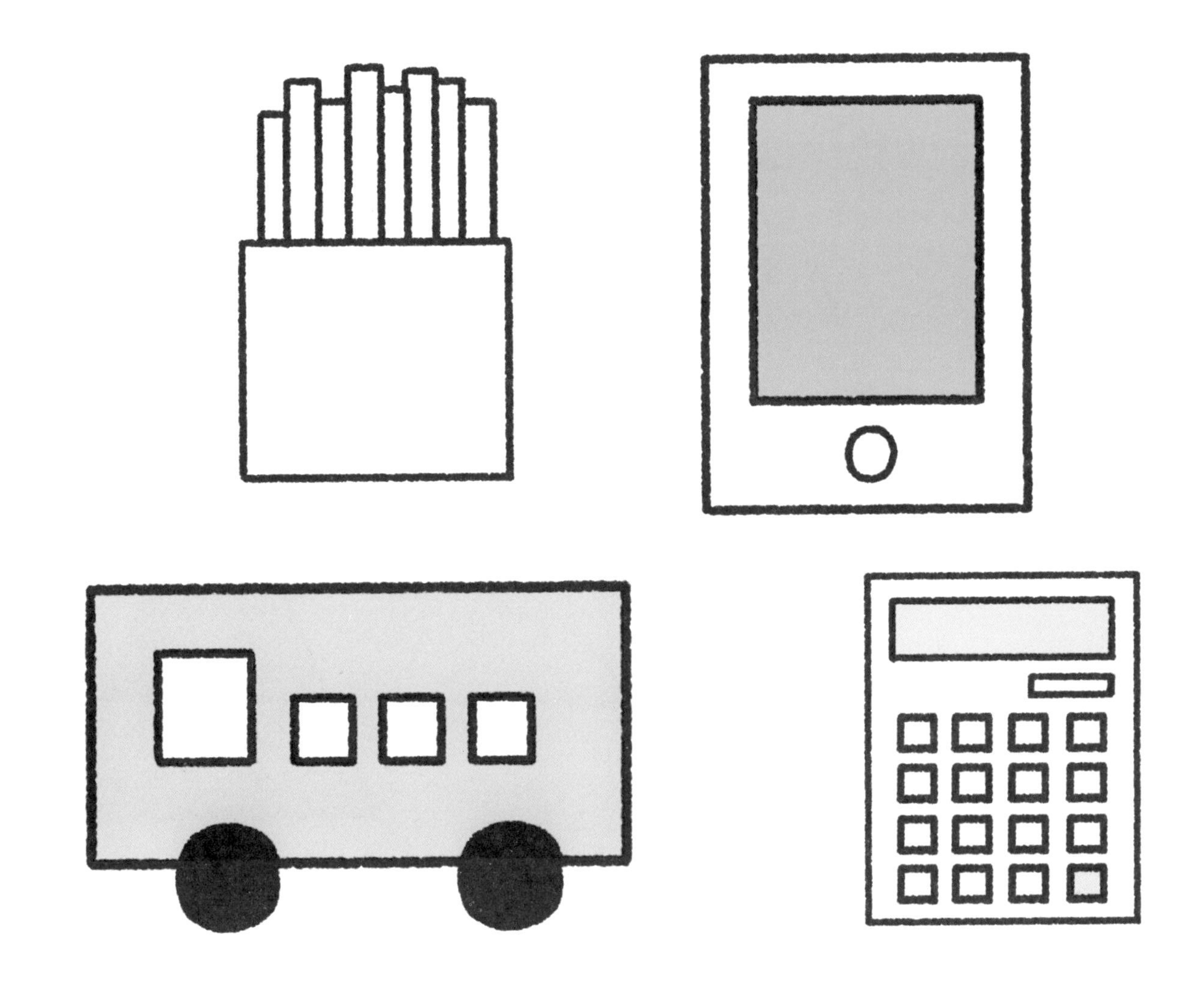

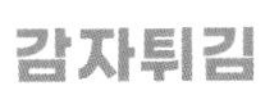

감자튀김

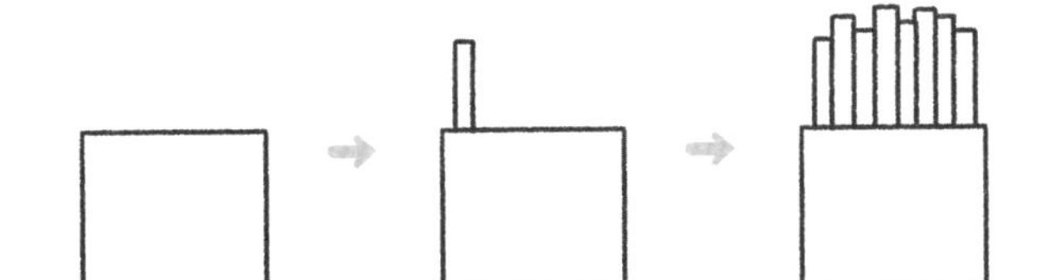

스마트폰

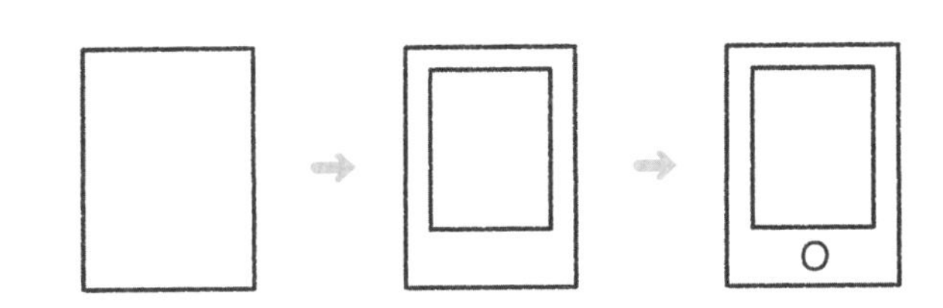

버스

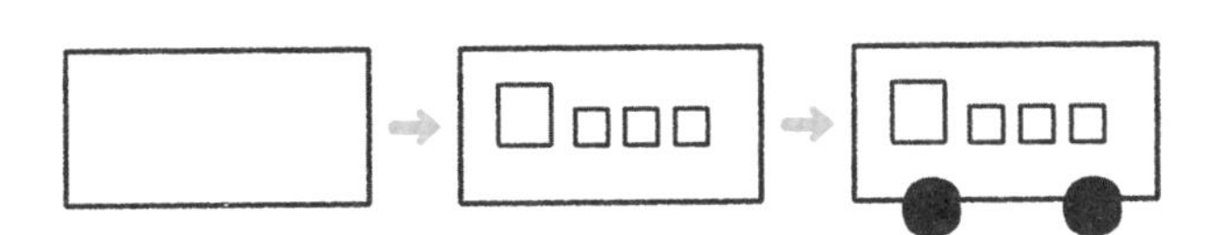

계산기

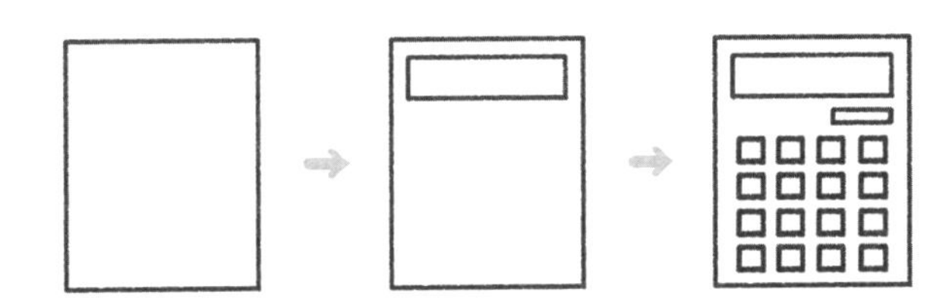

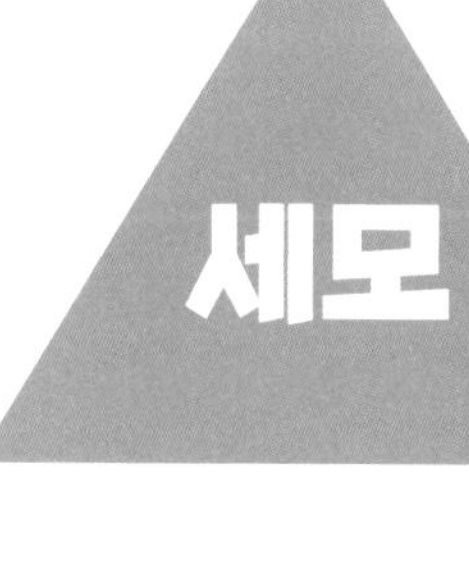

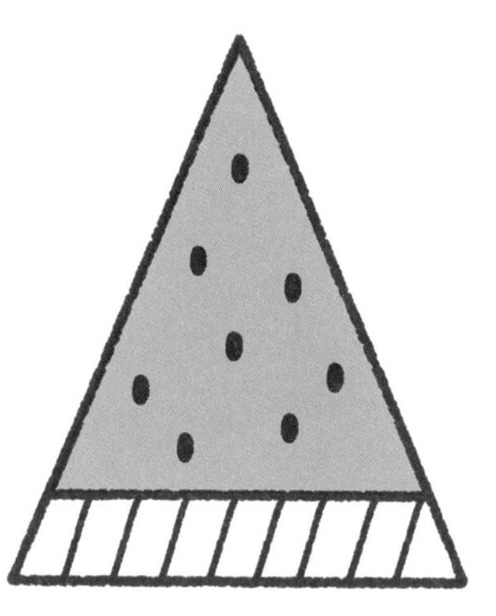

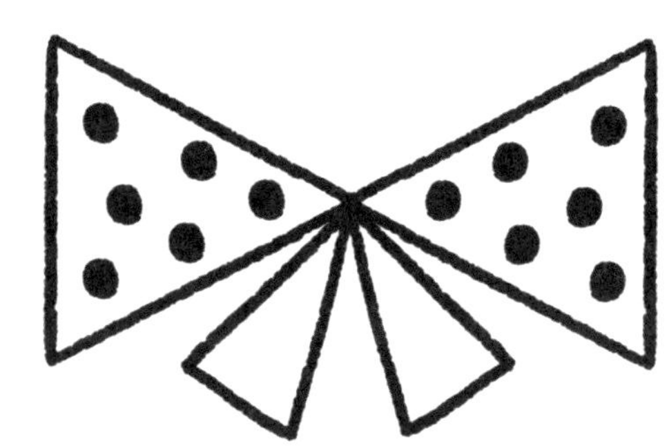

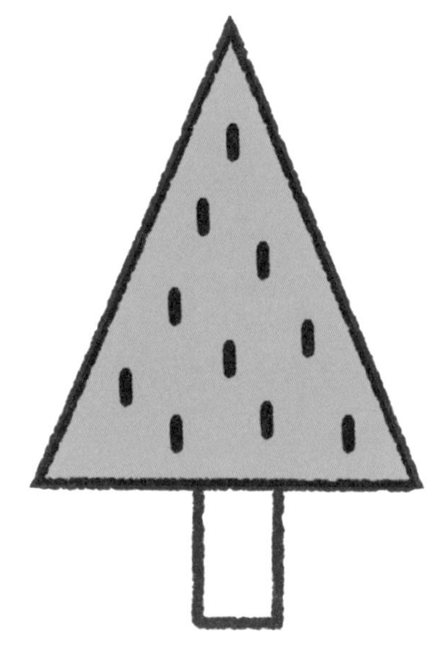

수박

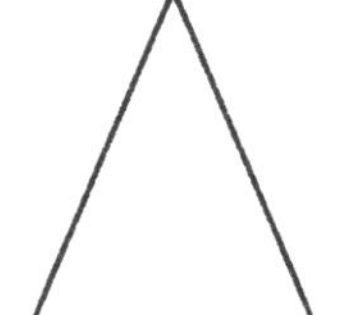 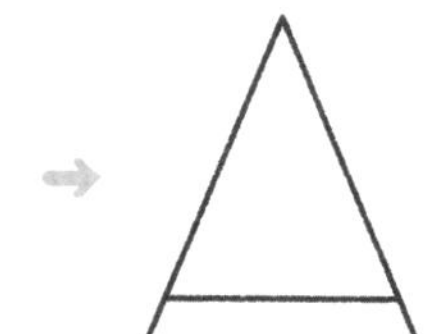 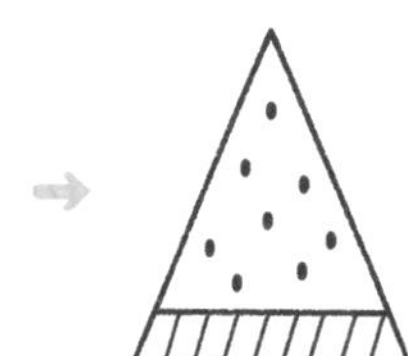

리본

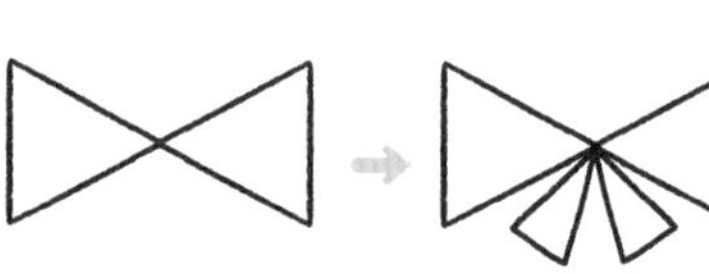 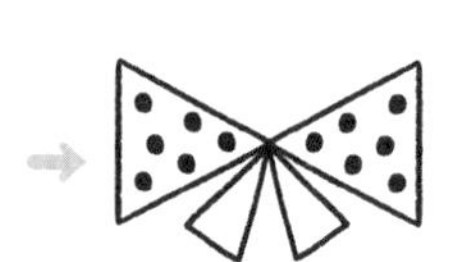

가랜드

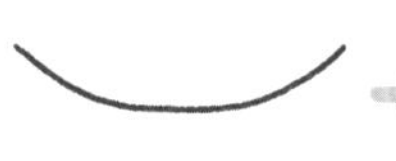 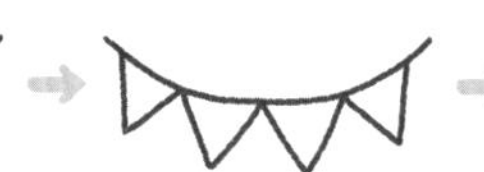 

나무

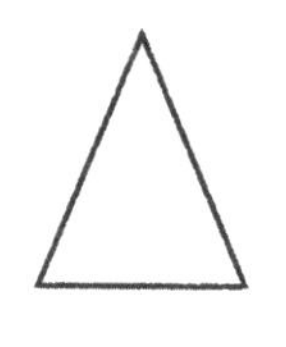 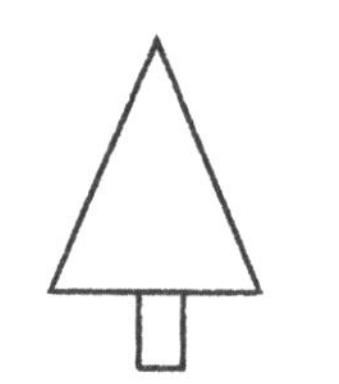 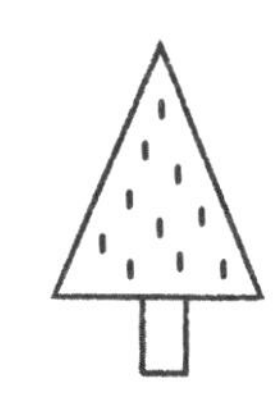

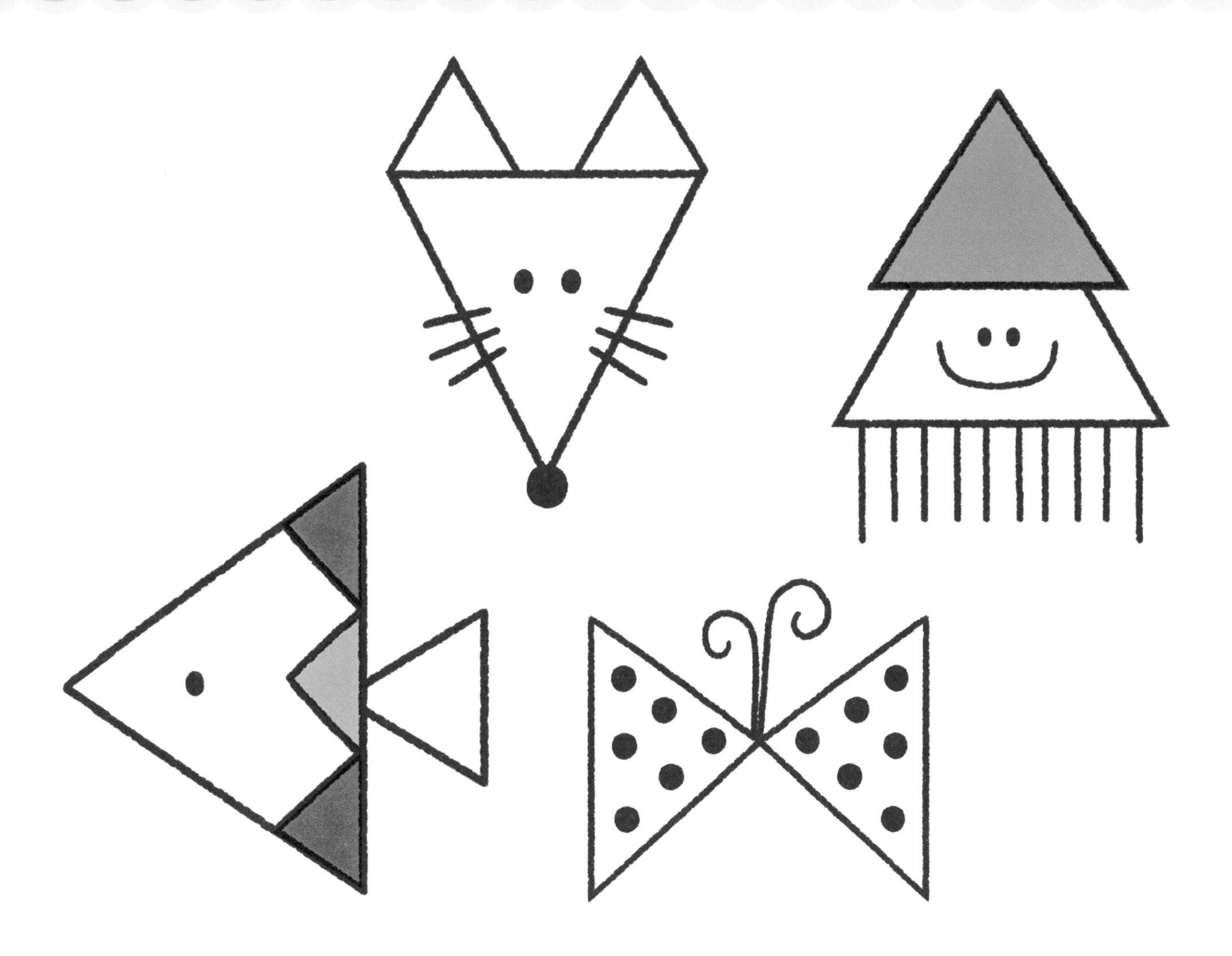

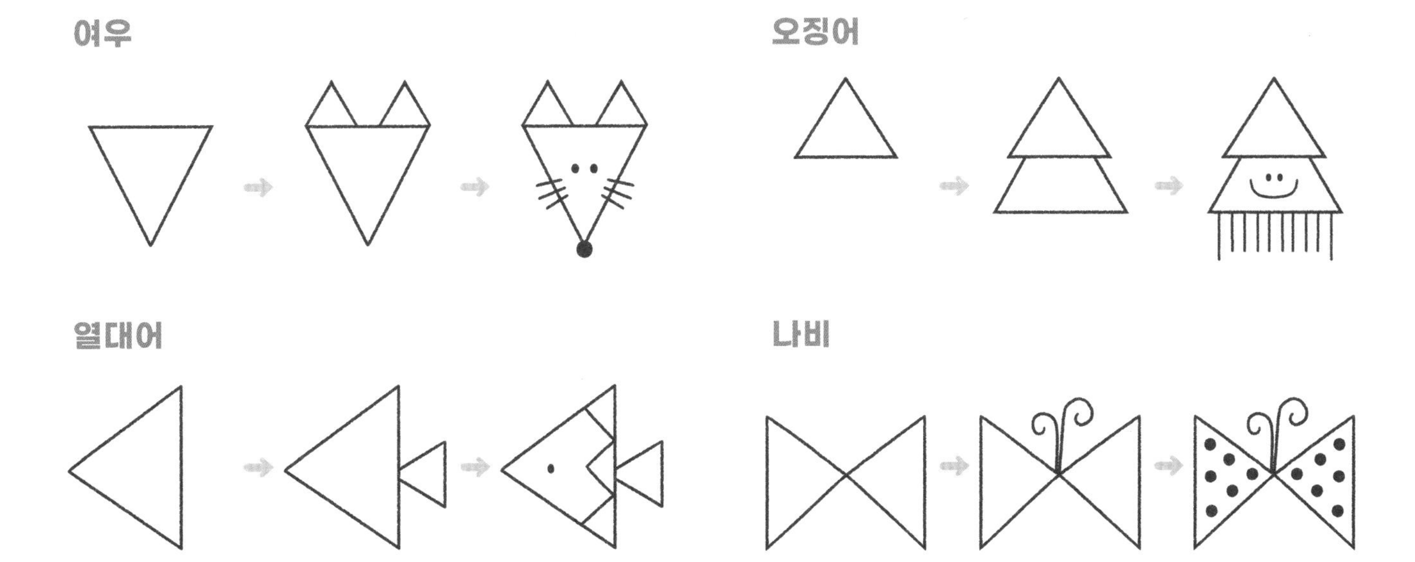
여우
오징어
열대어
나비

동그라미

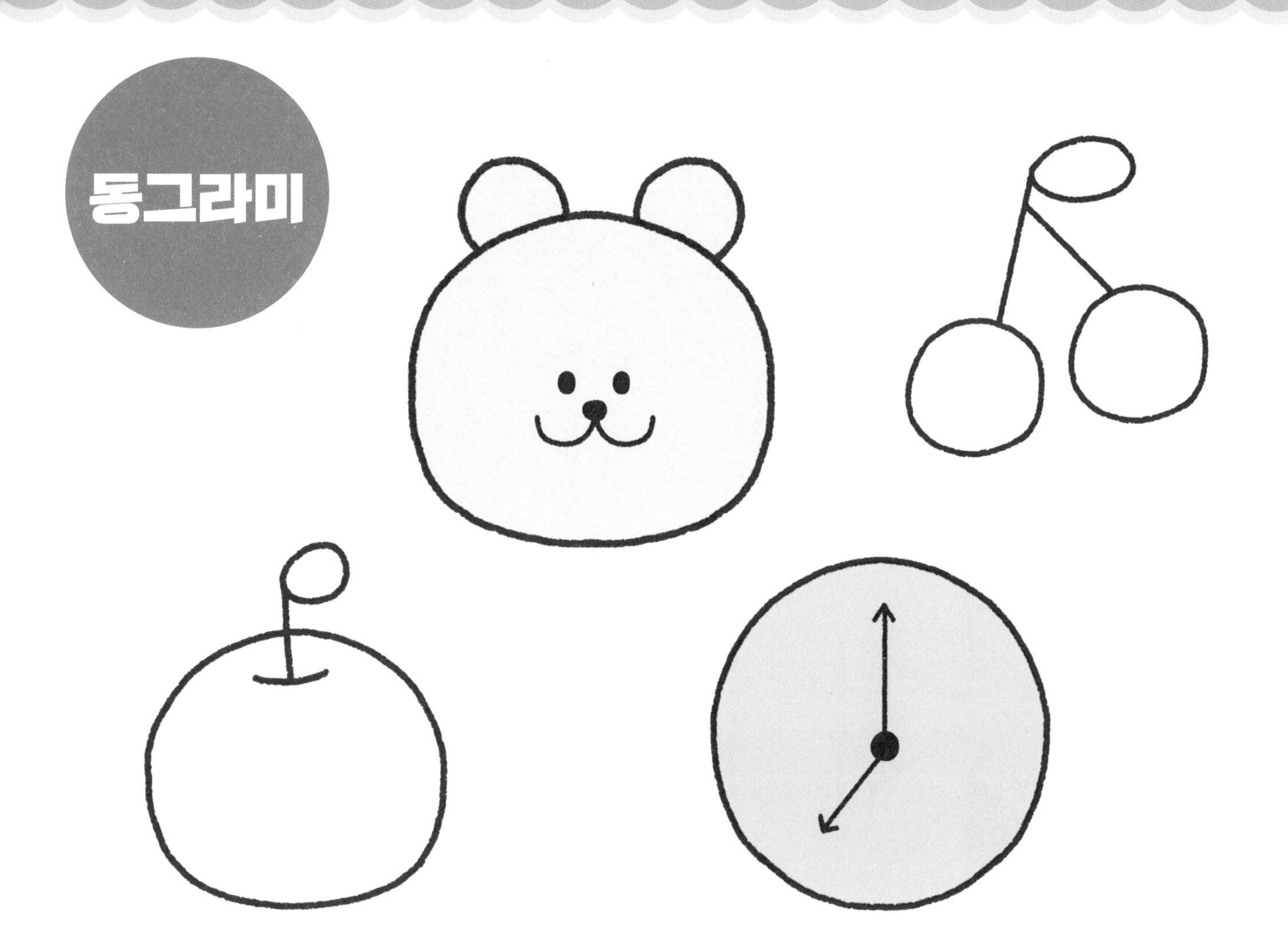

곰

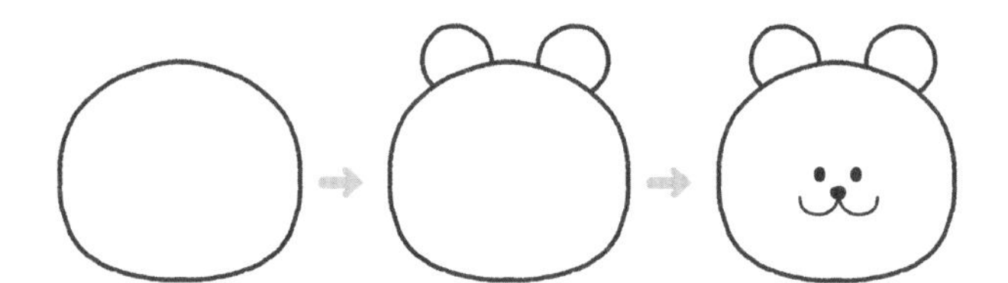

체리

사과

시계

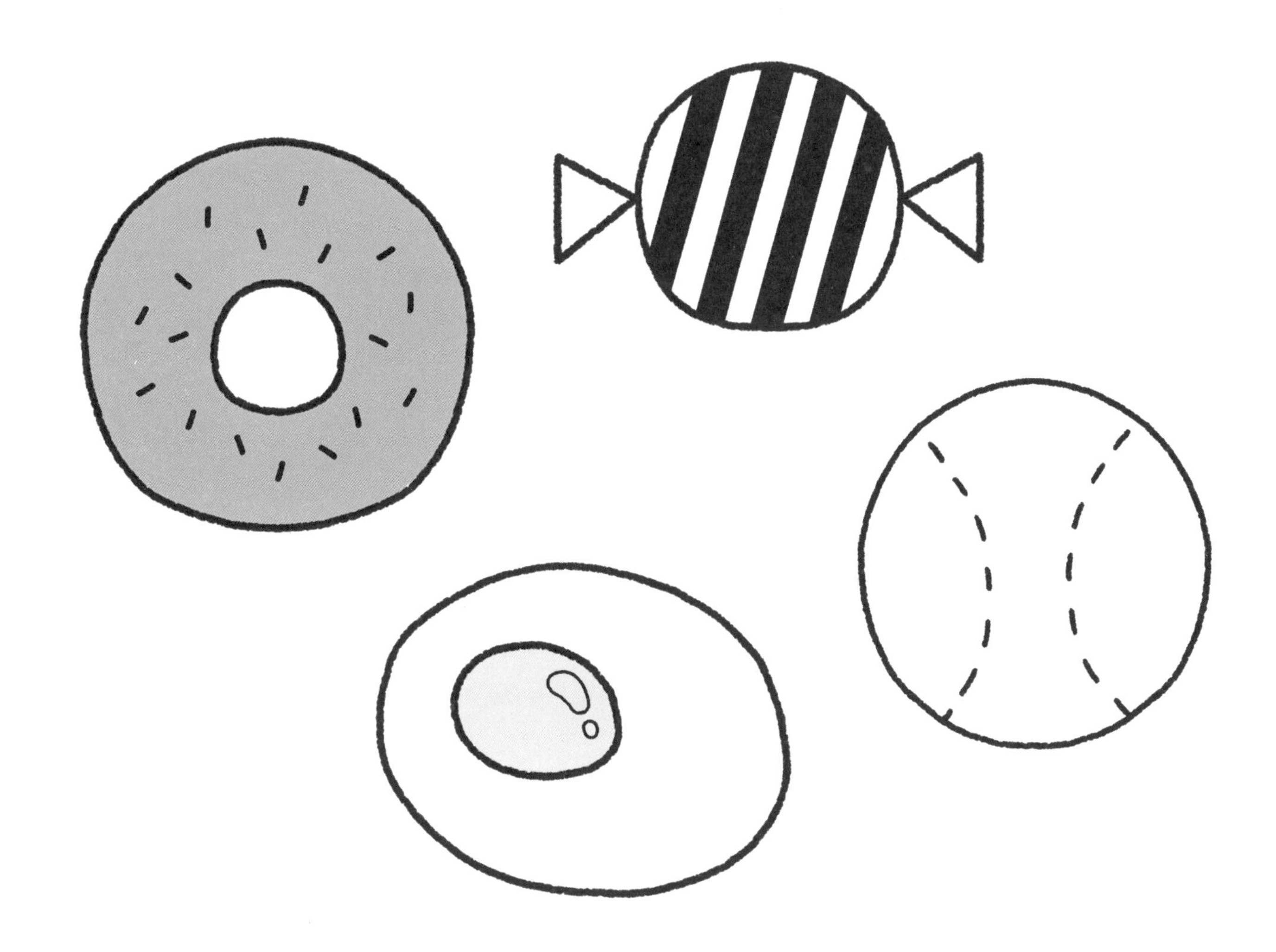

도넛

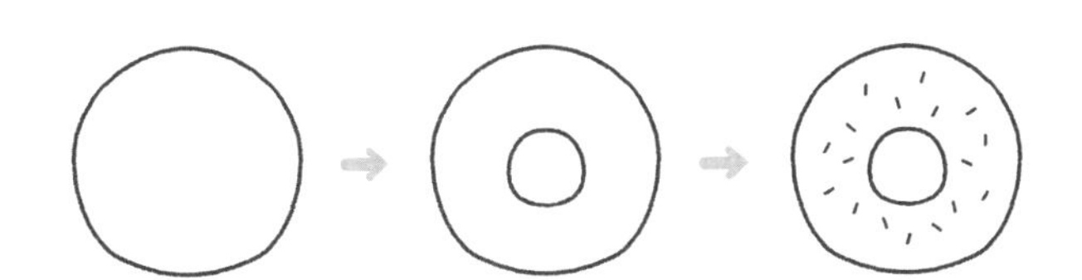

사탕

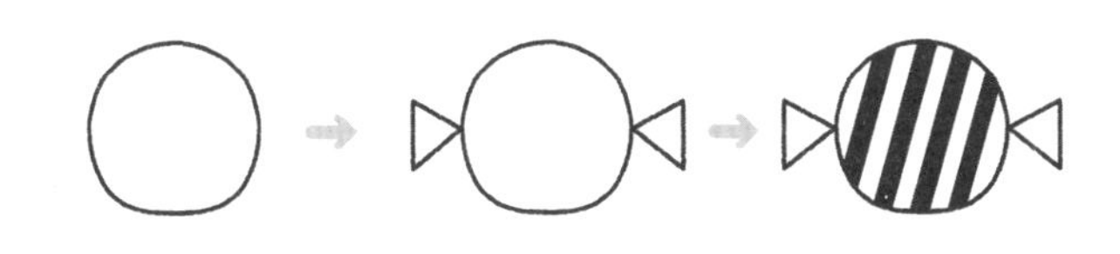

계란프라이

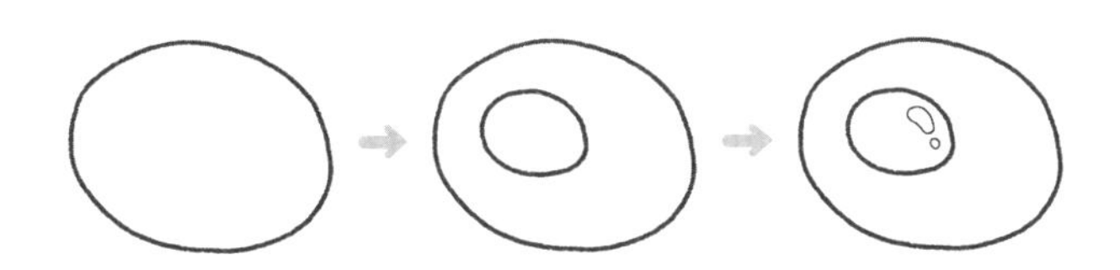

야구공

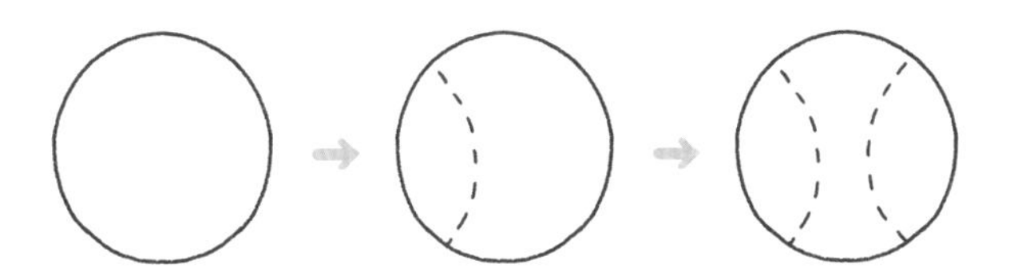

도형 혼합1

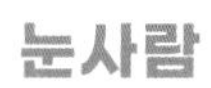

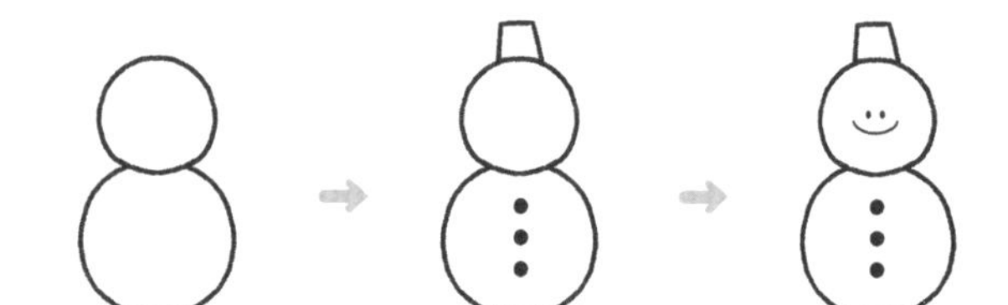

물고기

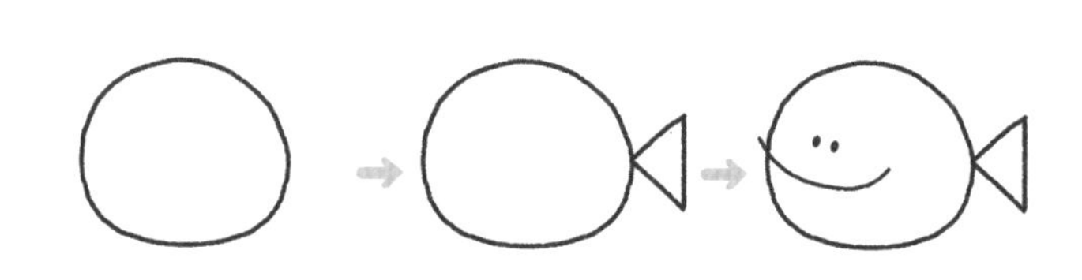

새

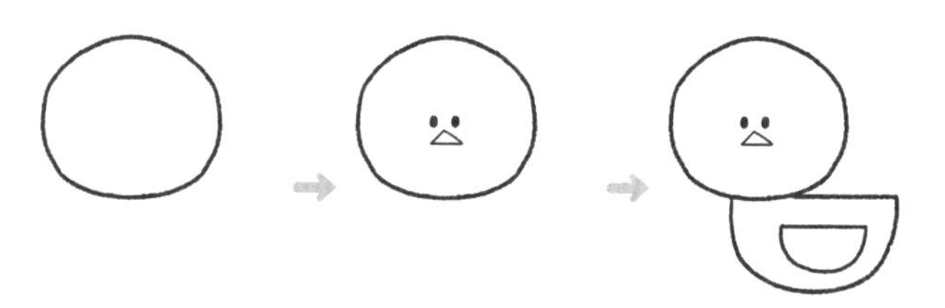

아이스크림

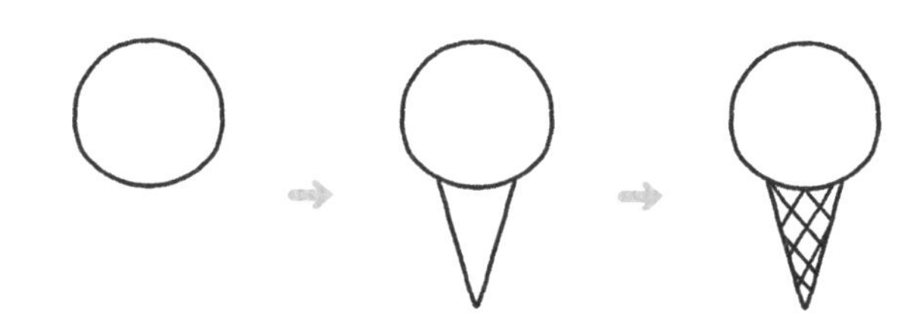

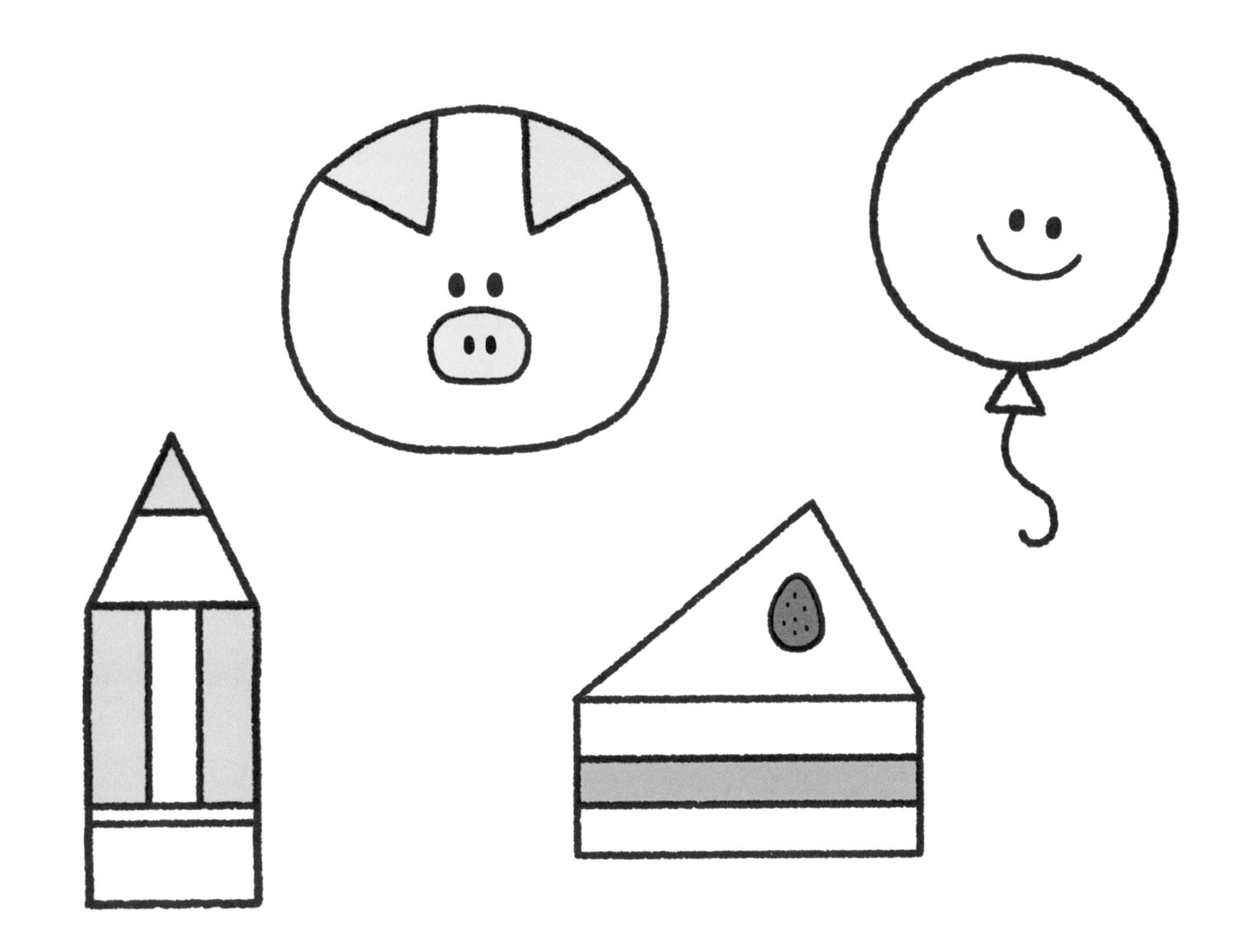

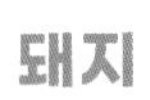

돼지

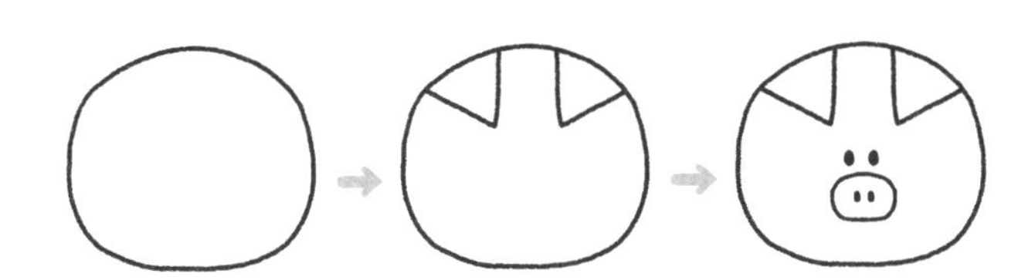

풍선

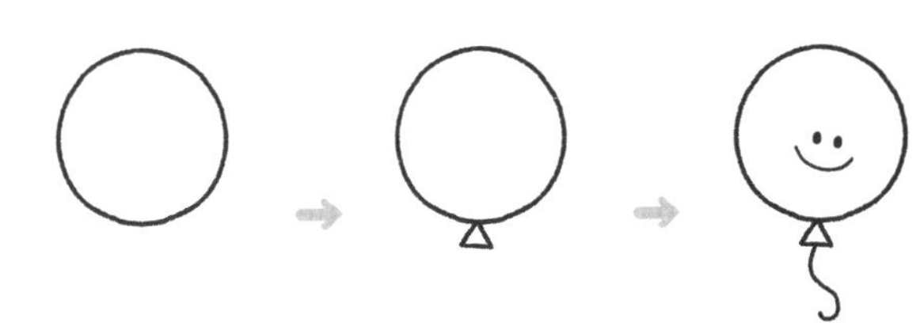

연필

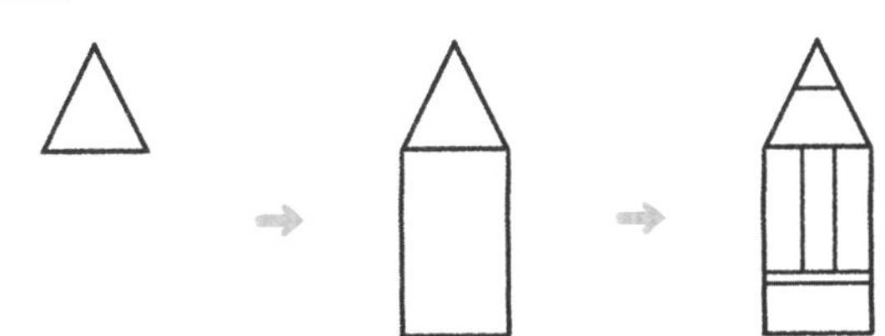

케이크

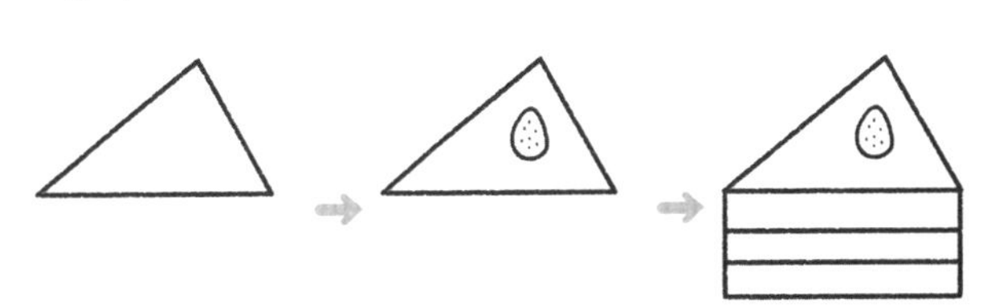

도형 혼합2

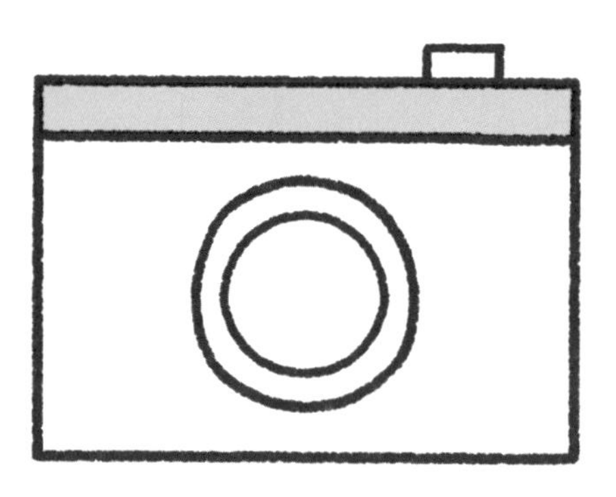

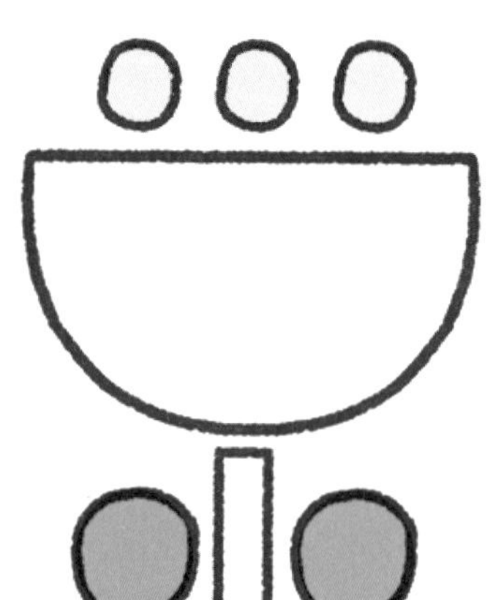

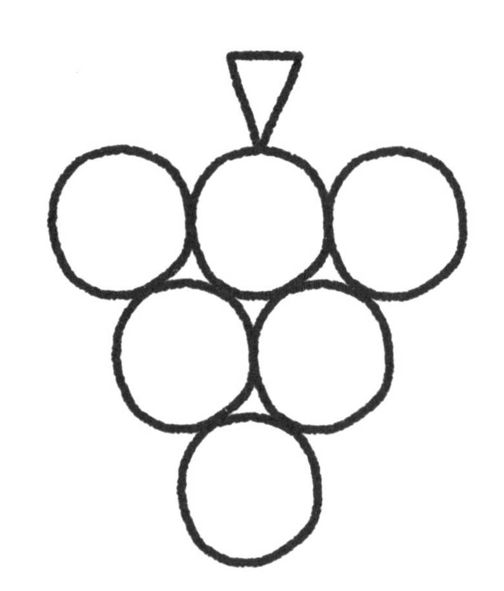

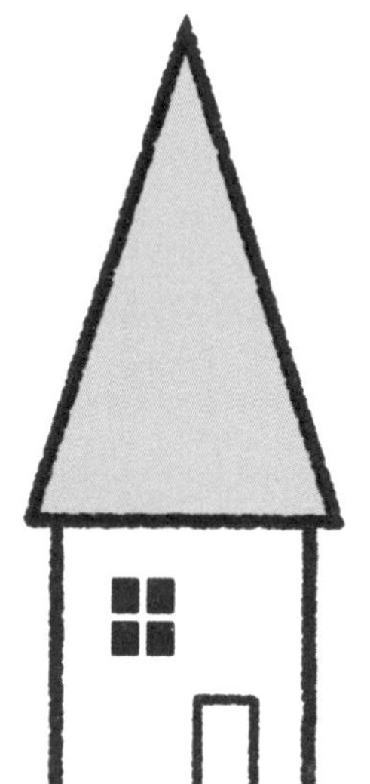

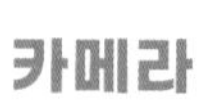

카메라

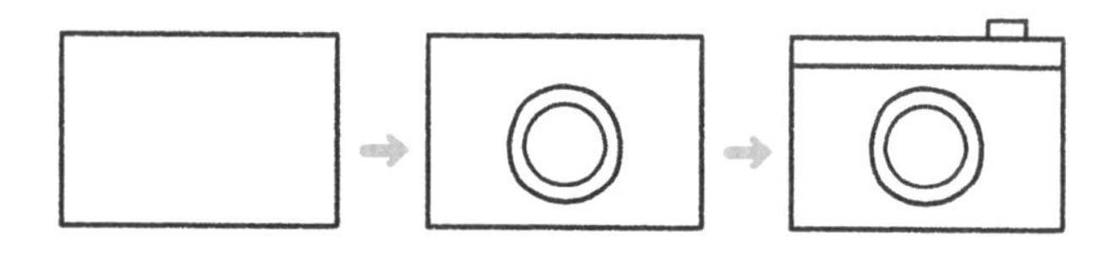

꽃

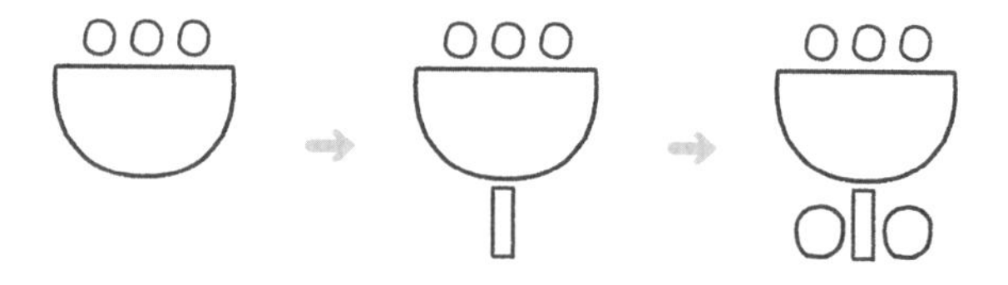

포도

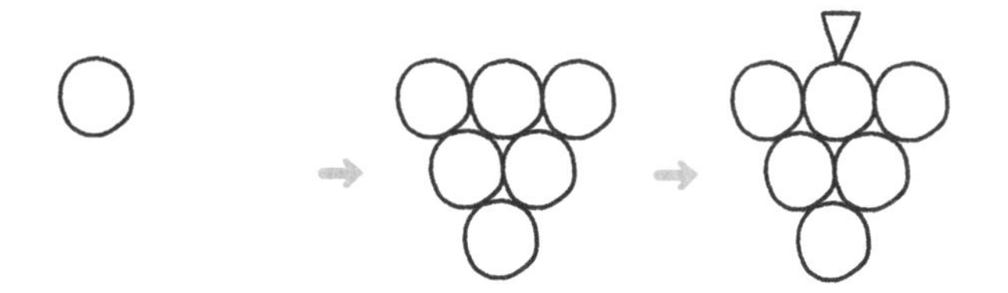

집

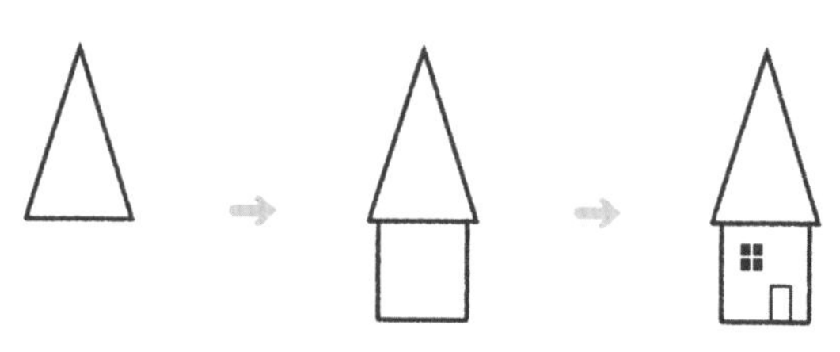

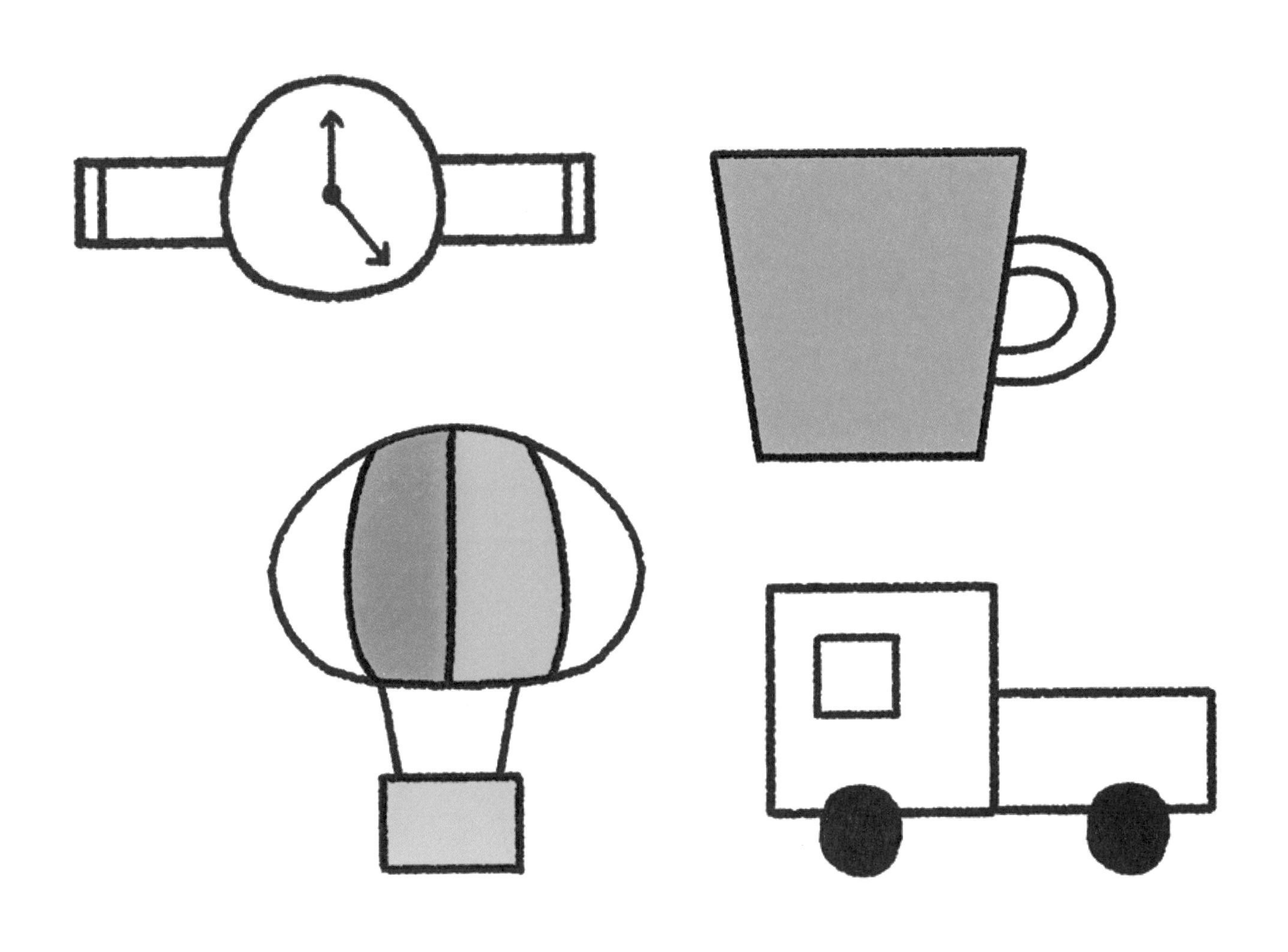

손목시계

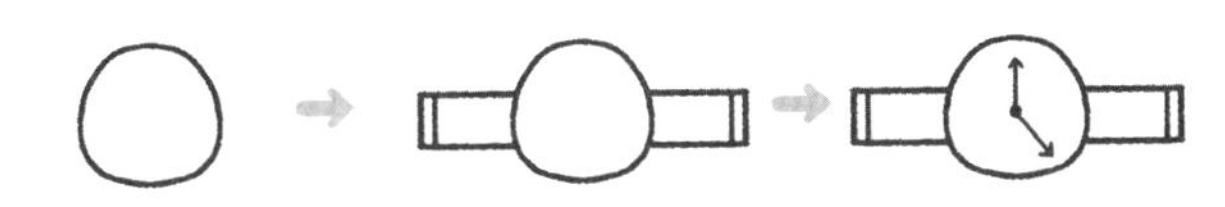

머그컵

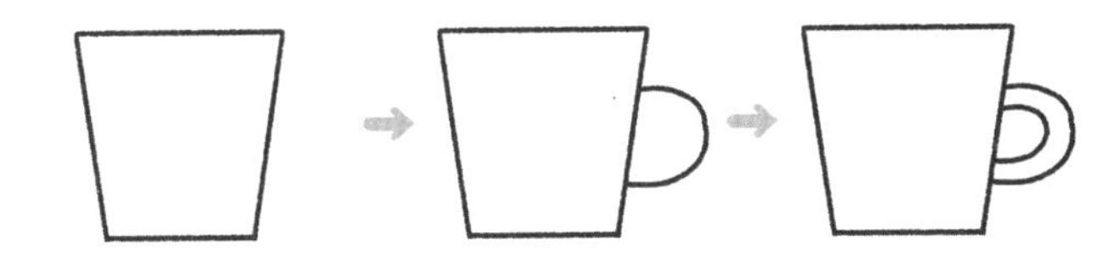

열기구

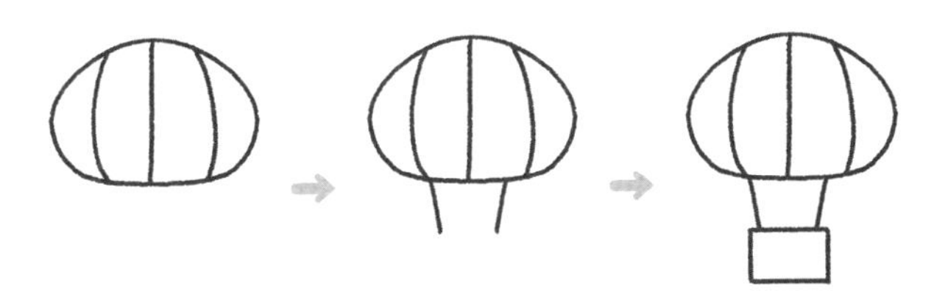

트럭

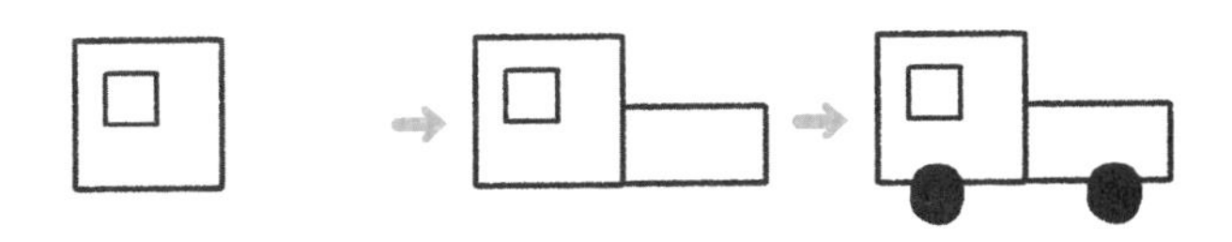

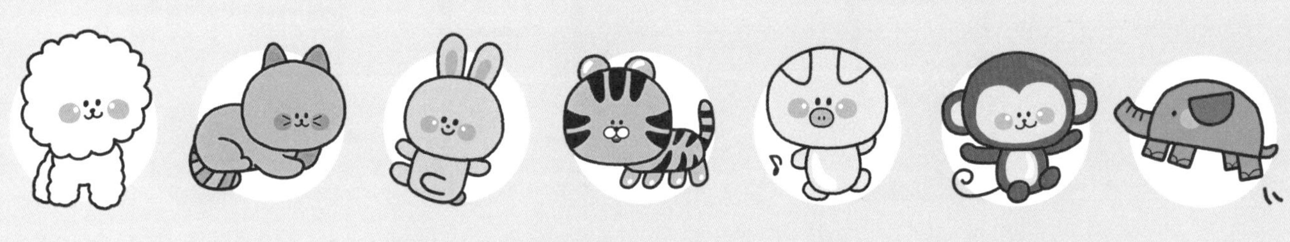
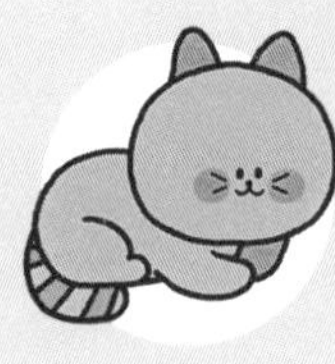
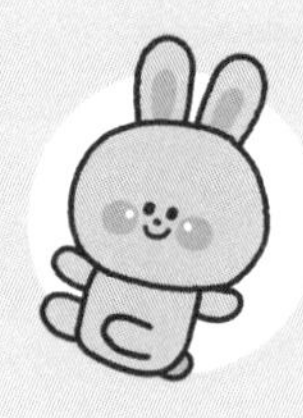
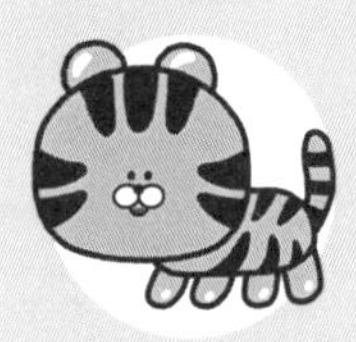
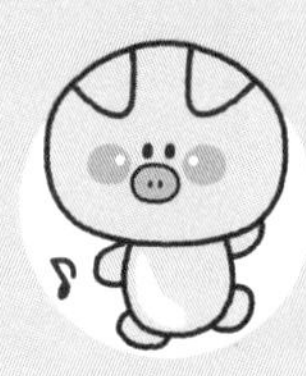
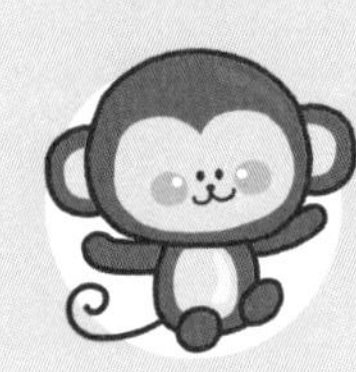
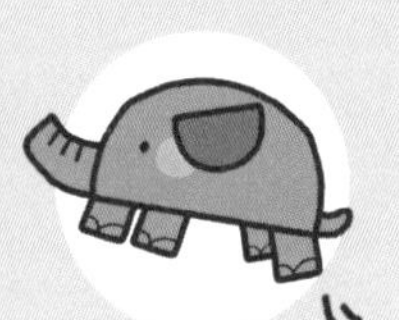

동물

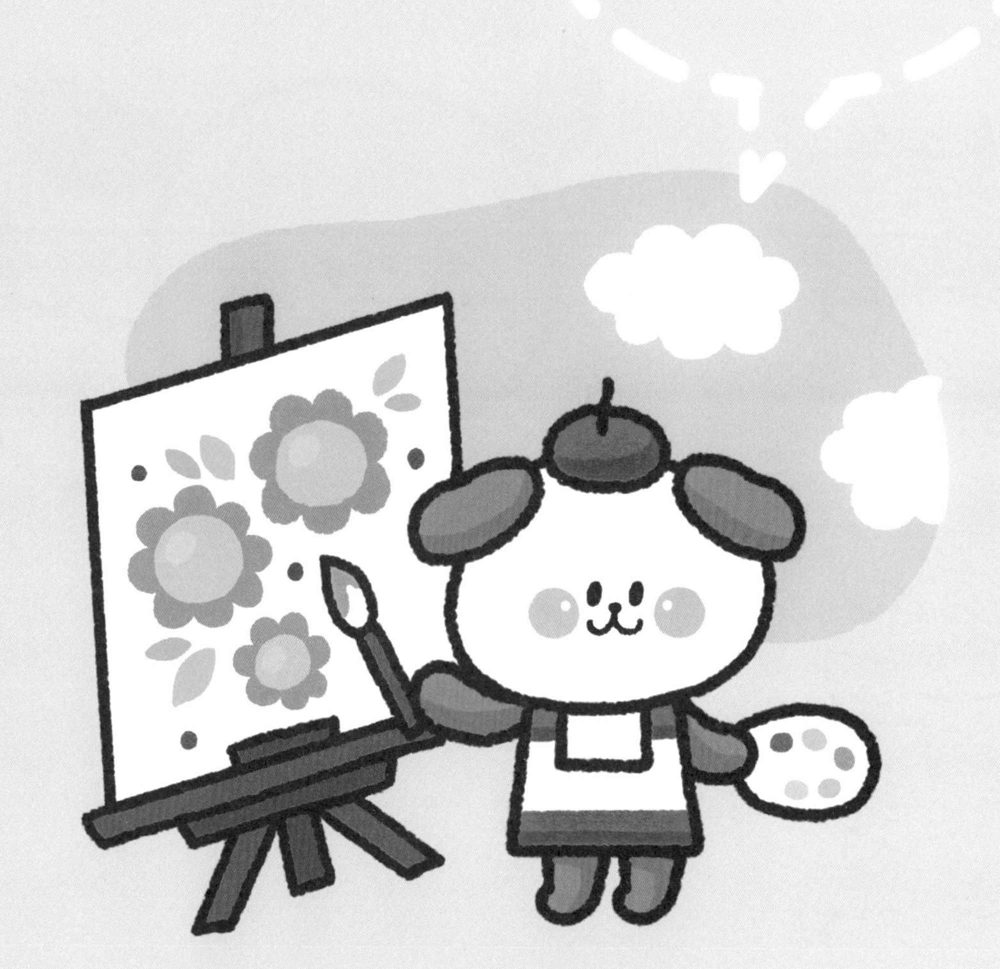

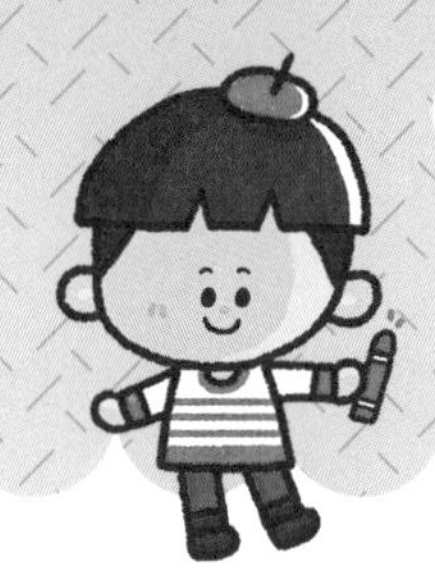

원과 반원으로 그리는

강아지

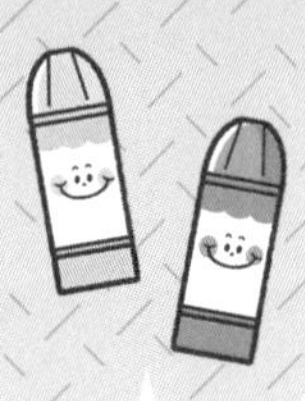

강아지 1

머리

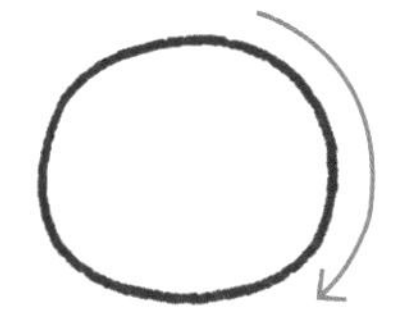

원

귀·
눈·코·입

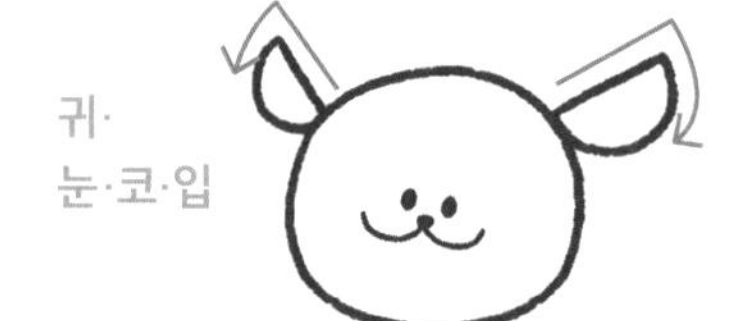

반원~
점과 둥근 선

몸통

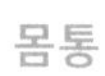

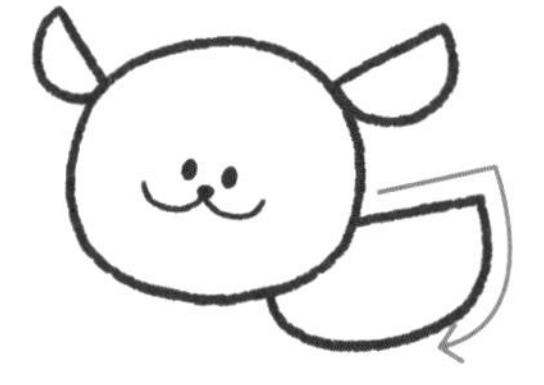

반원

다리

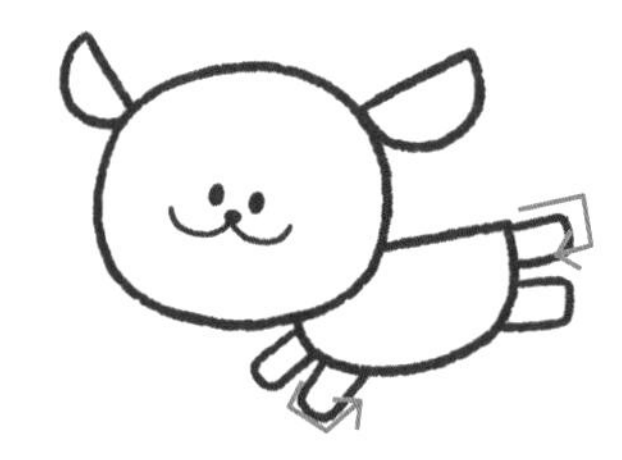

긴 사각형

꼬리

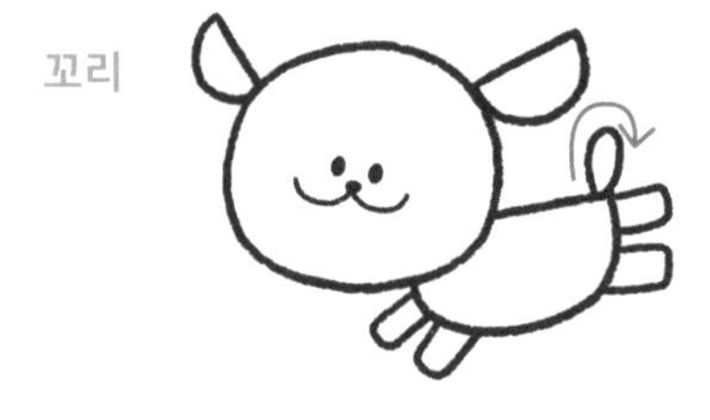

조금 긴 타원

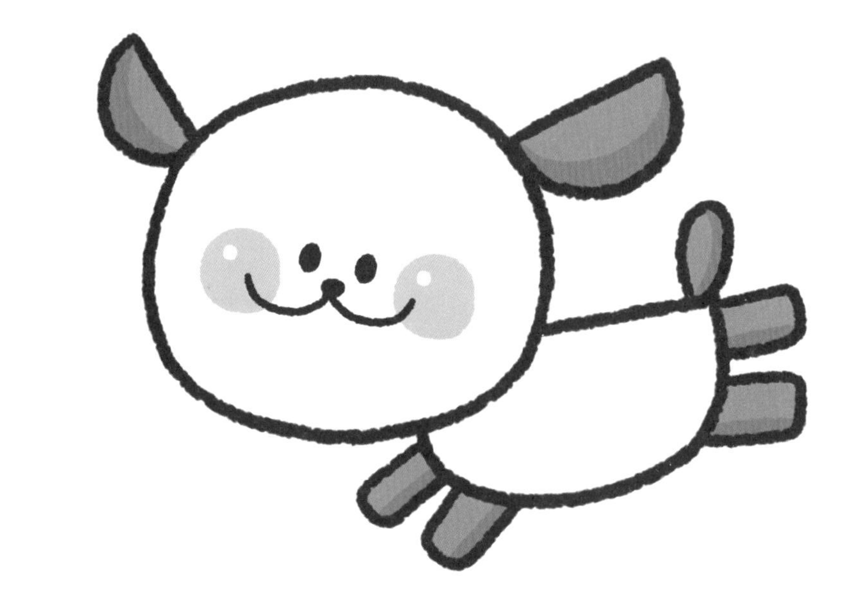

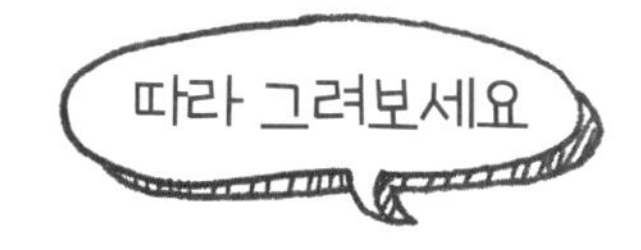

강아지 2

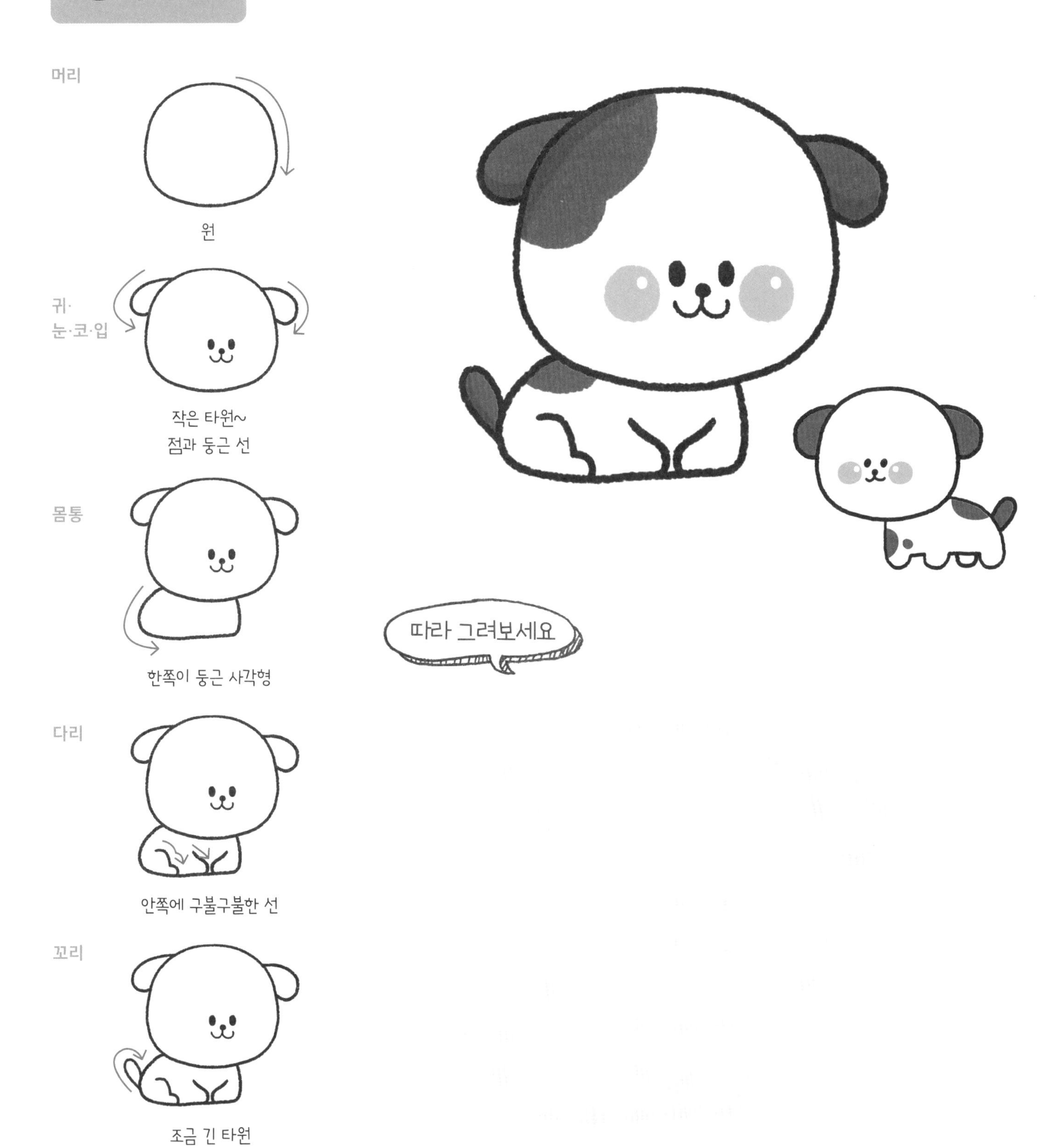
머리
원
귀·
눈·코·입
작은 타원~
점과 둥근 선
몸통
한쪽이 둥근 사각형
다리
안쪽에 구불구불한 선
꼬리
조금 긴 타원
따라 그려보세요

강아지 3

몸통

귀·눈·코·입

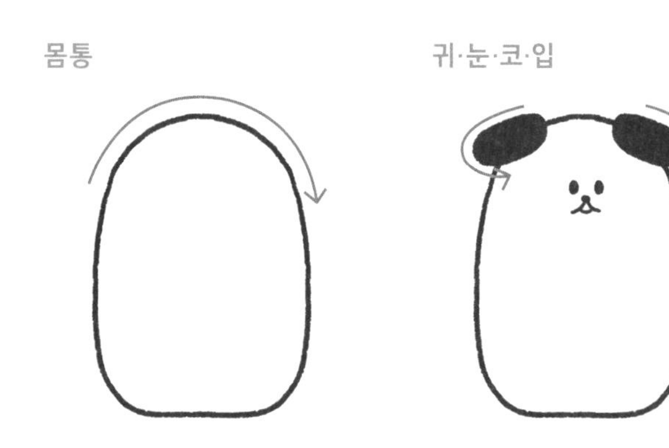

세로로 긴 타원

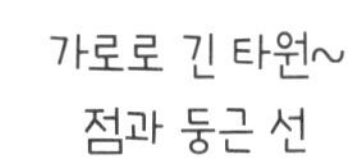

가로로 긴 타원~
점과 둥근 선

다리

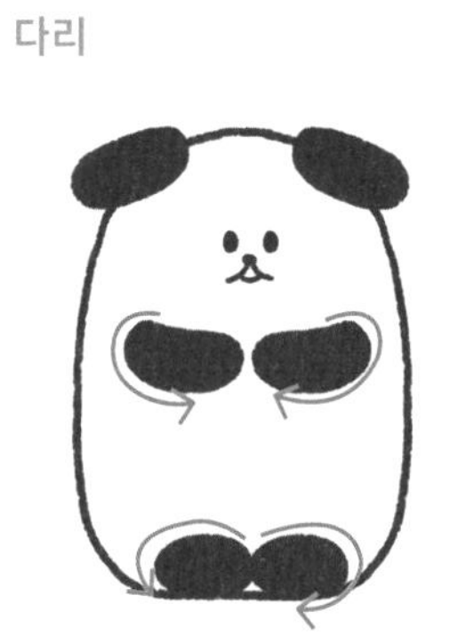

가로로 긴 타원

꼬리

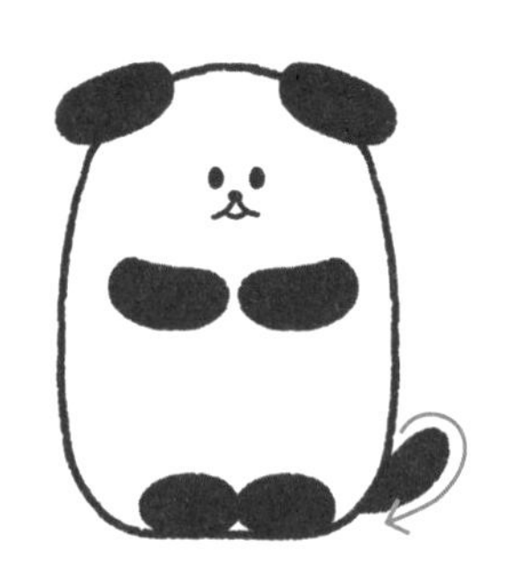

살짝 기울어진 타원

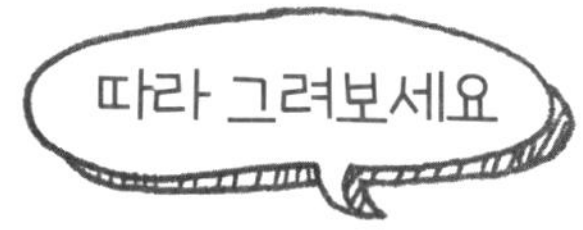

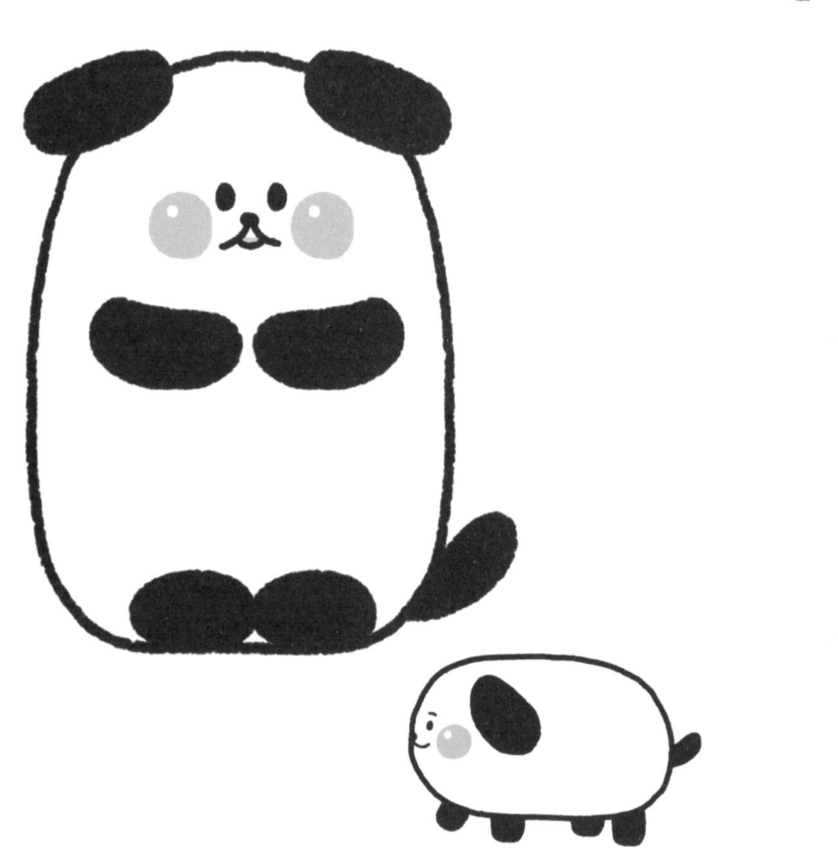

닥스훈트

머리

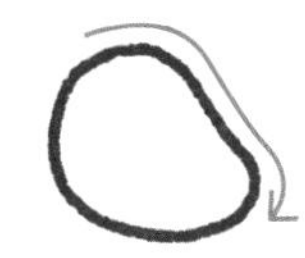

한쪽이 살짝 들어간 원

귀

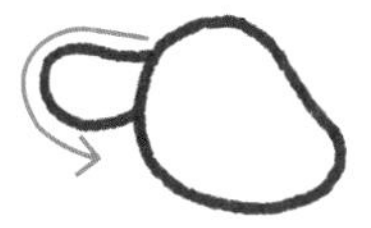

조금 긴 원

눈·코·입

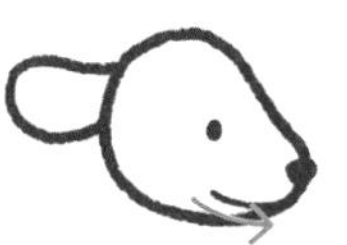

점과 둥근 선

몸통

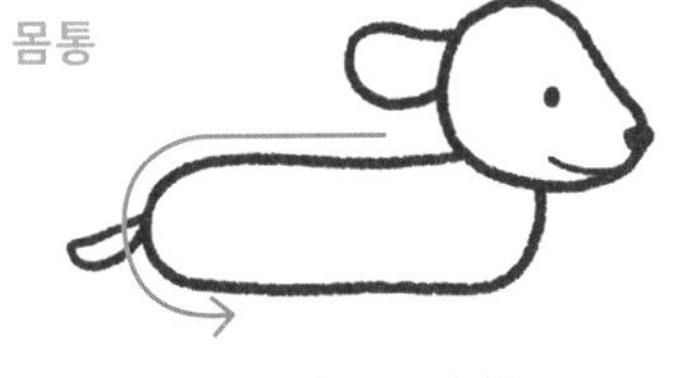

옆으로 긴 원

다리·꼬리

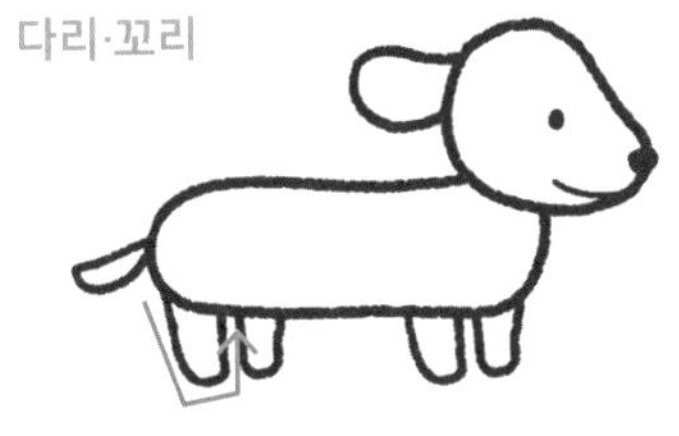

길고 작은 사각형~
작고 긴 반원

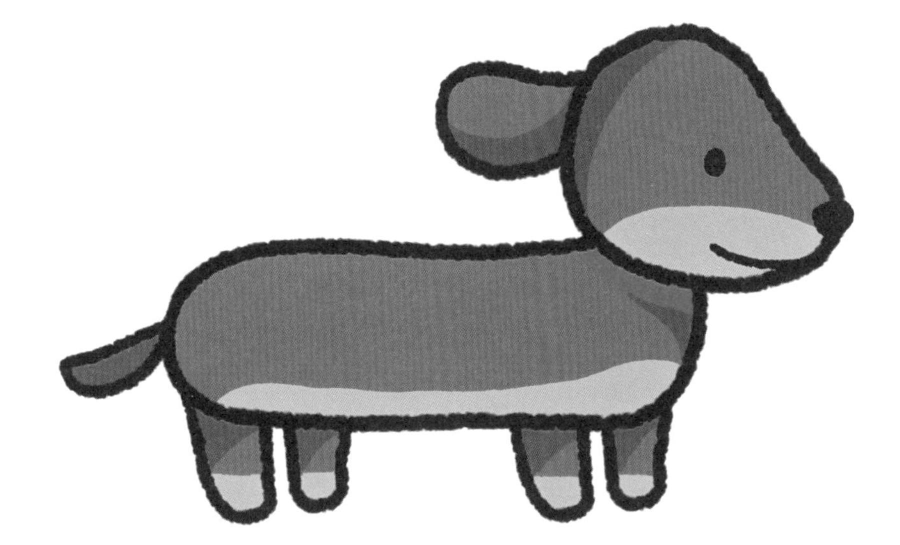

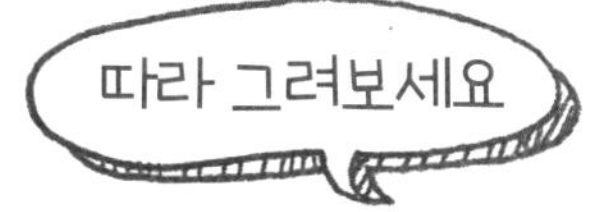

달마시안

머리

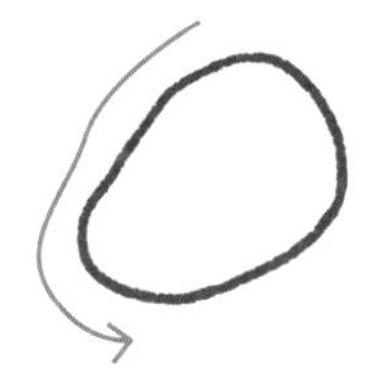

한쪽이 살짝 들어간 원

귀·
눈·코·입

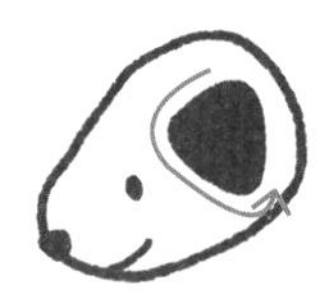

모서리가 둥근 삼각형~
점과 삼각형, 둥근 선

몸통

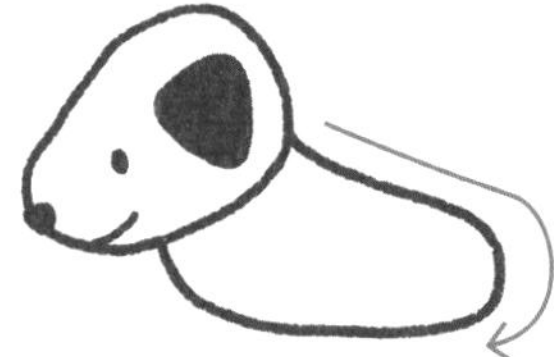

옆으로 긴 타원

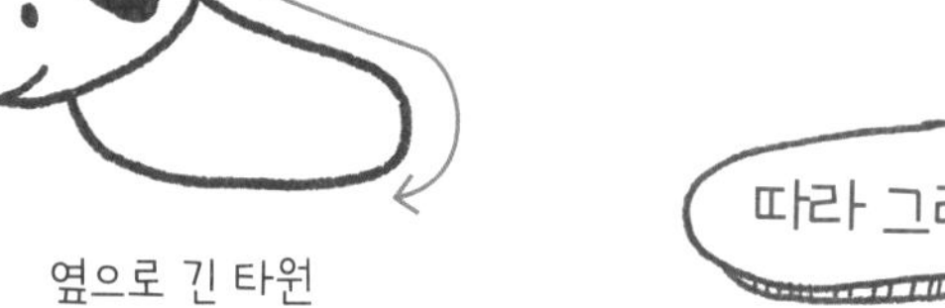

다리

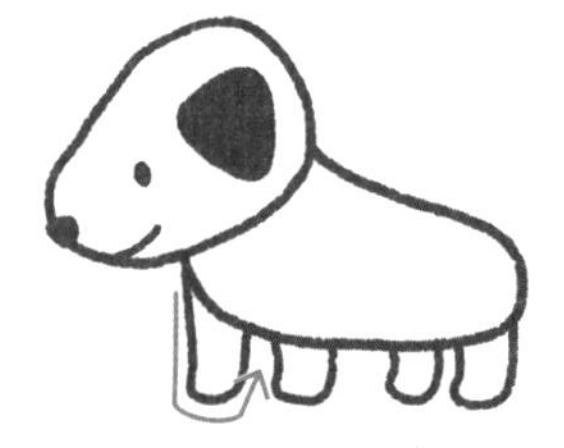

길고 작은 사각형

꼬리·무늬

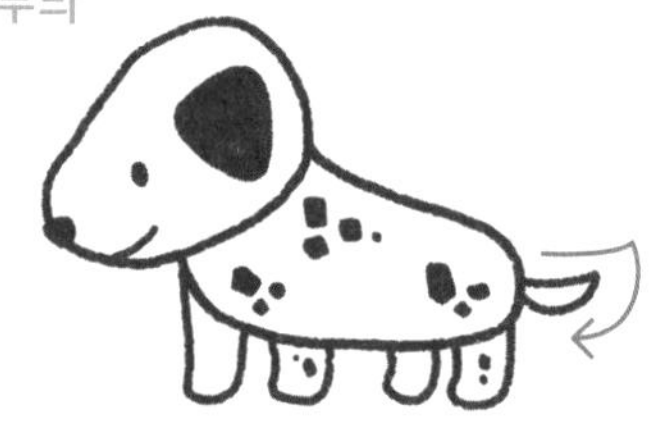

반원과 작은 사각형

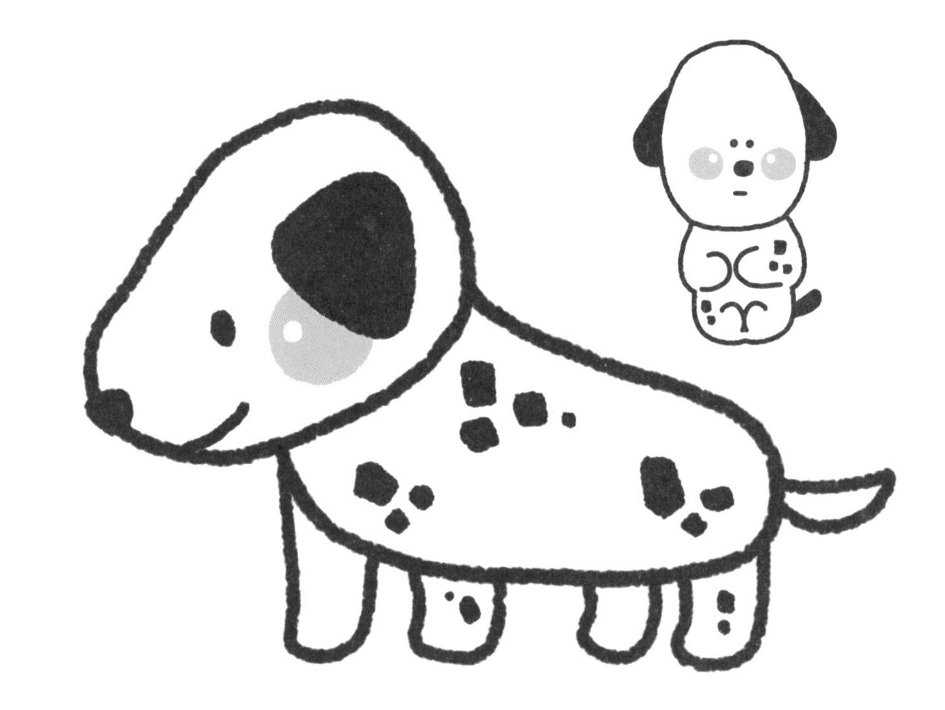

불도그

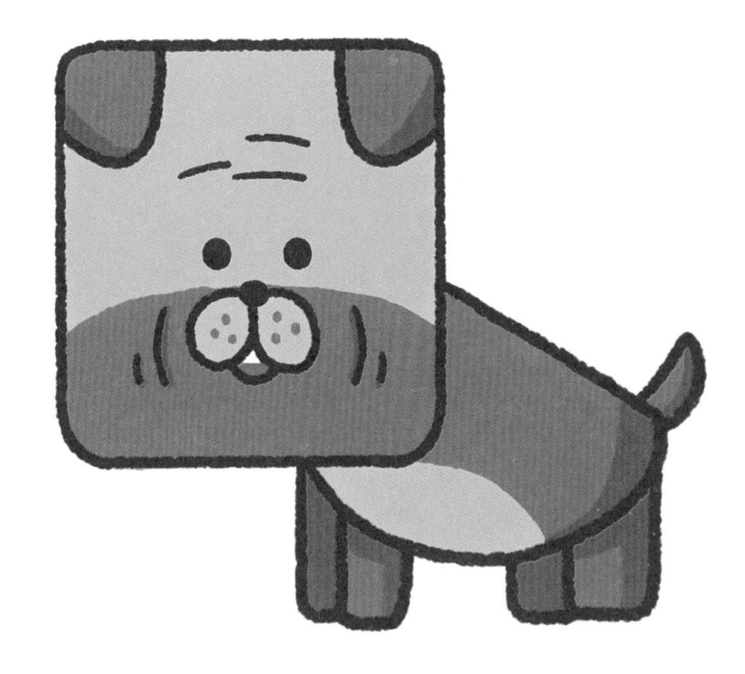

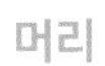

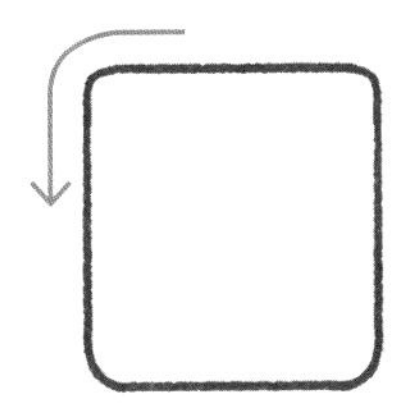

모서리가 둥근 사각형

귀

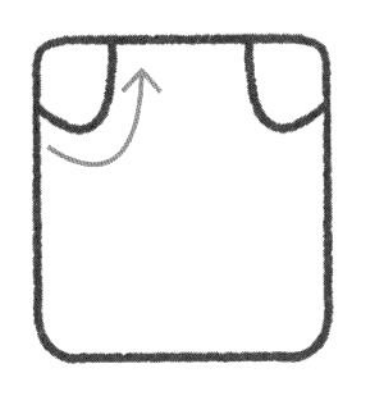

둥근 선

눈·코·입·
주름

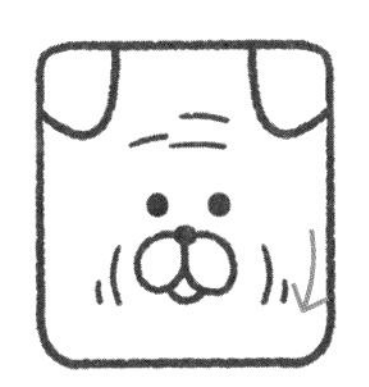

점과 타원, 둥근 선~
둥글둥글한 선

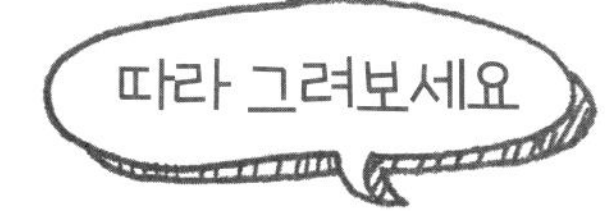

몸통·꼬리

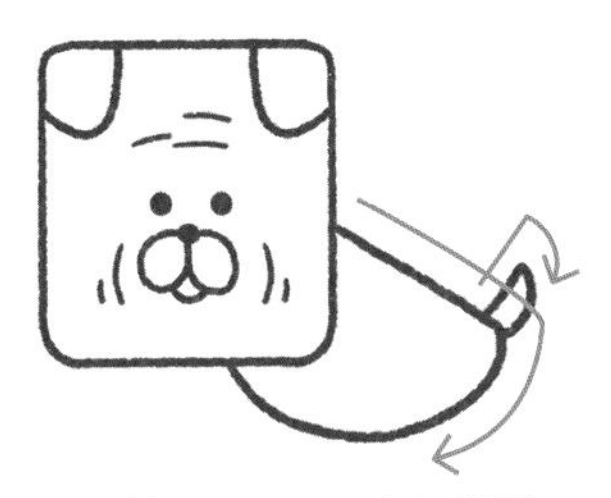

큰 반원과 그 끝에 작은 반원

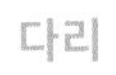

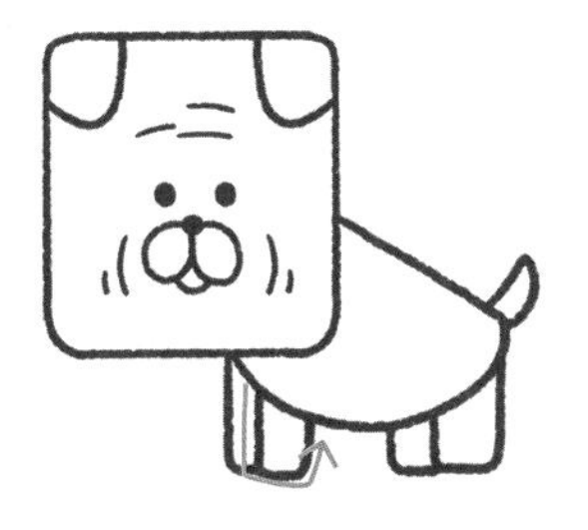

길고 작은 사각형

비숑프리제

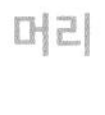

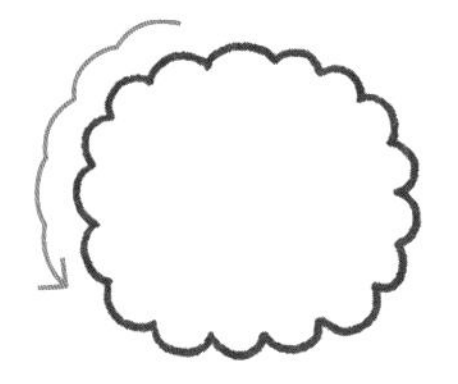

올록볼록한 원

눈·코·입

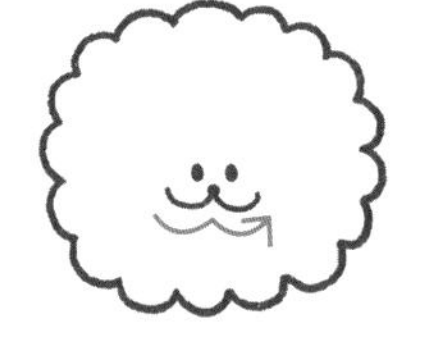

점과 둥근 선

몸통

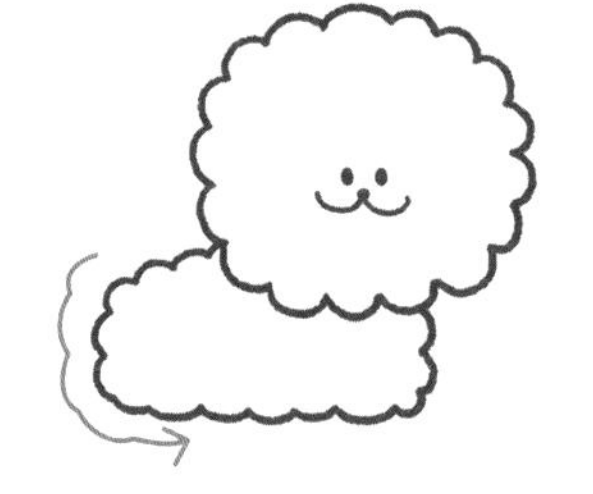

올록볼록하고 옆으로 긴 사각형

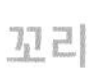

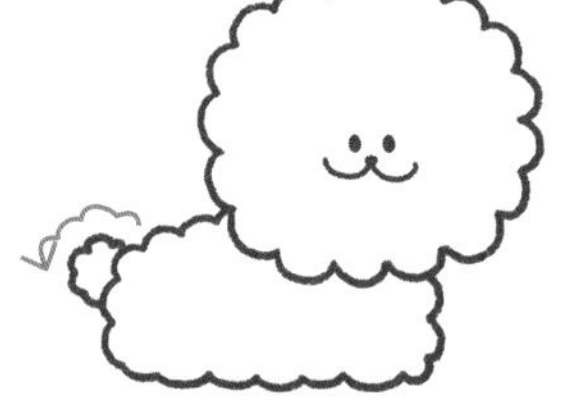

올록볼록한 반원

다리

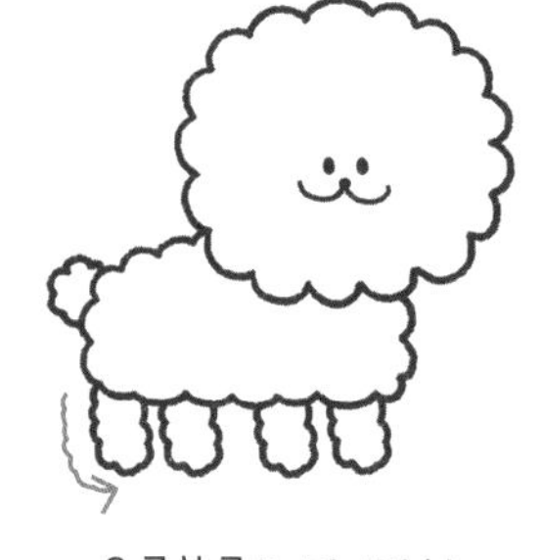

올록볼록한 직사각형

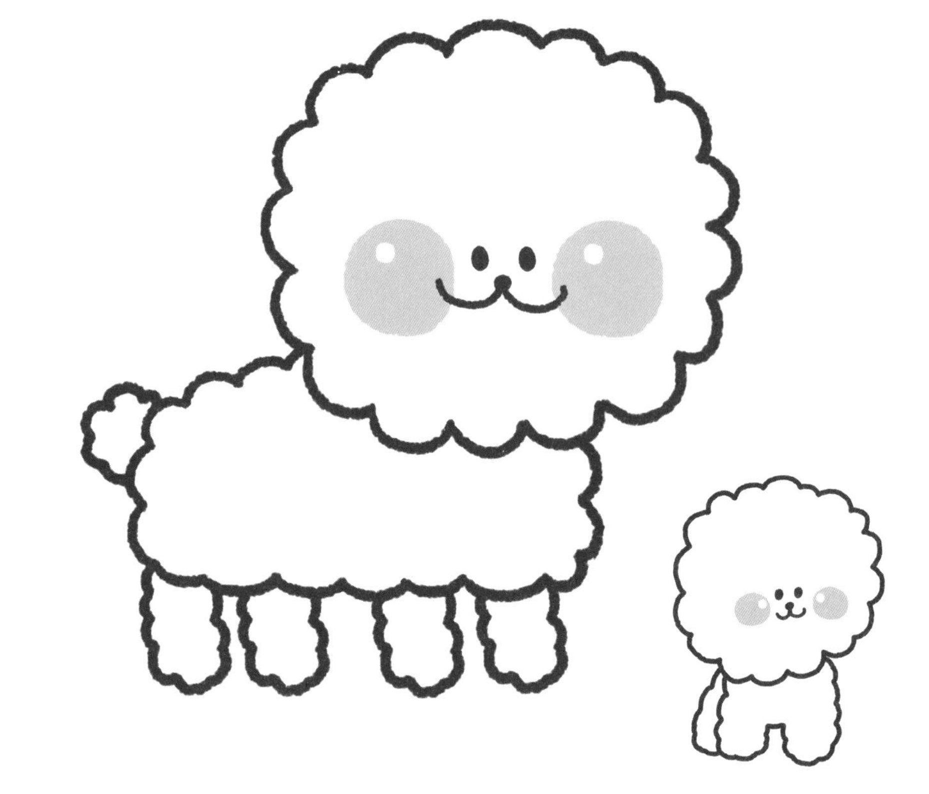

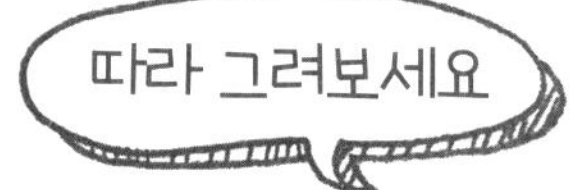

시츄

머리

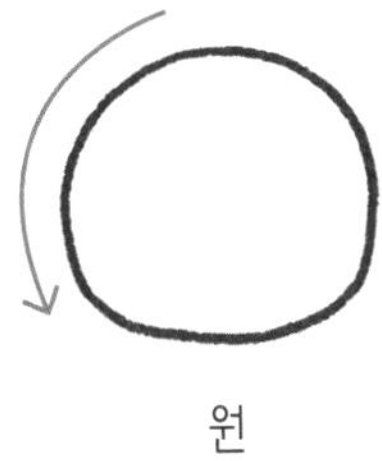

원

귀

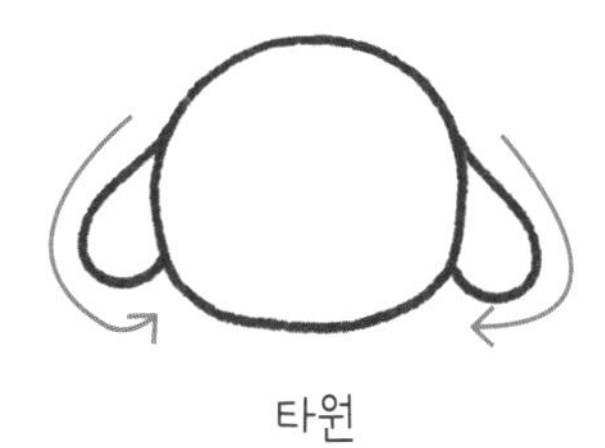

타원

눈·코·입

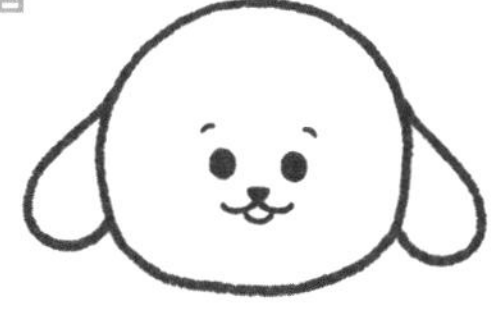

점과 둥근 선~
역삼각형과 둥근 선

몸통·다리

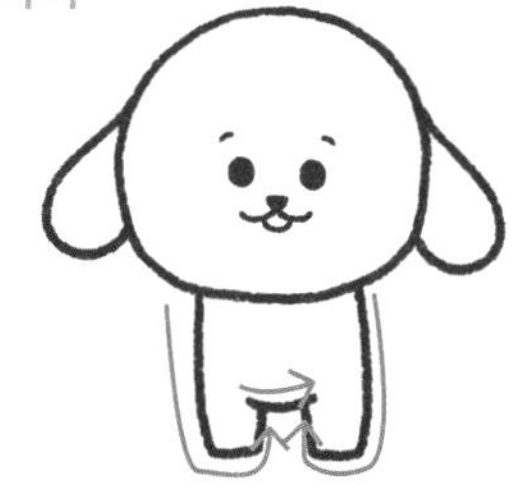

사각형과 둥근 선

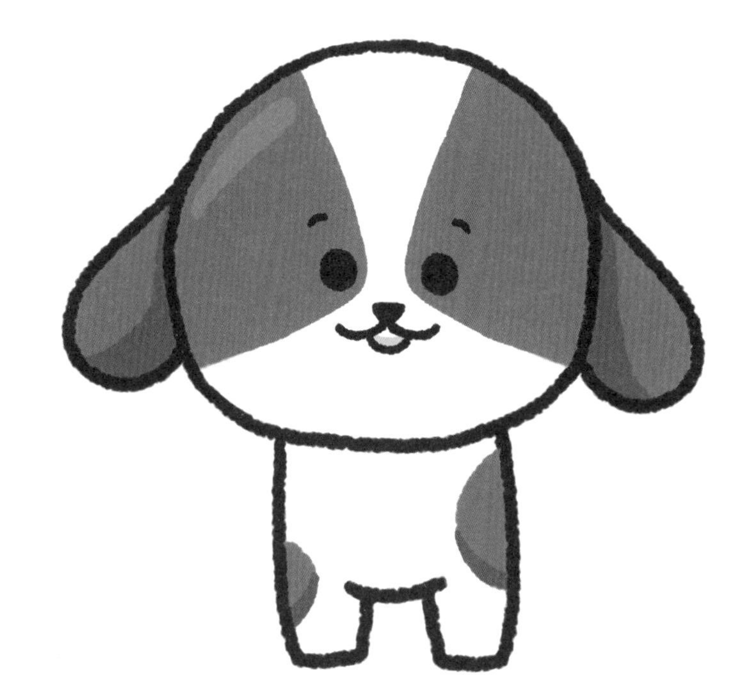

따라 그려보세요

웰시코기

머리

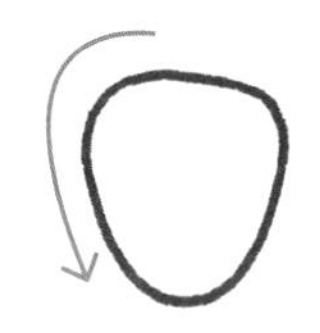

모서리가 둥근 삼각형

귀·
눈·코·입

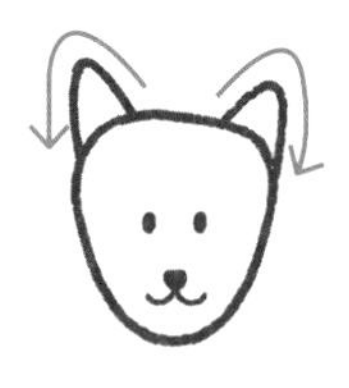

작은 삼각형~
점, 역삼각형과 둥근 선

몸통

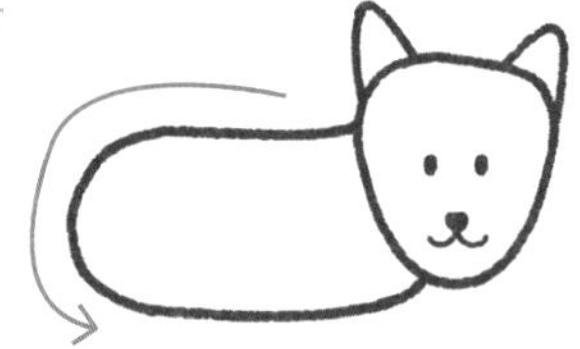

옆으로 길고 둥근 사각형

꼬리

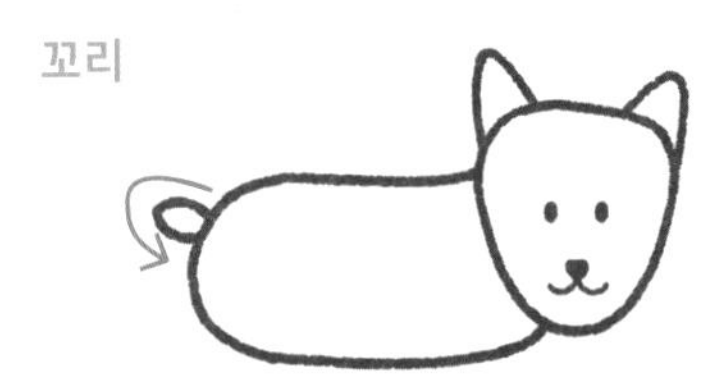

작은 타원

다리

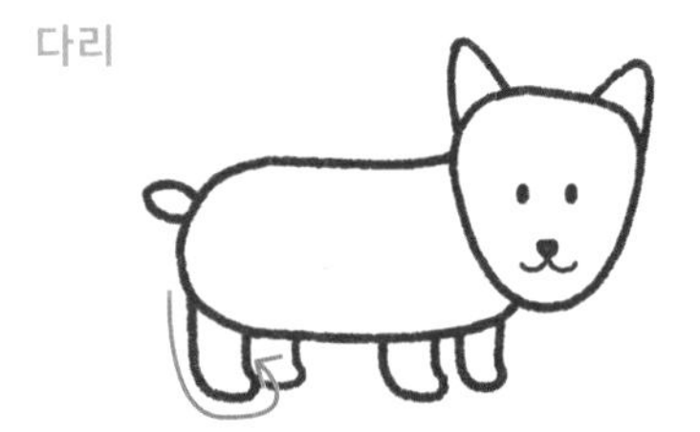

길고 작은 사각형

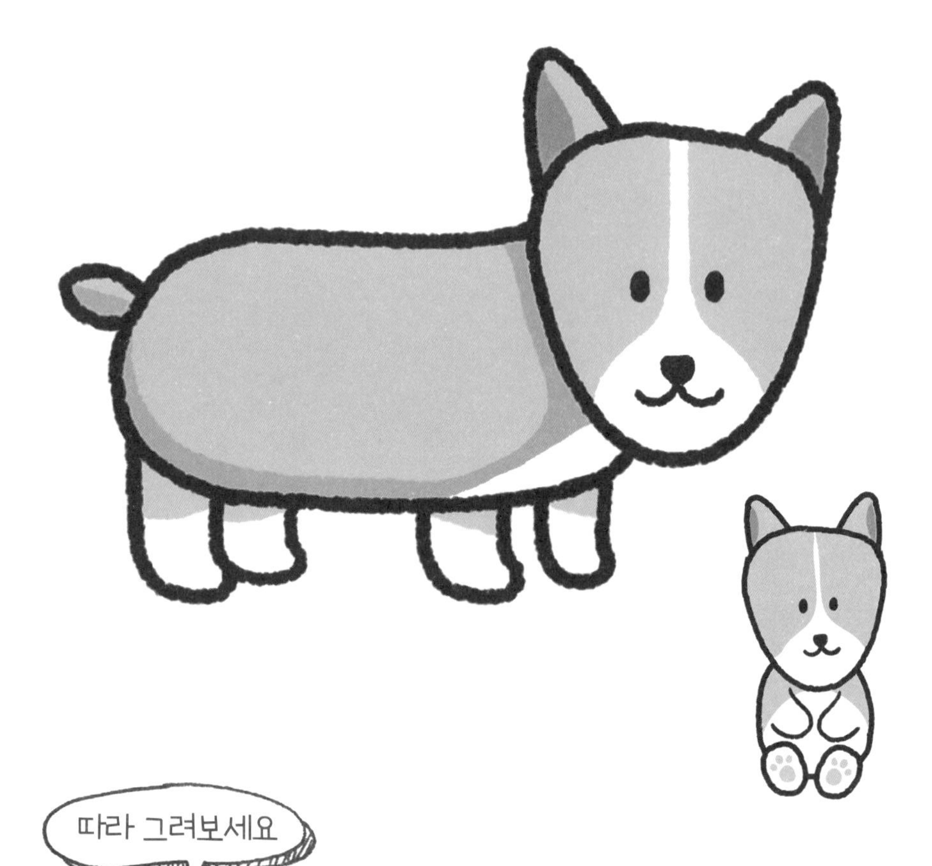

따라 그려보세요

치와와

머리

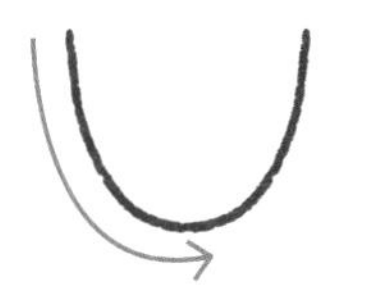

윗부분이 열린 타원

귀

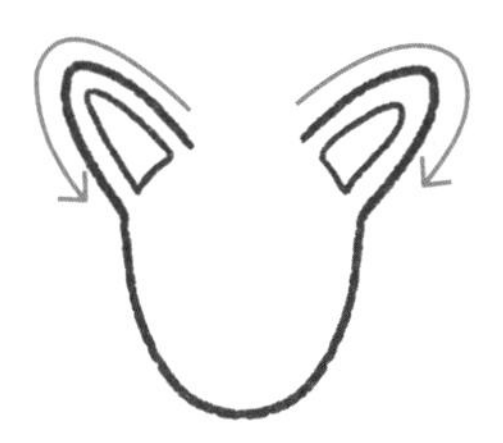

길쭉하고 작은 삼각형

눈·코·입

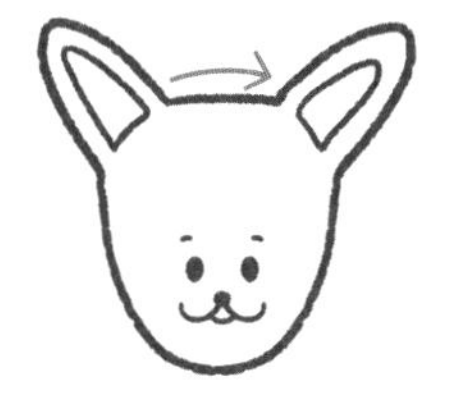

윗부분을 선으로 닫고~
점과 둥근 선

몸통

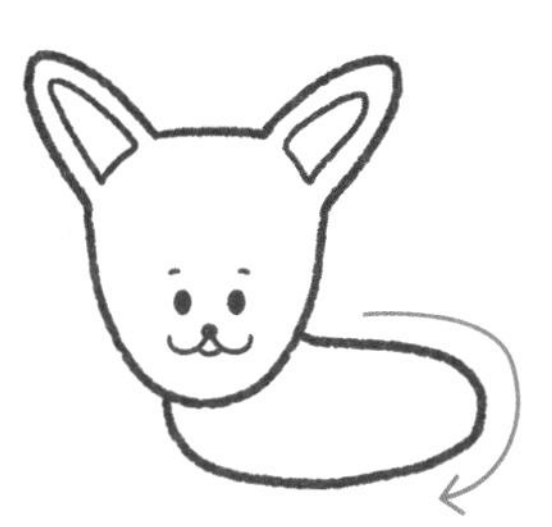

납작한 타원

다리·
꼬리

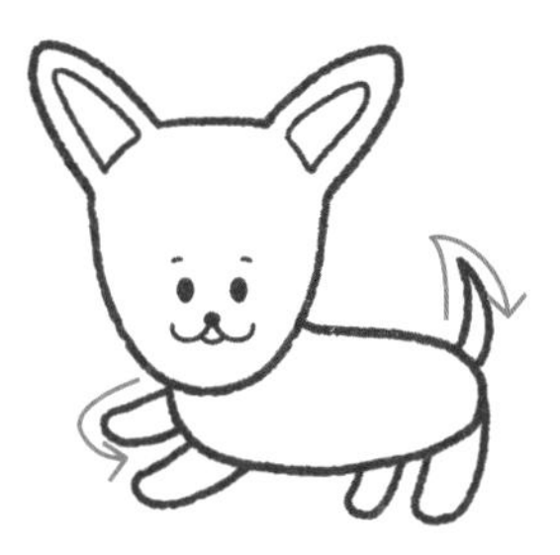

길고 작은 사각형~
가늘고 긴 반원

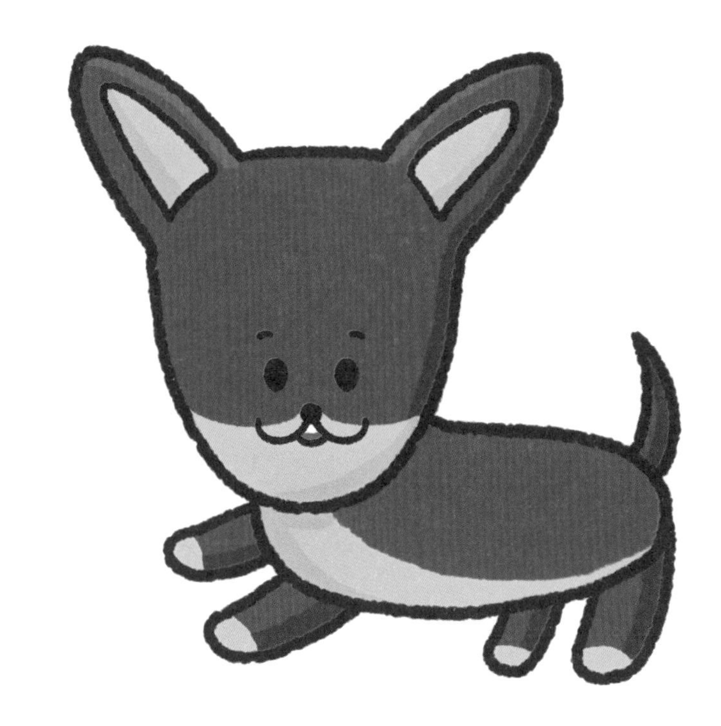

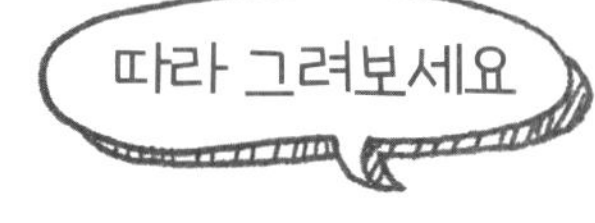

푸들

머리

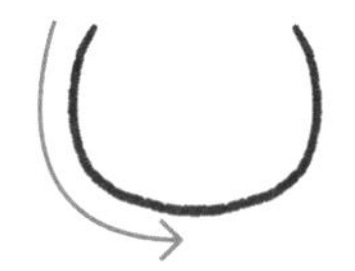

윗부분이 열린 원

머리털·귀

올록볼록한 타원

눈·코·입·몸통

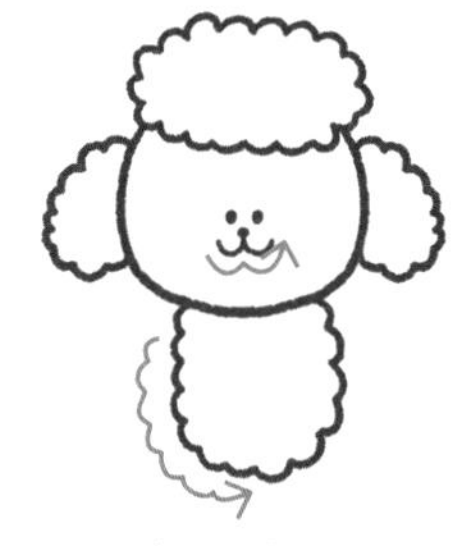

점과 둥근 선~
올록볼록하고 세로로 긴 타원

다리

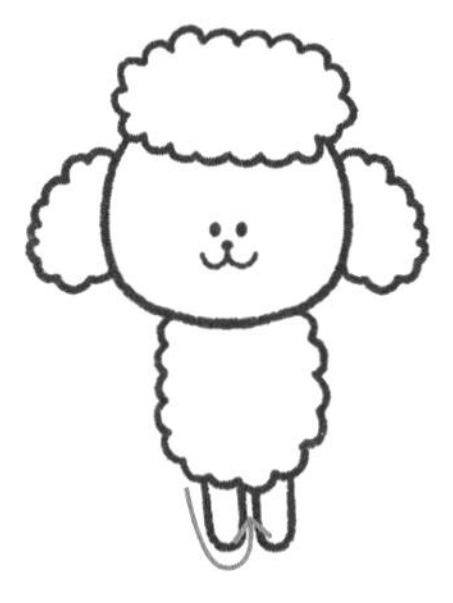

세로로 긴 타원

엉덩이

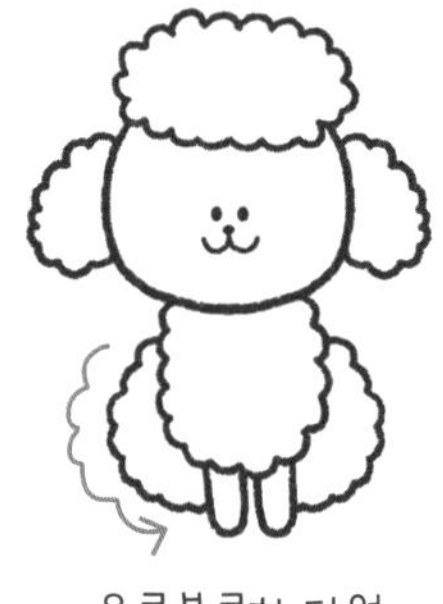

올록볼록한 타원

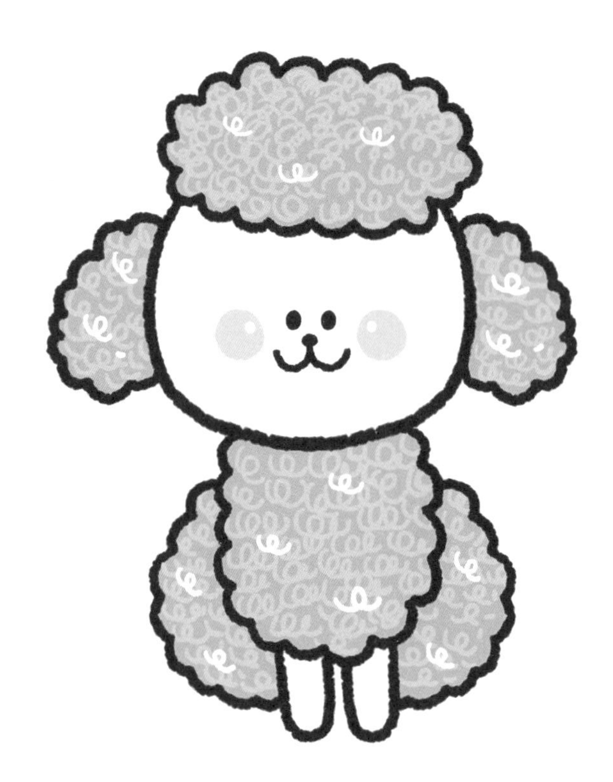

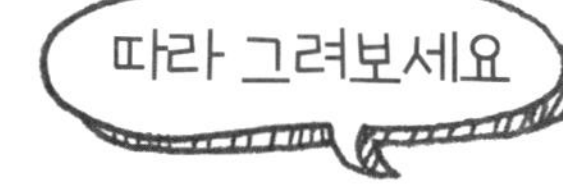

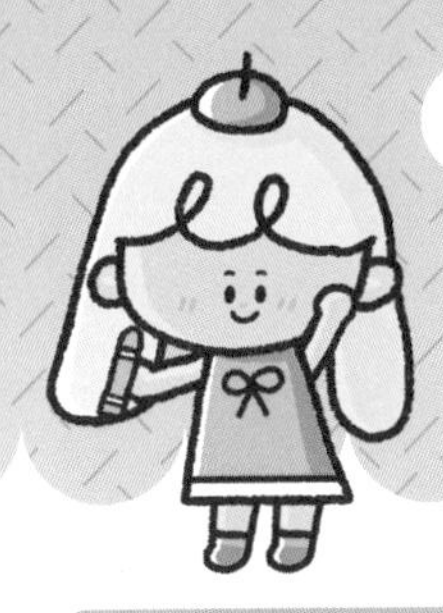

타원과 삼각형으로 그리는

고양이

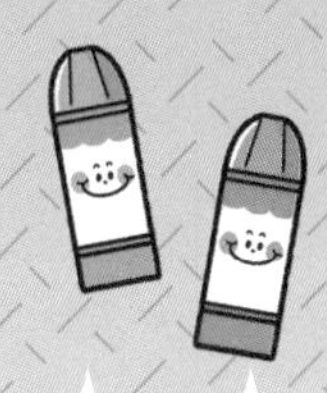

고양이 1

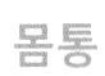

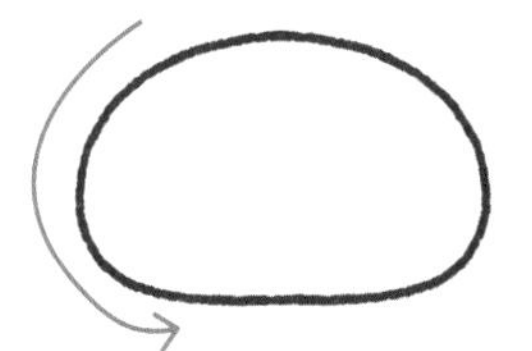

옆으로 긴 타원

귀

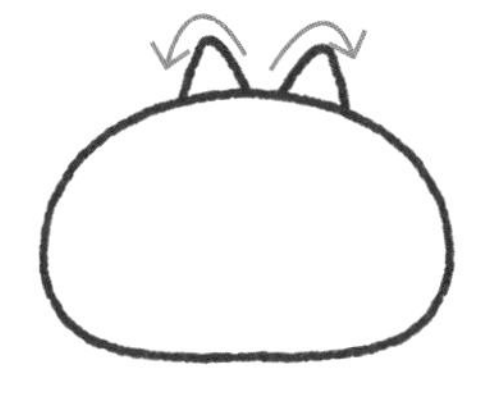

삼각형

눈·코·입

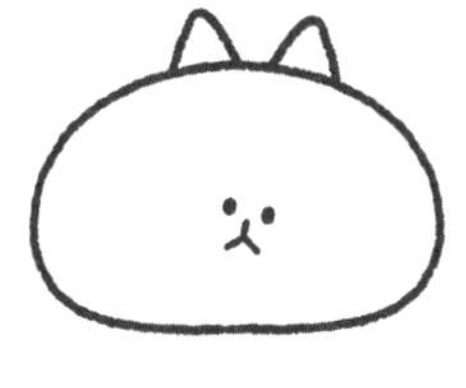

점과 선

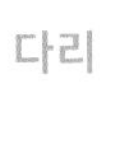

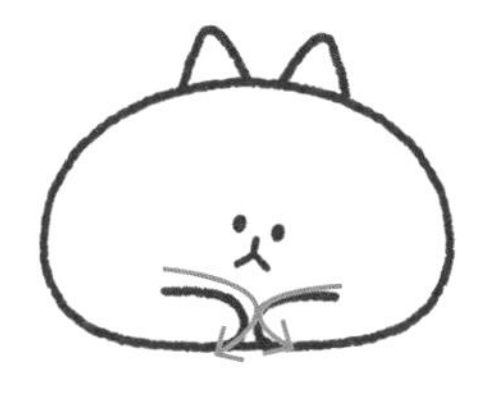

열린 타원

꼬리

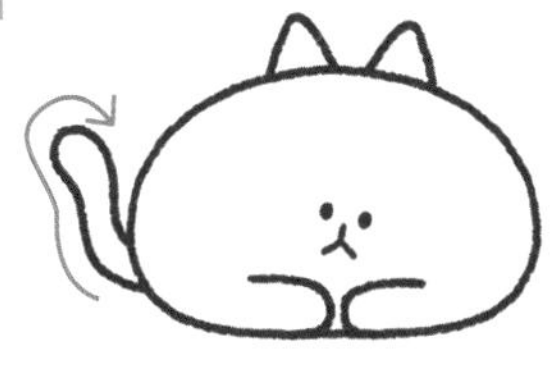

구부러지고 긴 타원

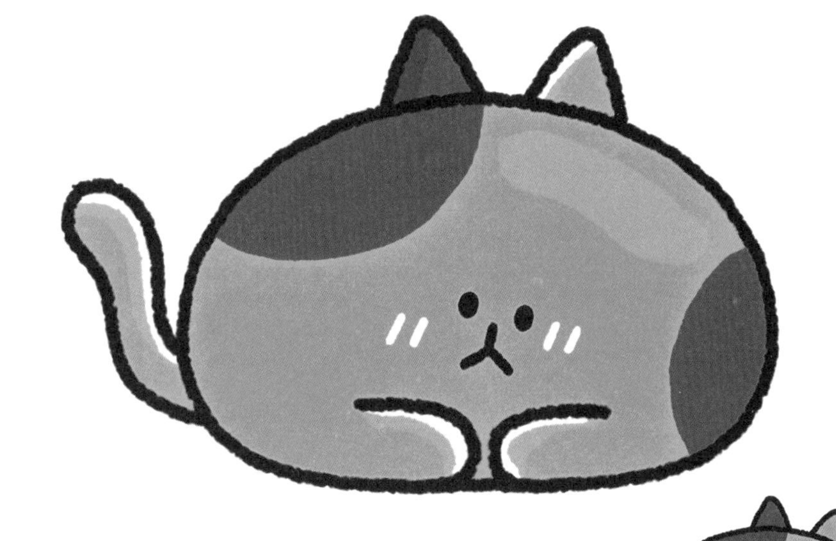

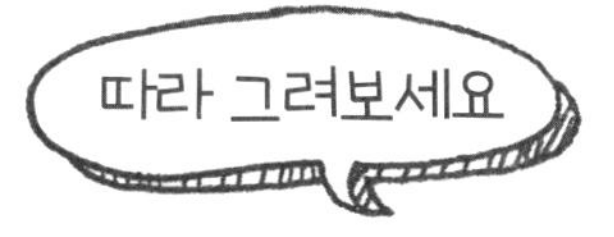

고양이 2

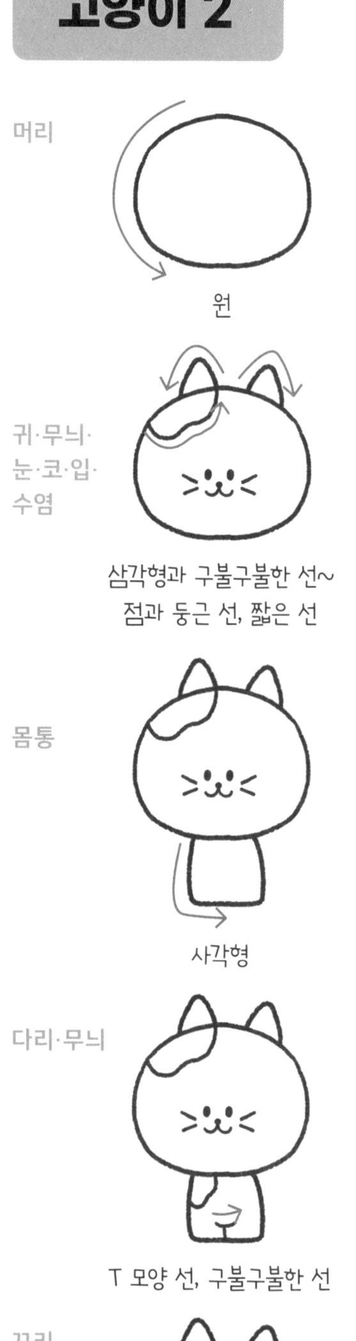
머리
원
귀·무늬·
눈·코·입·
수염
삼각형과 구불구불한 선~
점과 둥근 선, 짧은 선
몸통
사각형
다리·무늬
T 모양 선, 구불구불한 선

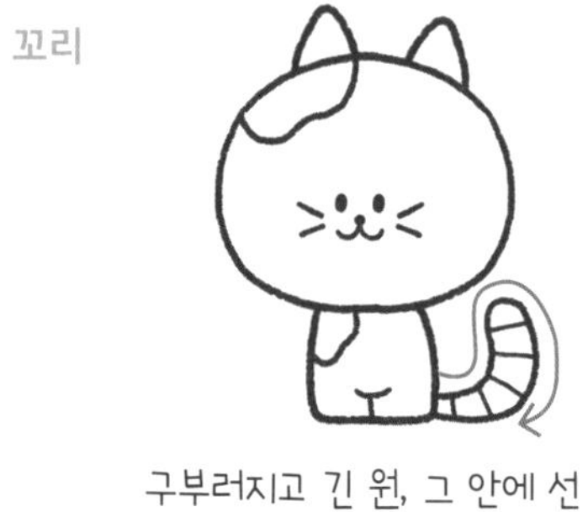
꼬리
구부러지고 긴 원, 그 안에 선

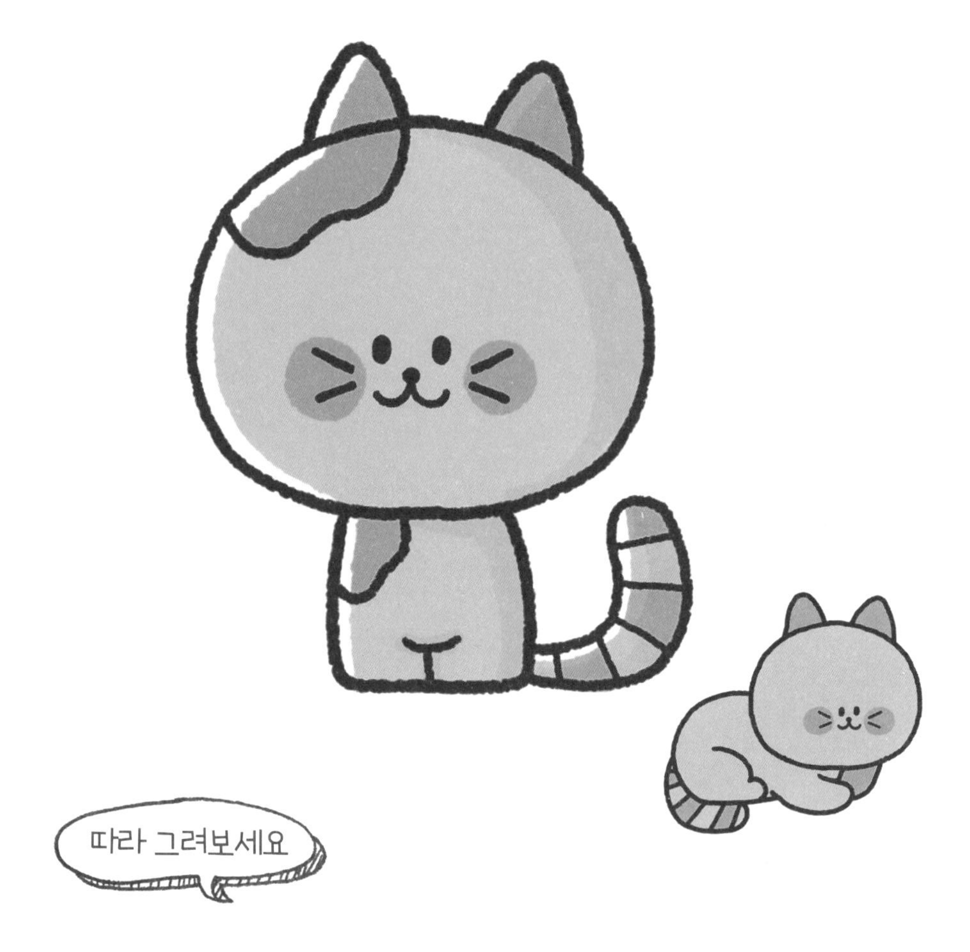
따라 그려보세요

고양이 3

머리

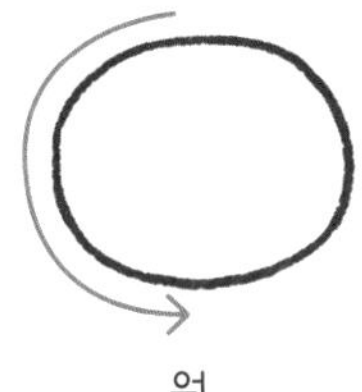

원

귀·
눈·코·입·
수염

삼각형~
점과 꺾은 선, 직선

몸통

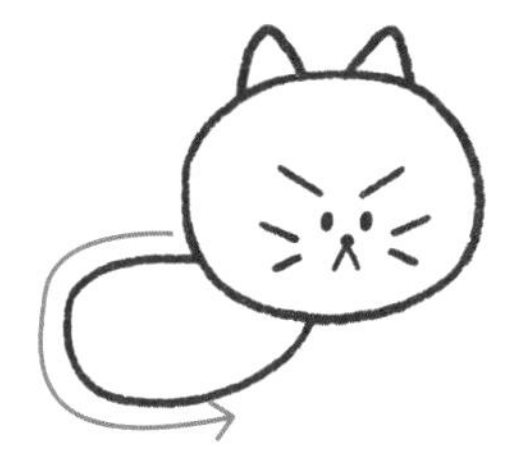

옆으로 긴 원

다리·
꼬리

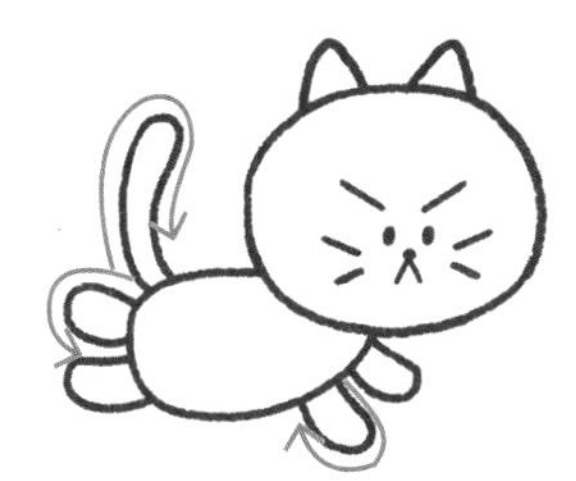

작은 타원~
구부러지고 긴 타원

쥐

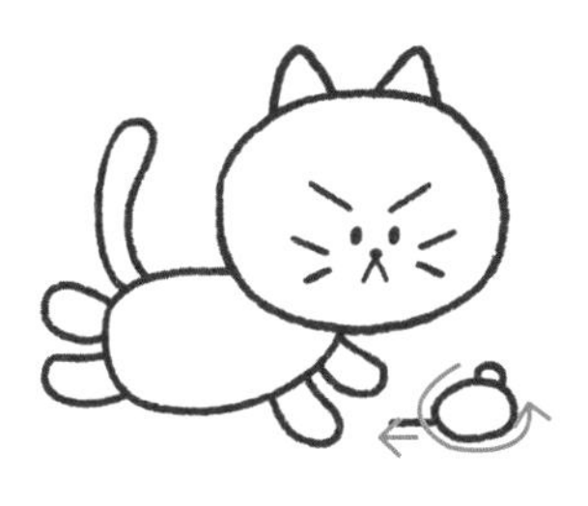

원과 선

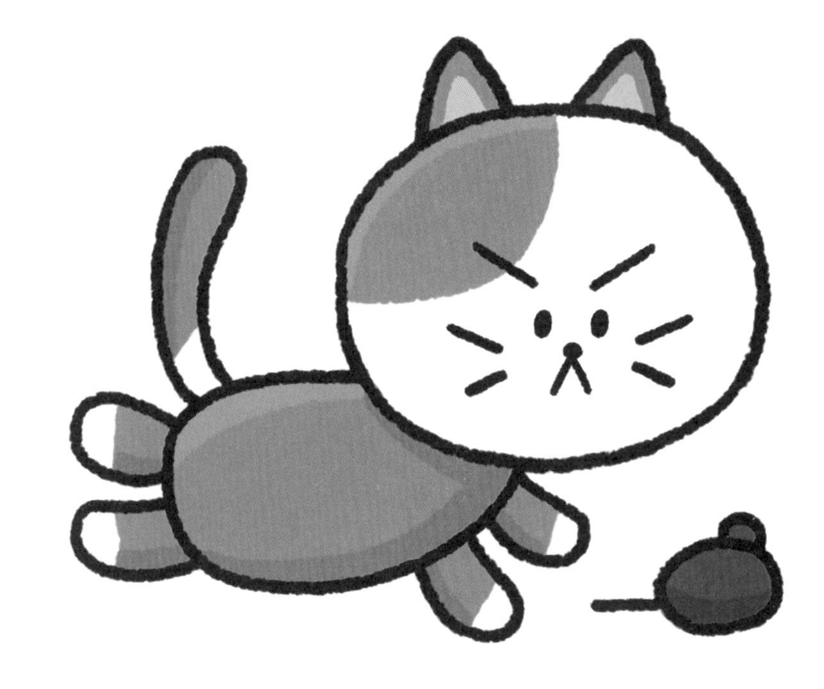

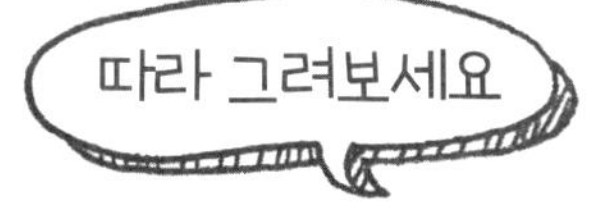

검은 고양이

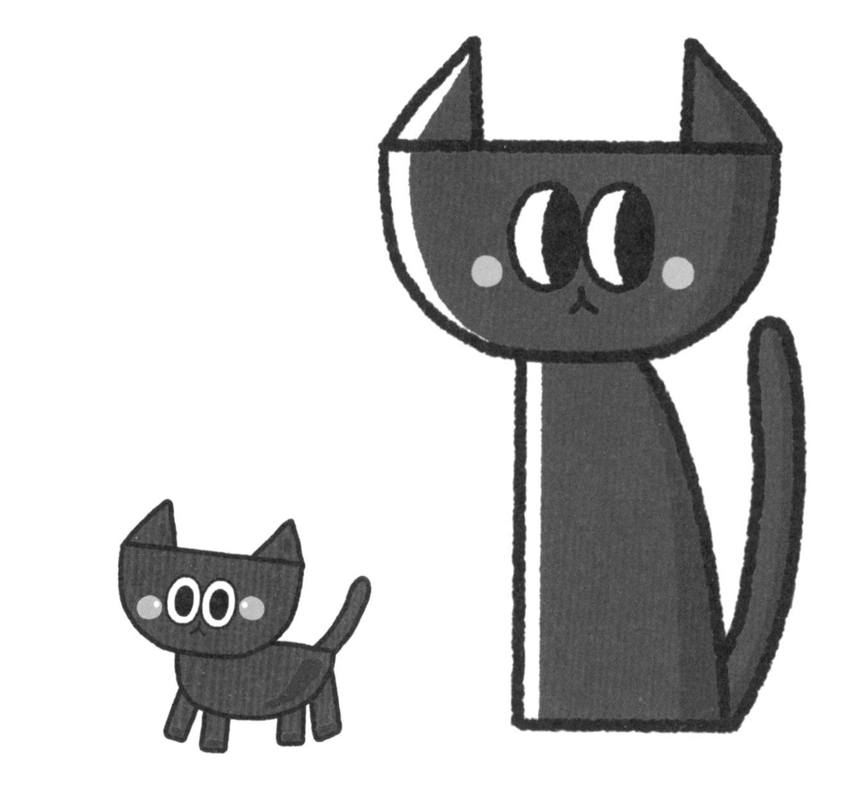

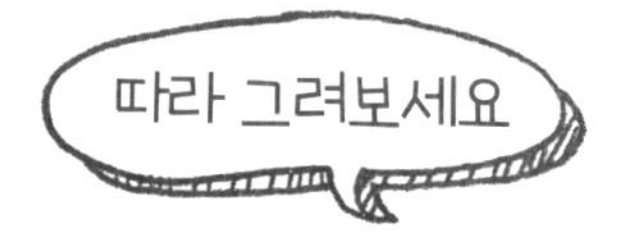

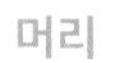

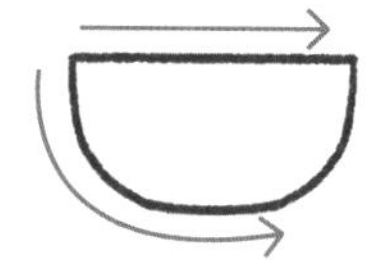

옆으로 긴 반원

귀

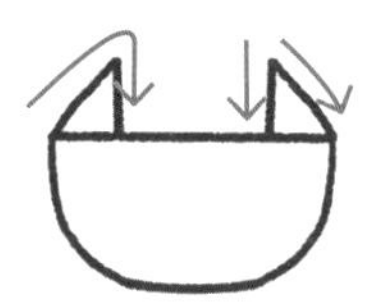

반원 위에 작은 삼각형

눈·코·입

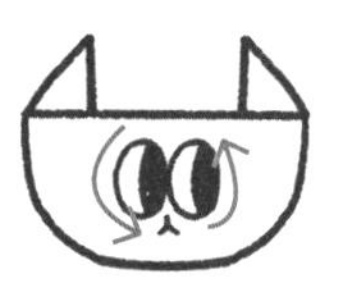

원과 그 안에 타원~
짧은 선

몸통

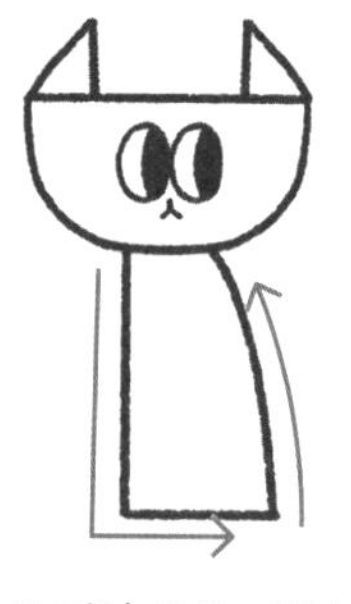

한 면이 둥근 사각형

꼬리

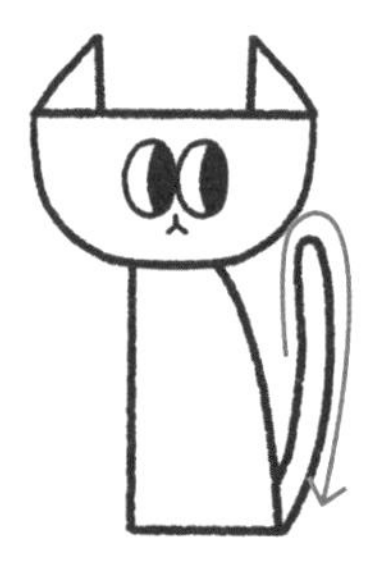

가늘고 긴 타원

페르시안 고양이

귀

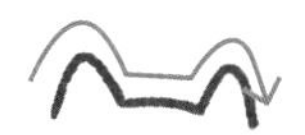

열린 삼각형과 선

털

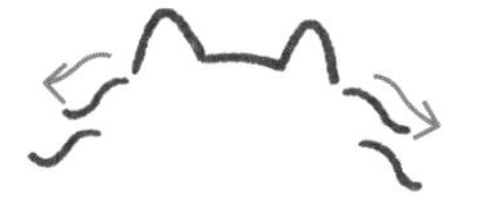

꼬불꼬불한 선

머리·
눈·코·입

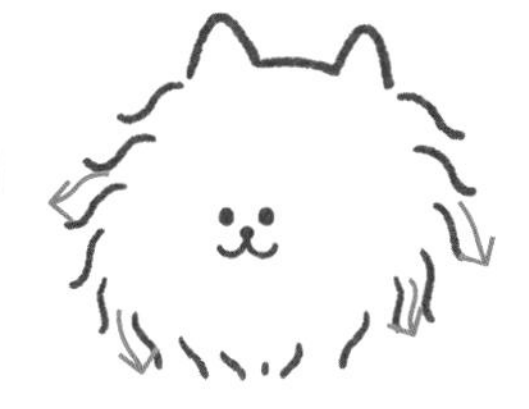

꼬불꼬불한 선으로 크고 둥글게~
점과 둥근 선

몸통

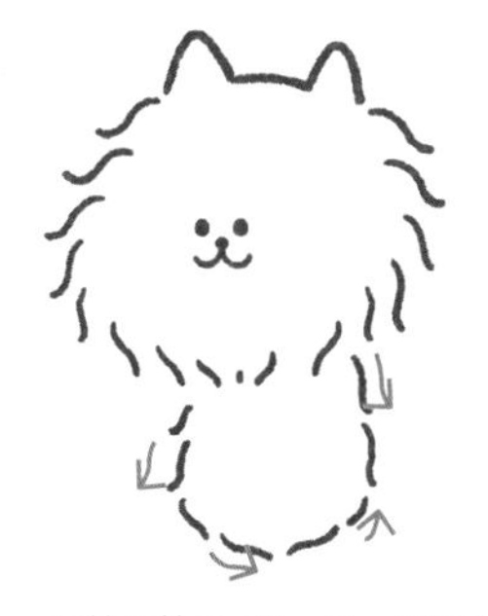

꼬불꼬불한 선으로 사각형

꼬리

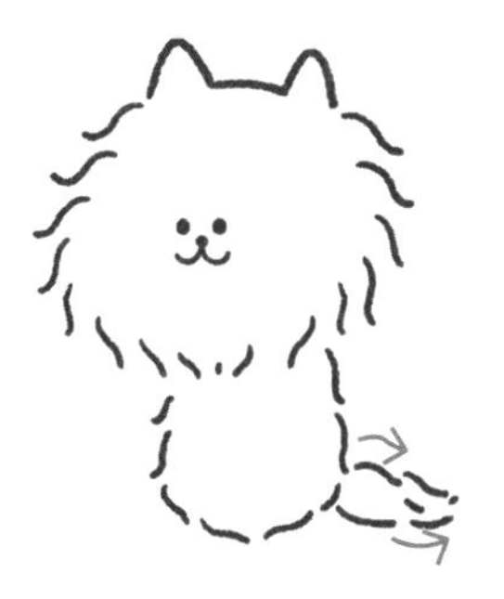

꼬불꼬불한 선으로 긴 타원

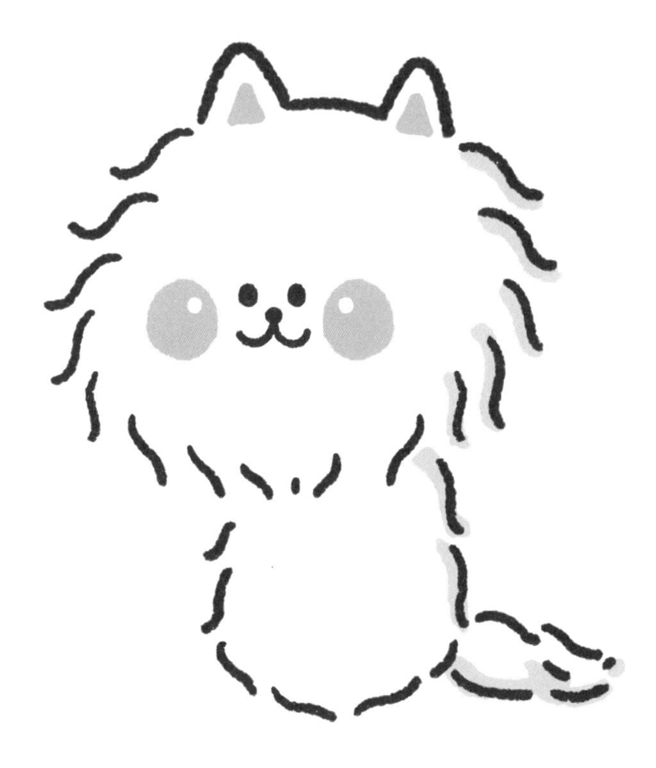

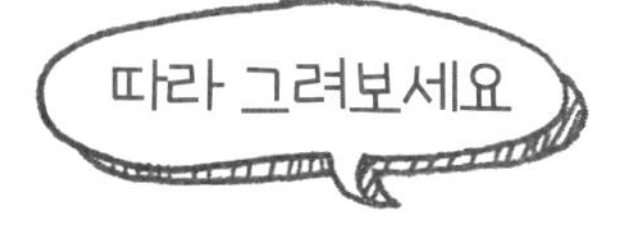

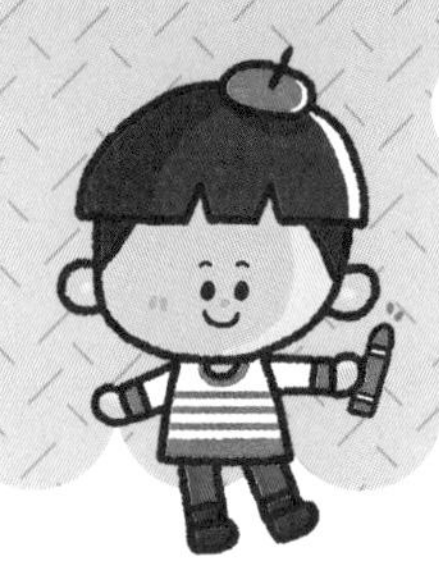

원으로 그리는

토끼

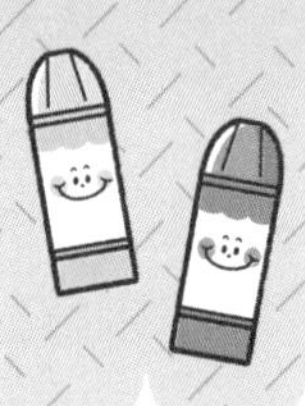

토끼 1

몸통

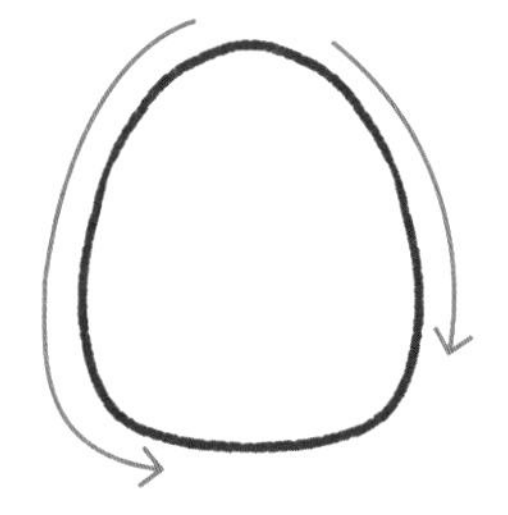

뭉툭한 타원

귀

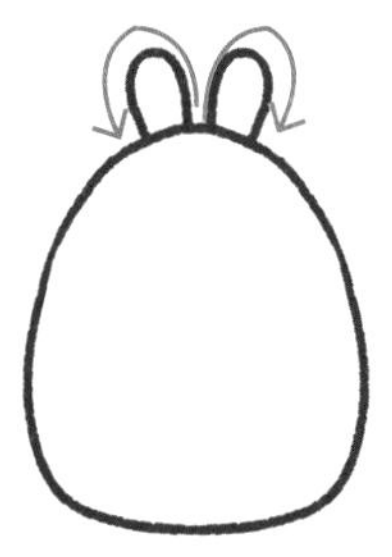

작은 타원

눈·코·입

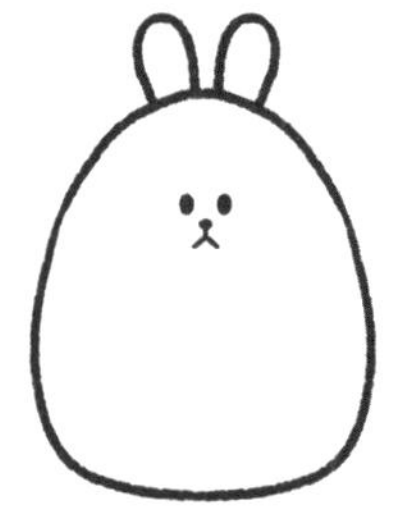

점과 짧은 선

다리

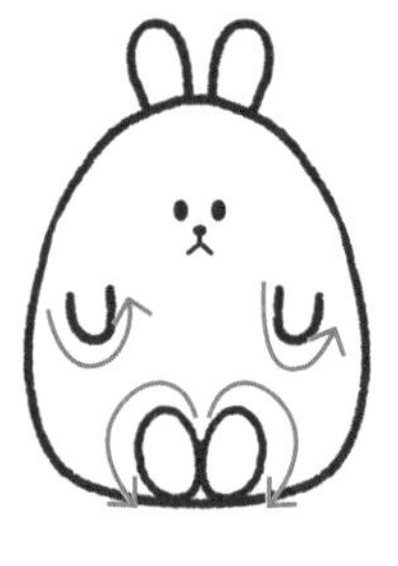

둥근 선과 원

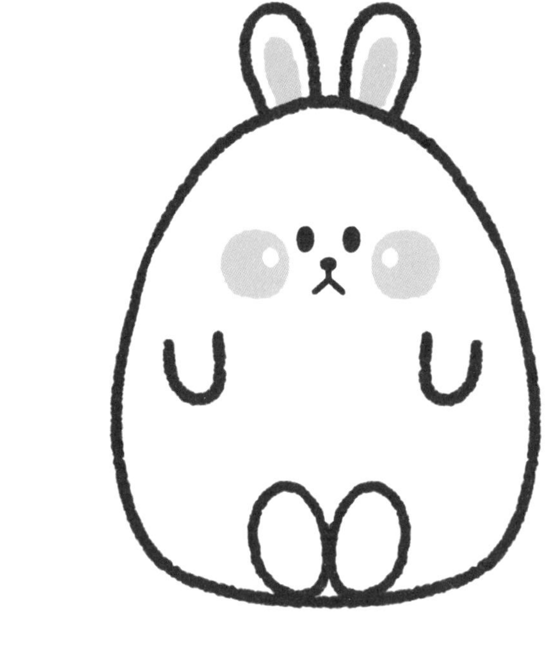

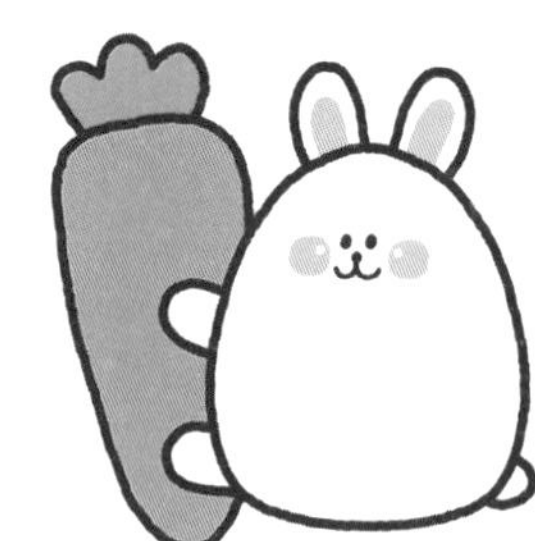

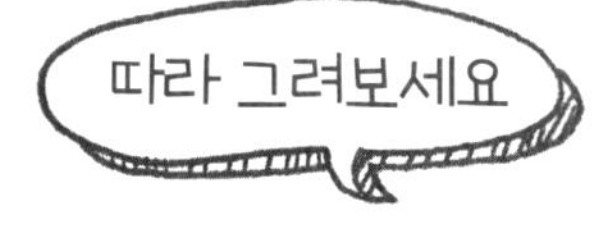

토끼 2

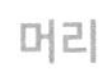

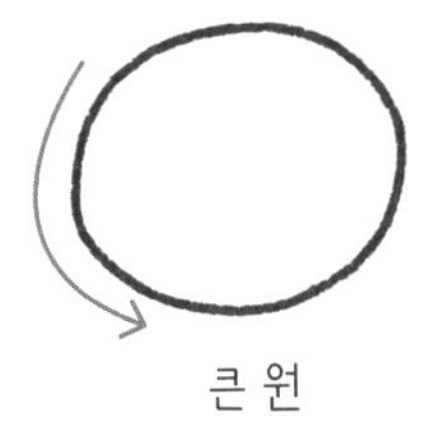

큰 원

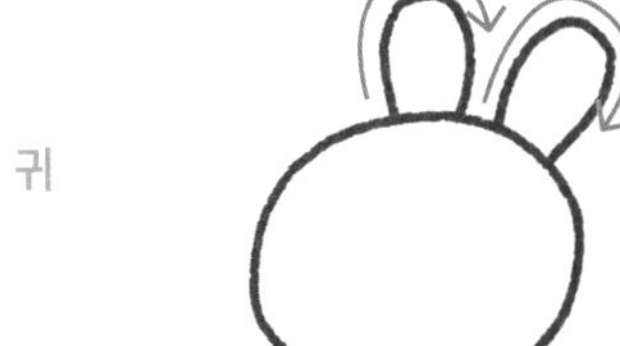

작은 타원

눈·코·입

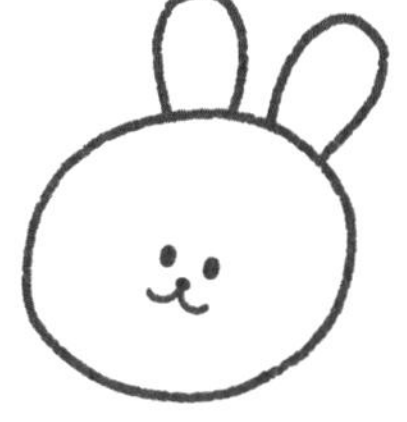

점과 둥근 선

몸통

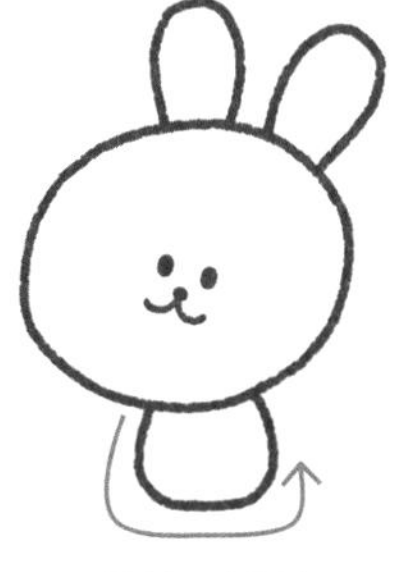

둥근 사각형

꼬리

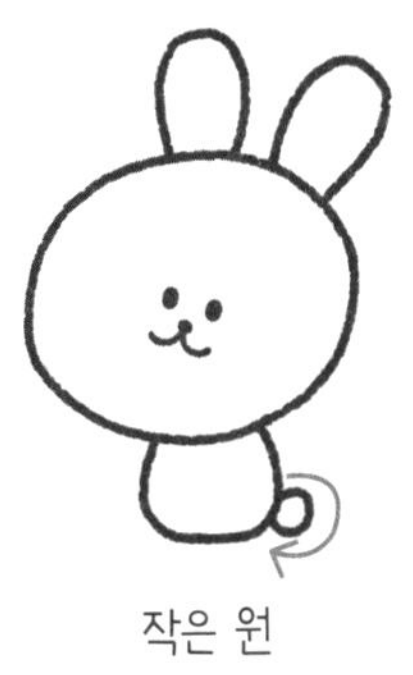

작은 원

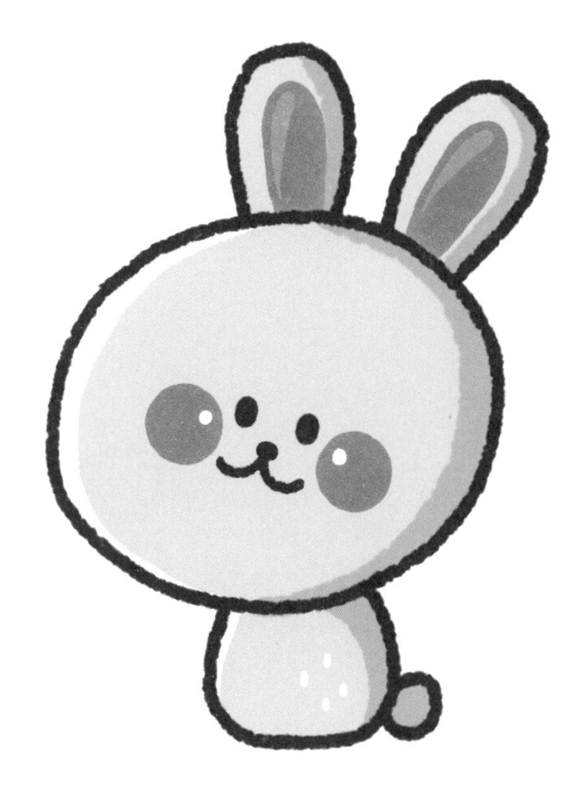

따라 그려보세요

토끼 3

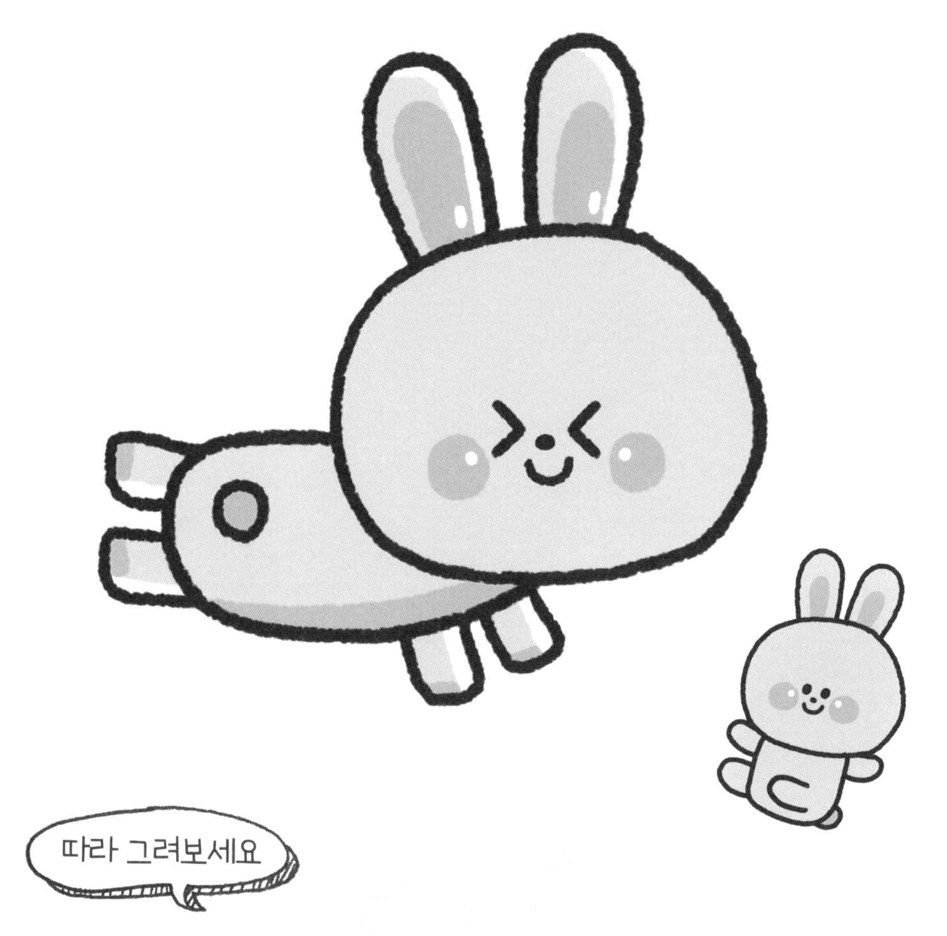

머리

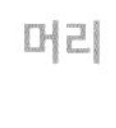

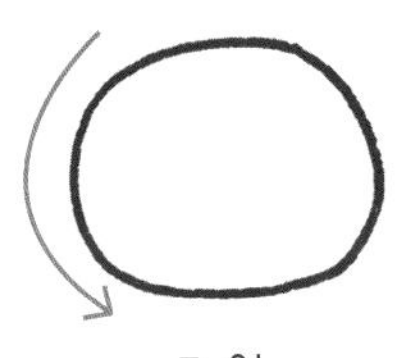

큰 원

귀·
눈·코·입

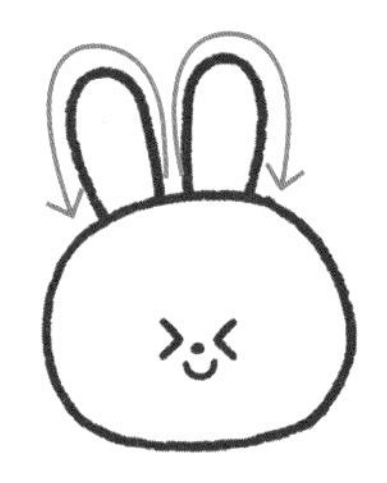

긴 타원~
꺾은 선과 점, 둥근 선

몸통

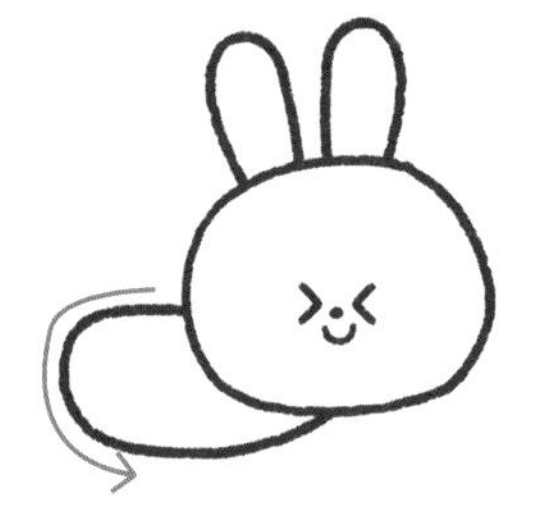

옆으로 긴 타원

다리

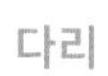

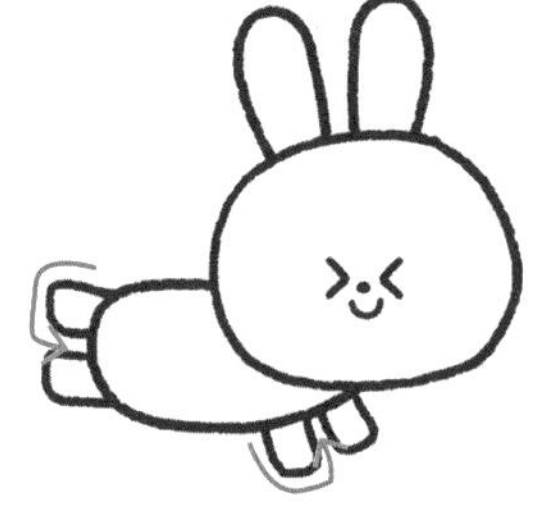

작은 사각형

꼬리

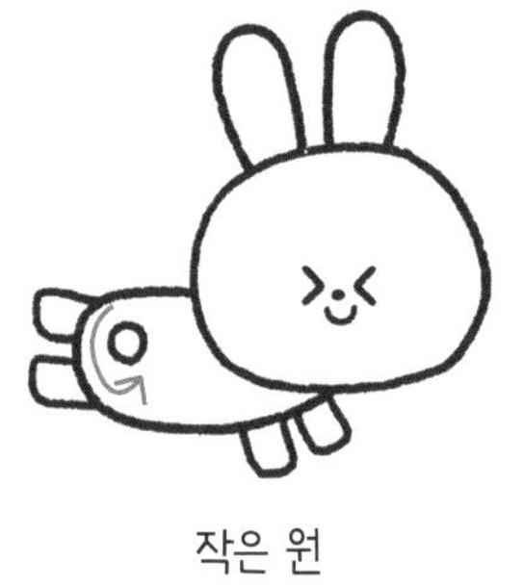

작은 원

토끼 캐릭터

머리

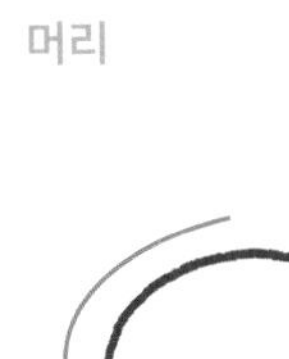

큰 원

귀

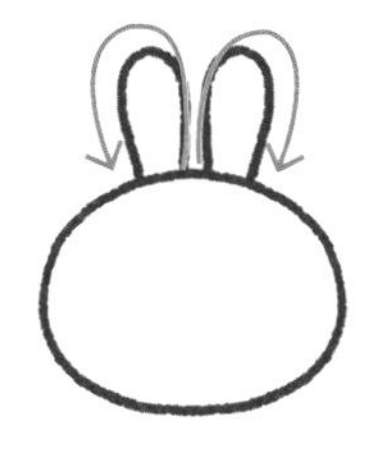

긴 타원

눈·코·입

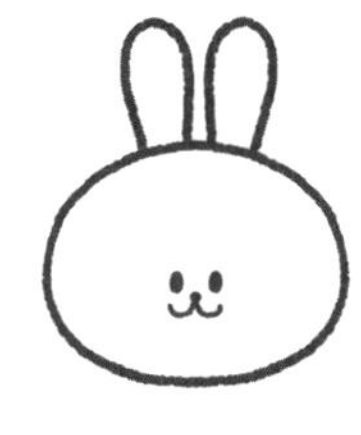

점과 둥근 선

몸통(옷)

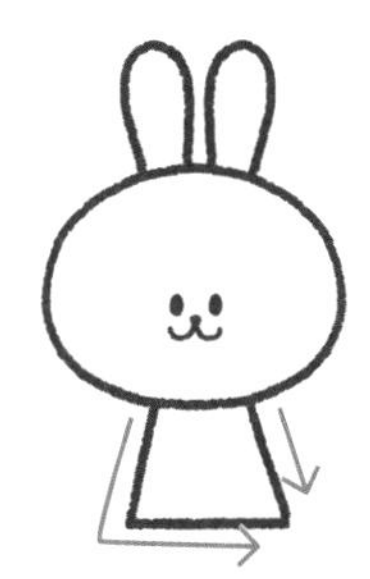

아래로 넓은 사각형

다리

작은 타원

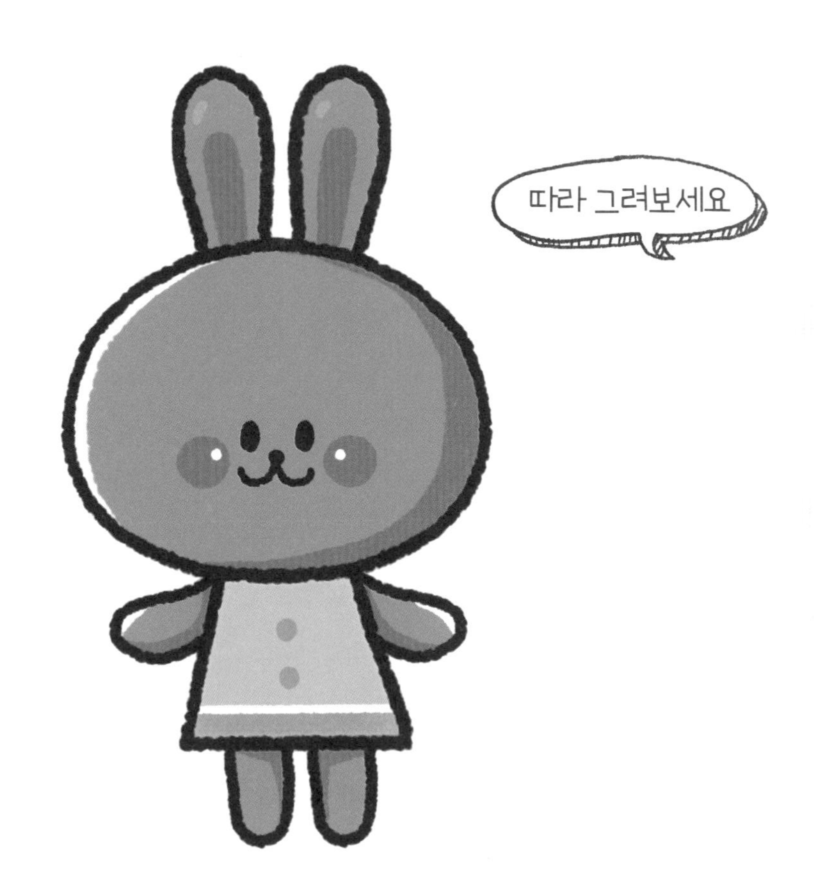

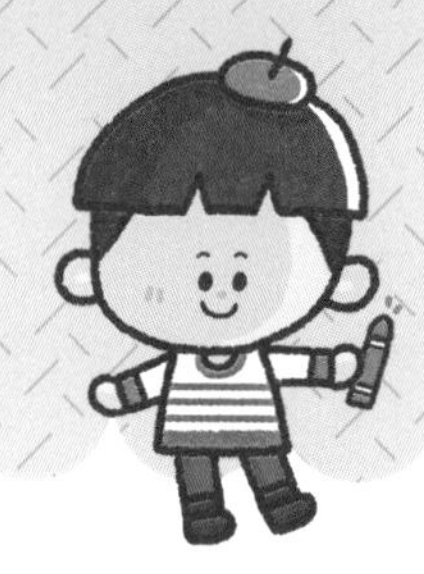

원과 삼각형으로 그리는

사자

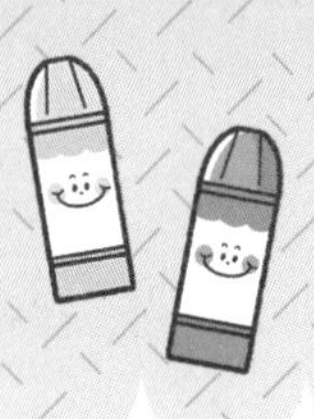

사자 1

머리

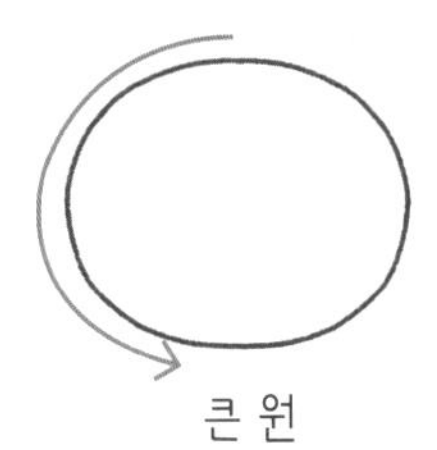

큰 원

갈기·
눈·코·입

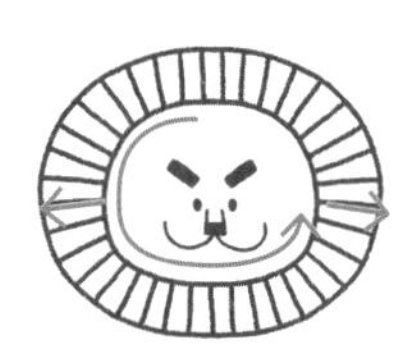

큰 원 안에 작은 원, 그 사이에 선~
점, 사각형과 직선, 둥근 선

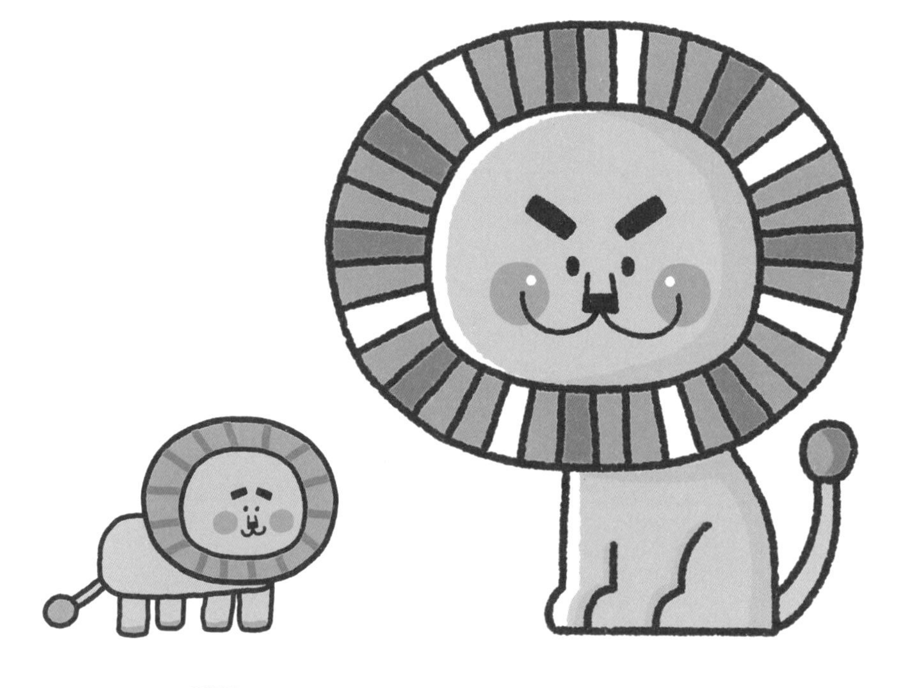

몸통

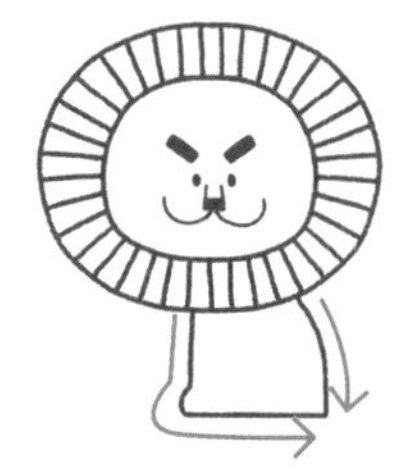

한쪽 모서리가 볼록 나오고,
한 면이 둥근 사각형

다리

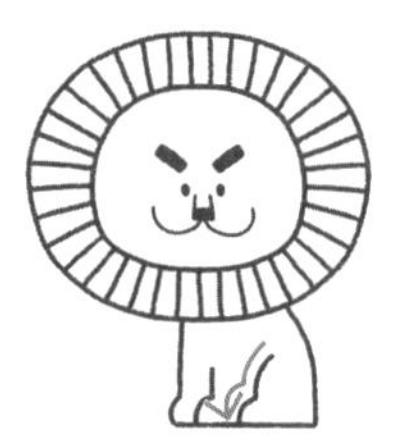

둥근 선

꼬리

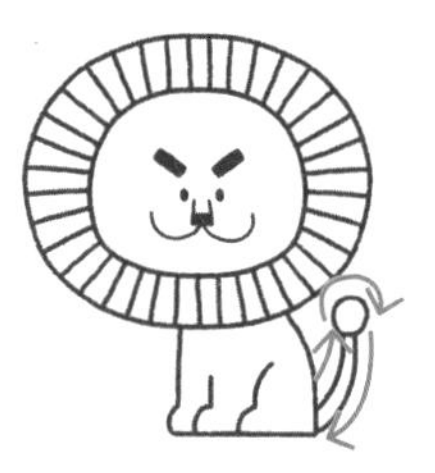

긴 곡선과 작은 원

사자 2

머리

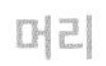

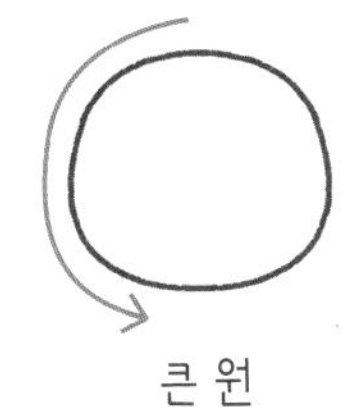

큰 원

갈기·
눈·코·입
수염

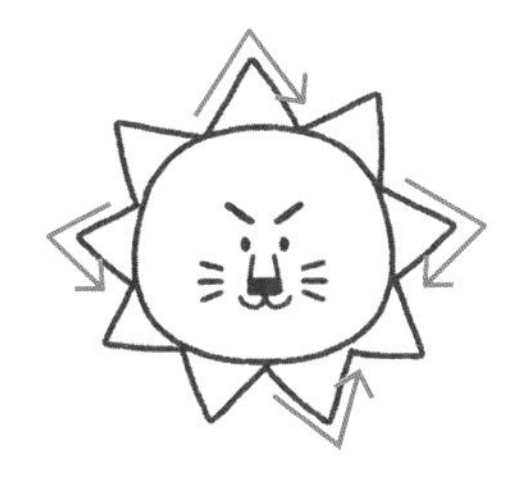

큰 원 주위에 작은 삼각형~
점, 사각형, 둥근 선, 그리고 직선

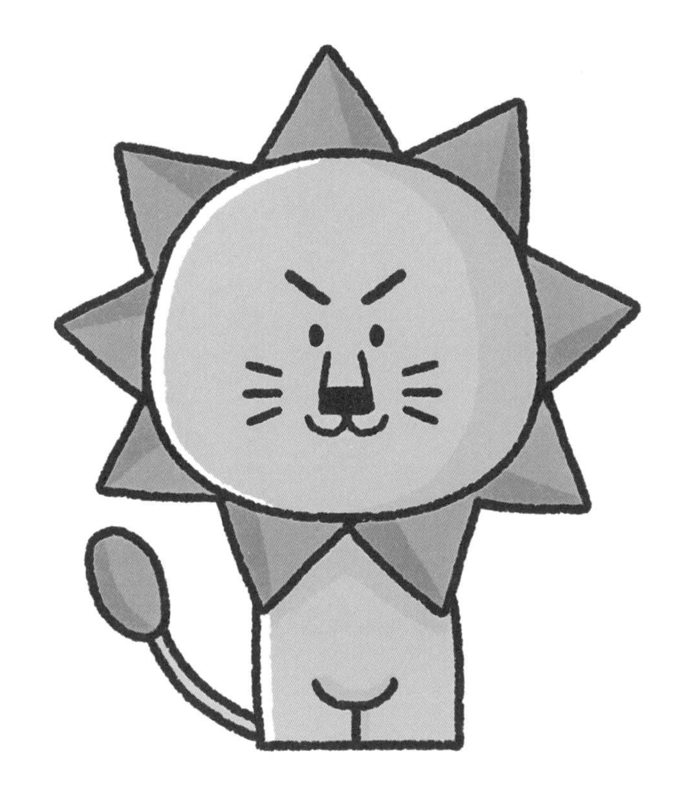

몸통

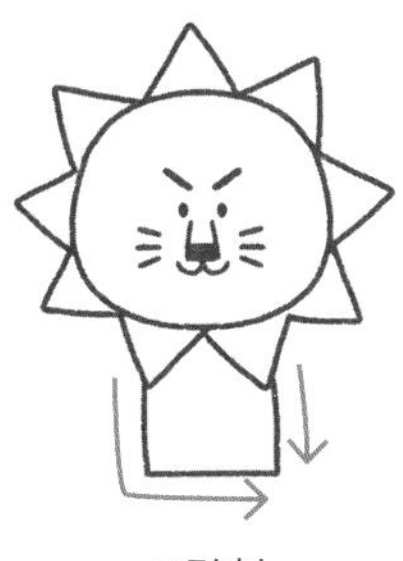

사각형

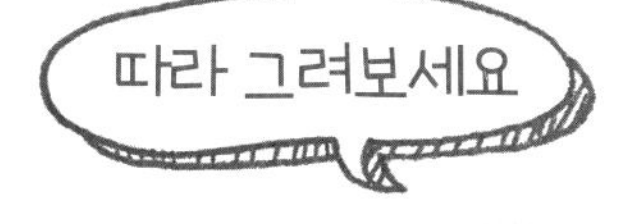

다리

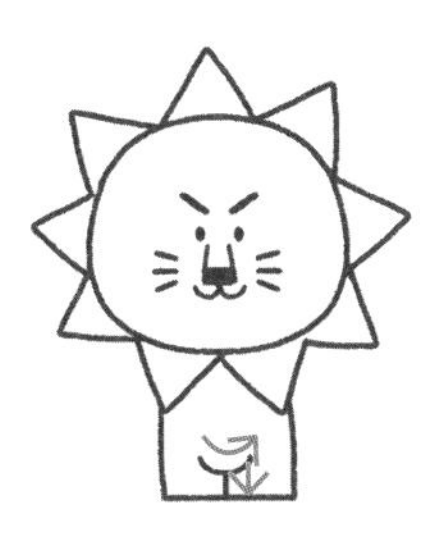

직선과 둥근 선

꼬리

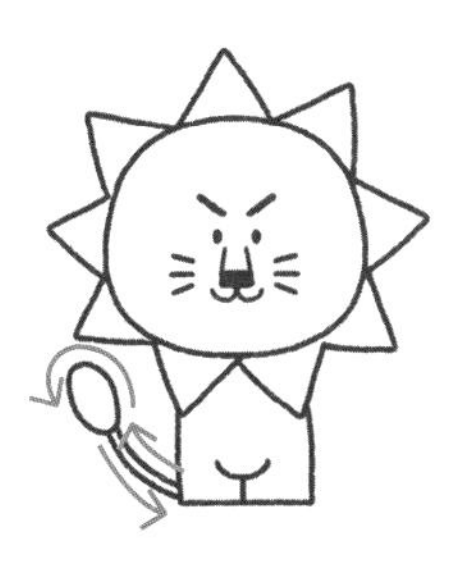

긴 곡선과 작은 타원

사자 3

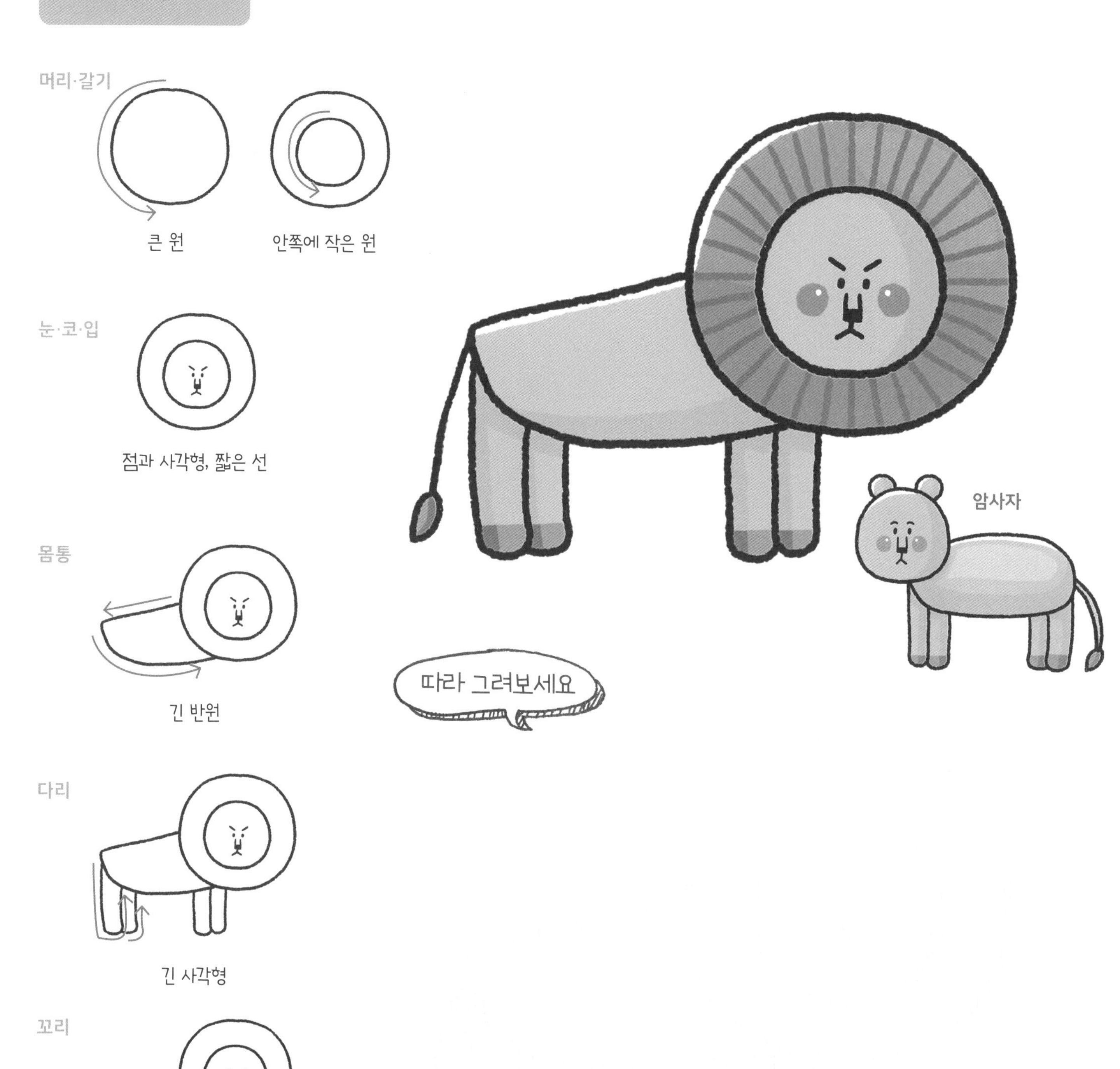
머리·갈기
큰 원
안쪽에 작은 원
눈·코·입
점과 사각형, 짧은 선
몸통
긴 반원
암사자
따라 그려보세요
다리
긴 사각형
꼬리
선과 뾰족한 타원

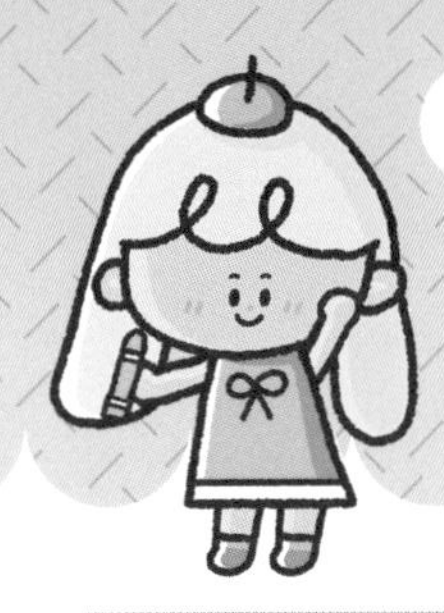

원과 삼각형으로 그리는

호랑이

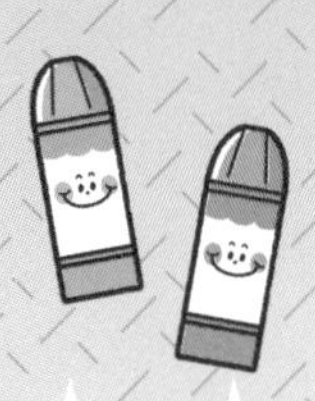

호랑이 1

머리

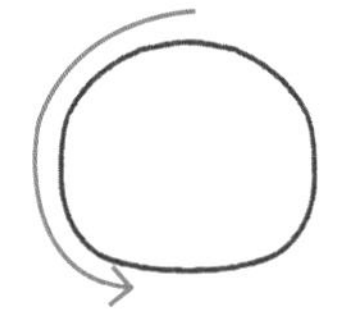

큰 원

귀·
눈·코·입

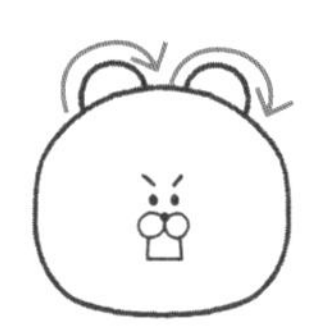

작은 반원~
점과 선, 원, 사각형

다리

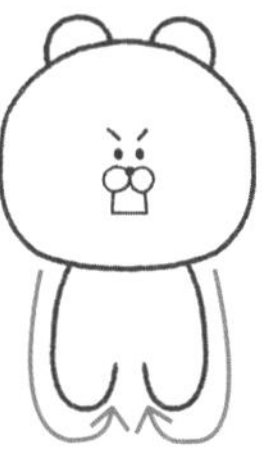

열린 타원

꼬리

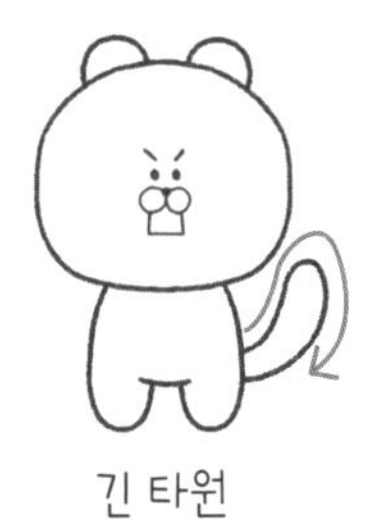

긴 타원

무늬

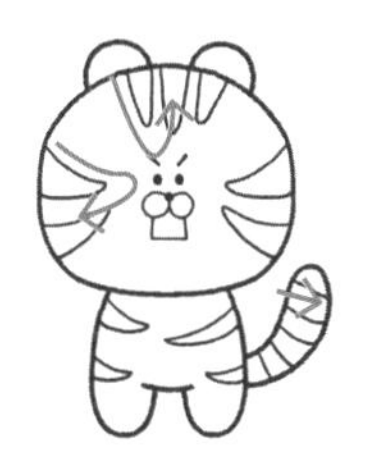

끝이 둥근 삼각형과 선

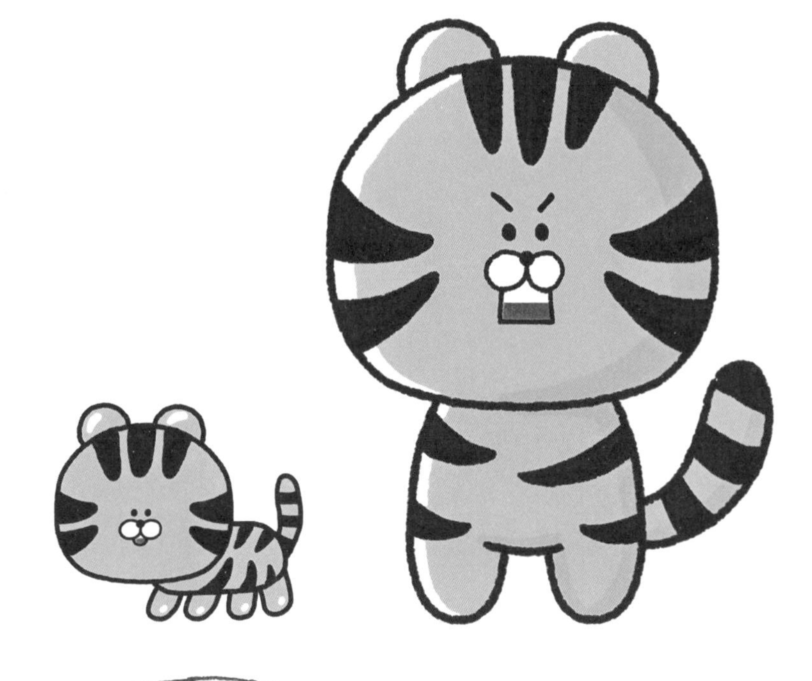

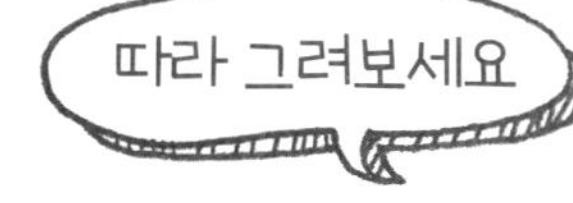

호랑이 2

머리

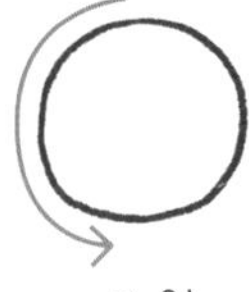

큰 원

귀·
눈·코·입·
수염

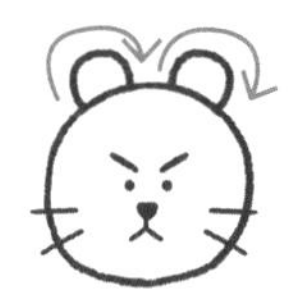

작은 반원~
점과 선, 역삼각형

몸통

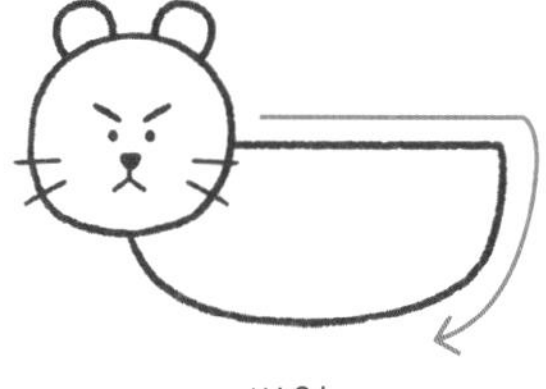

반원

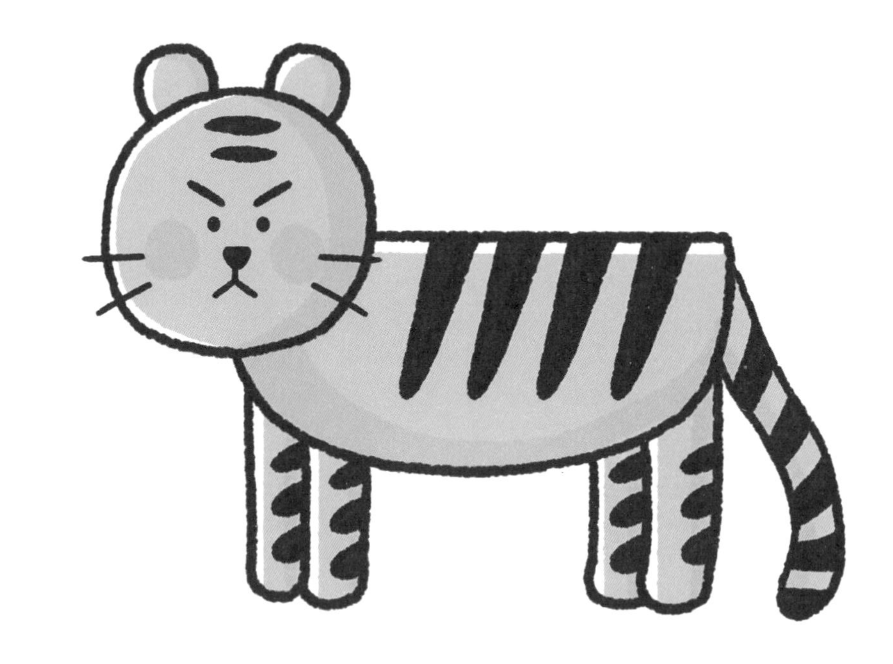

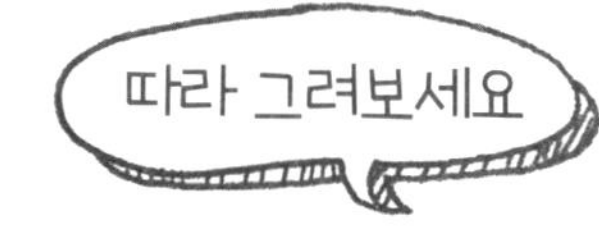

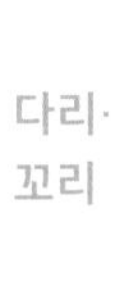

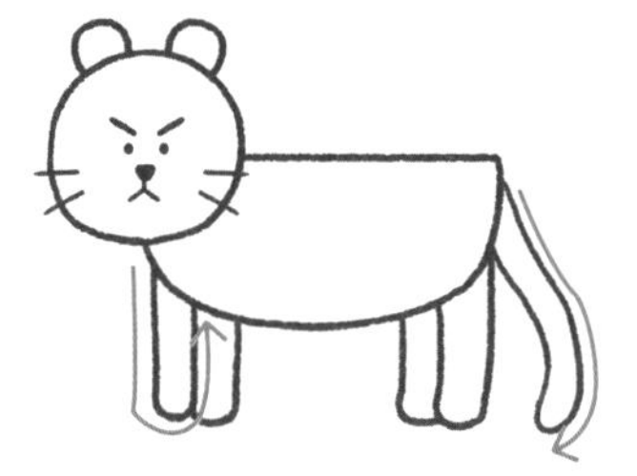

긴 사각형~
구부러지고 긴 타원

무늬

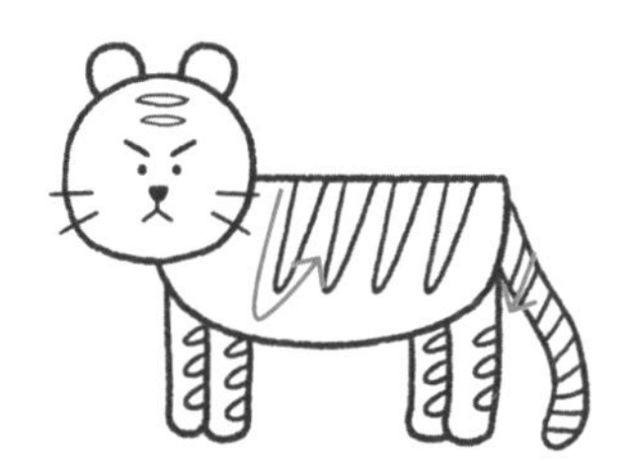

끝이 둥근 삼각형과 선

호랑이 캐릭터

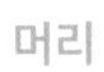

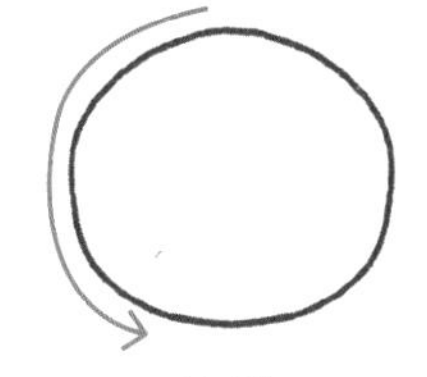

큰 원

귀·
눈·코·입

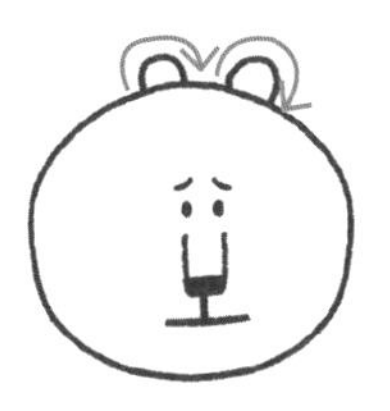

작은 반원~
점과 둥근 선, 사각형, 직선

몸통

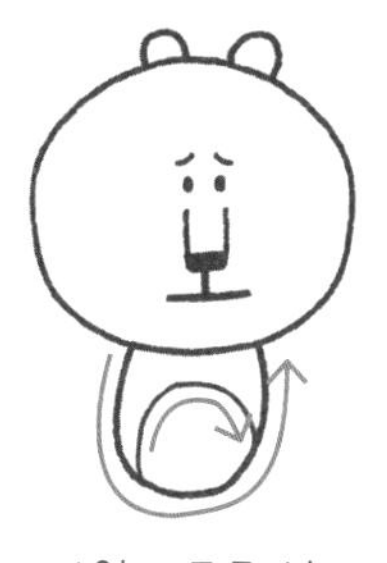

타원과 둥근 선

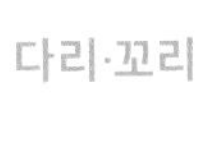

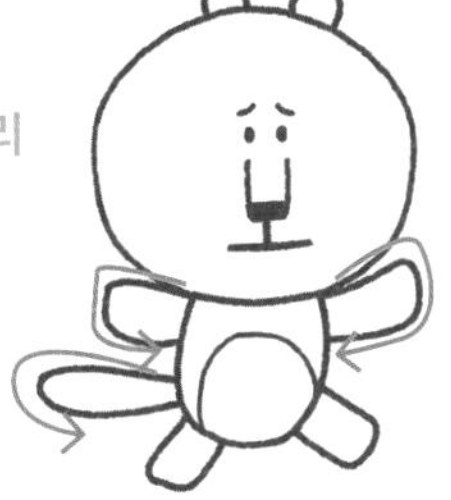

사각형과 긴 타원

무늬

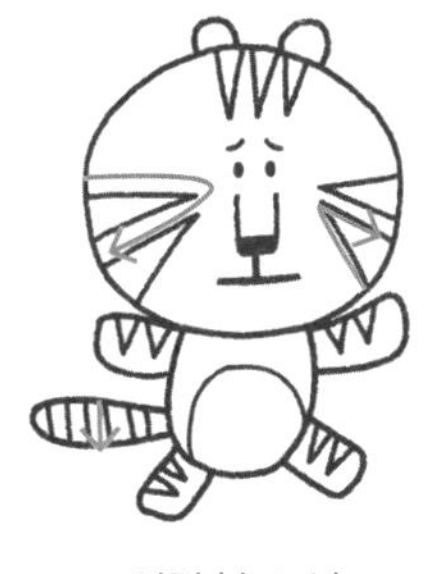

삼각형과 선

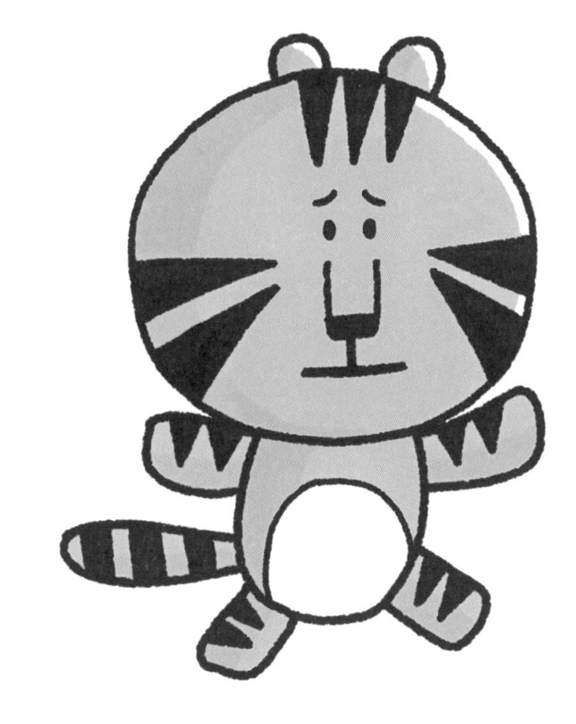

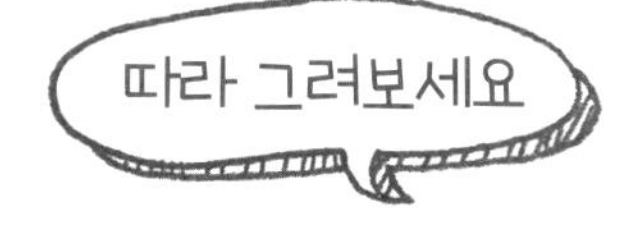

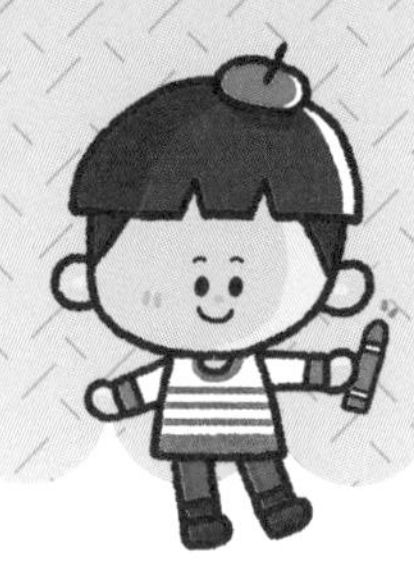

타원과 반원으로 그리는

하마

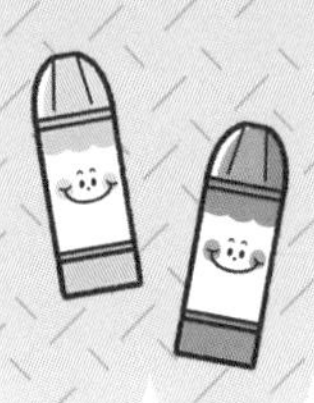

하마

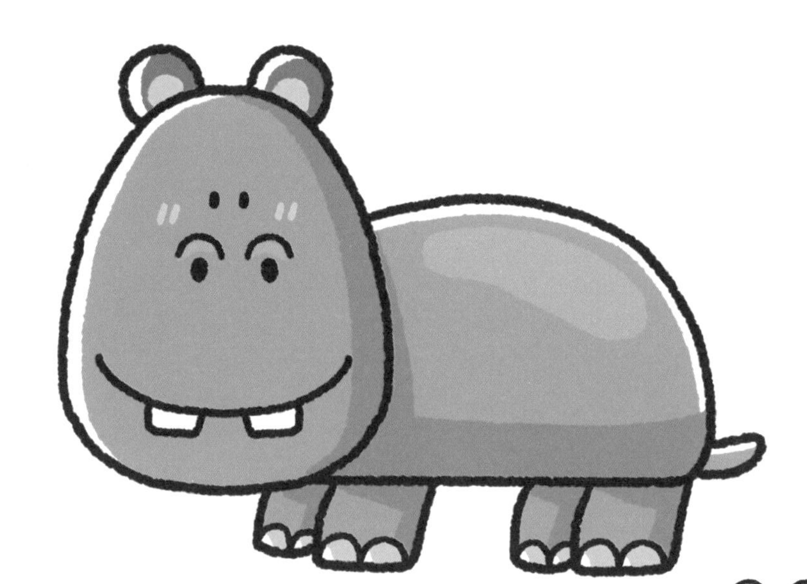

머리

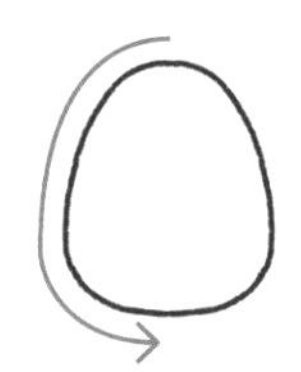

아래가 넓은 타원

귀

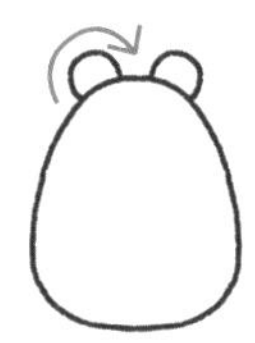

작은 반원

눈·코·입

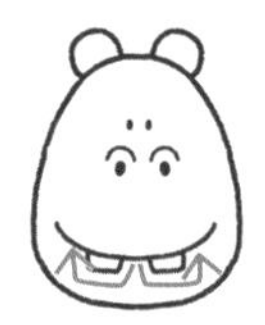

점과 둥근 선~
곡선과 사각형

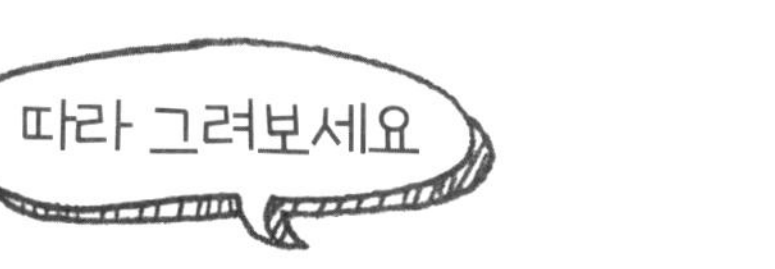

몸통

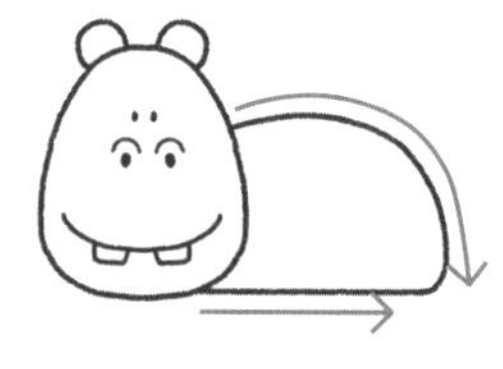

타원

다리·꼬리

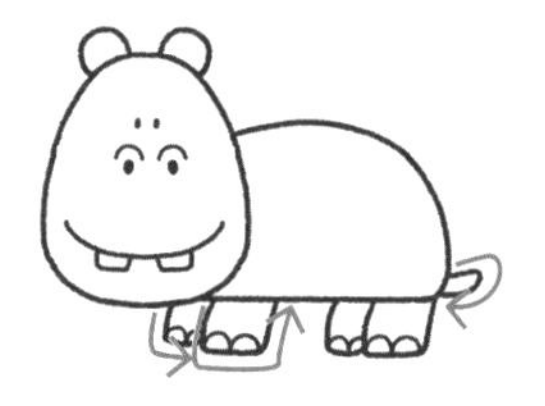

사각형과 작은 반원~
작은 반원

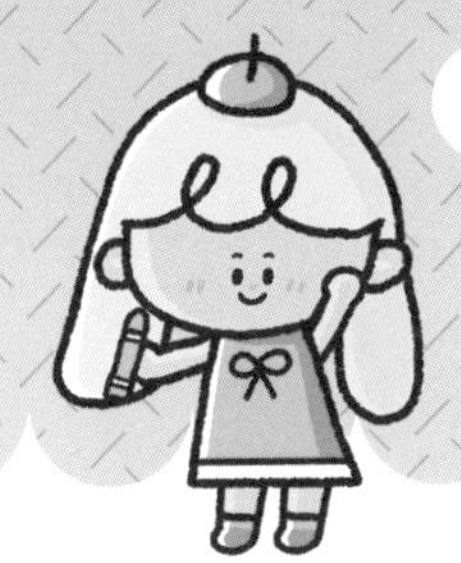

타원으로 그리는

곰

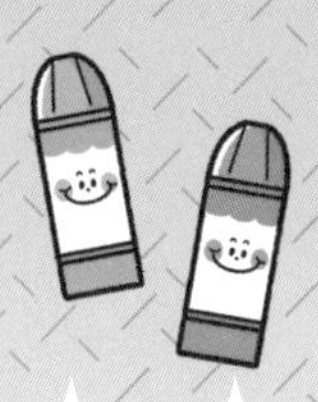

곰

몸통

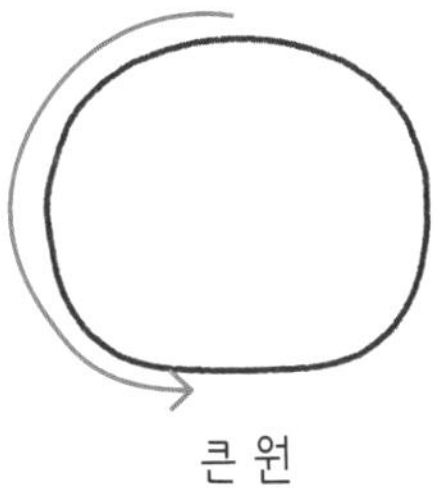

큰 원

귀

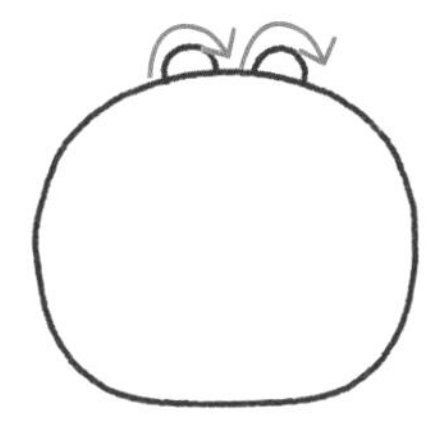

작은 반원

눈·코·입

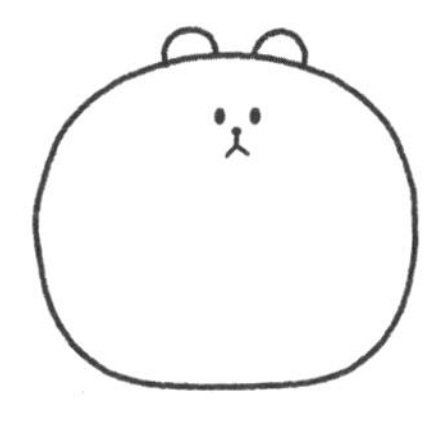

점과 선

다리

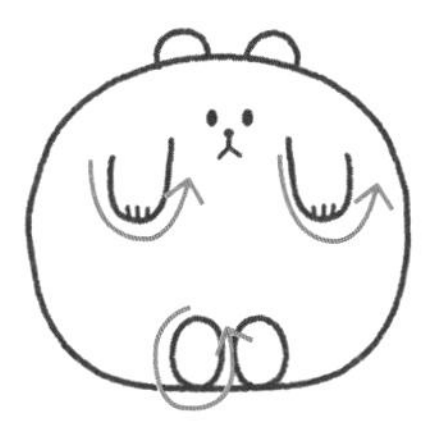

둥근 선과 타원

털

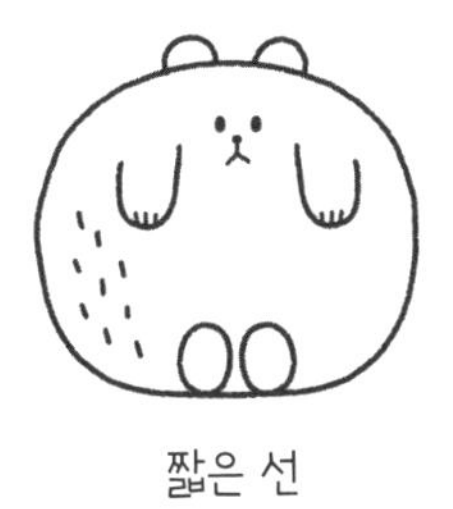

짧은 선

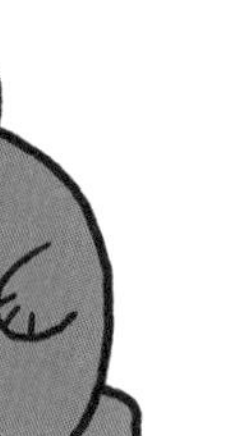

따라 그려보세요

불곰

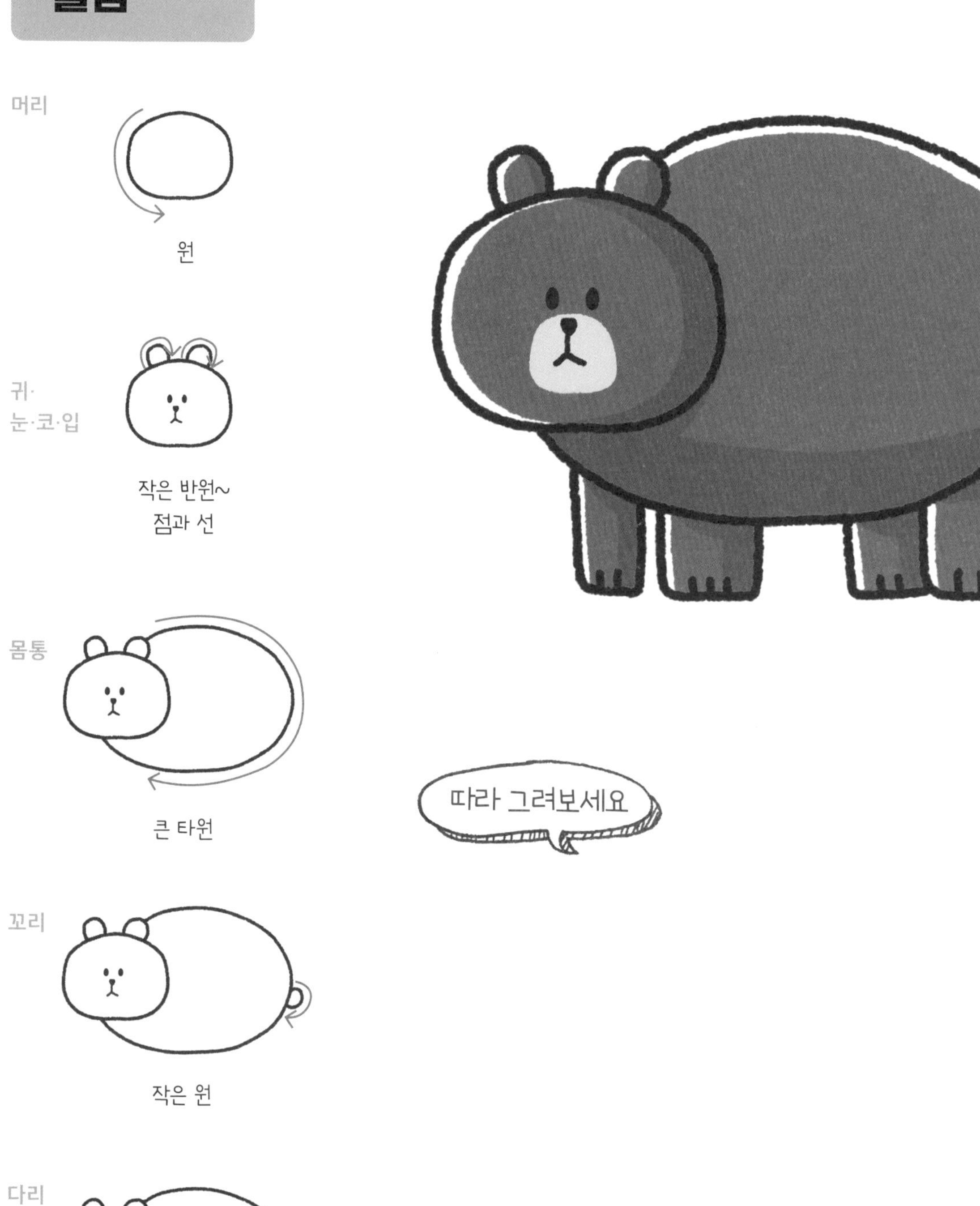

다리

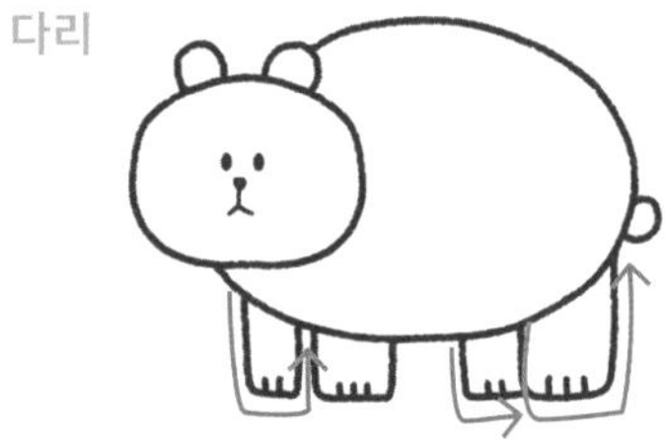

사각형과 짧은 선

판다

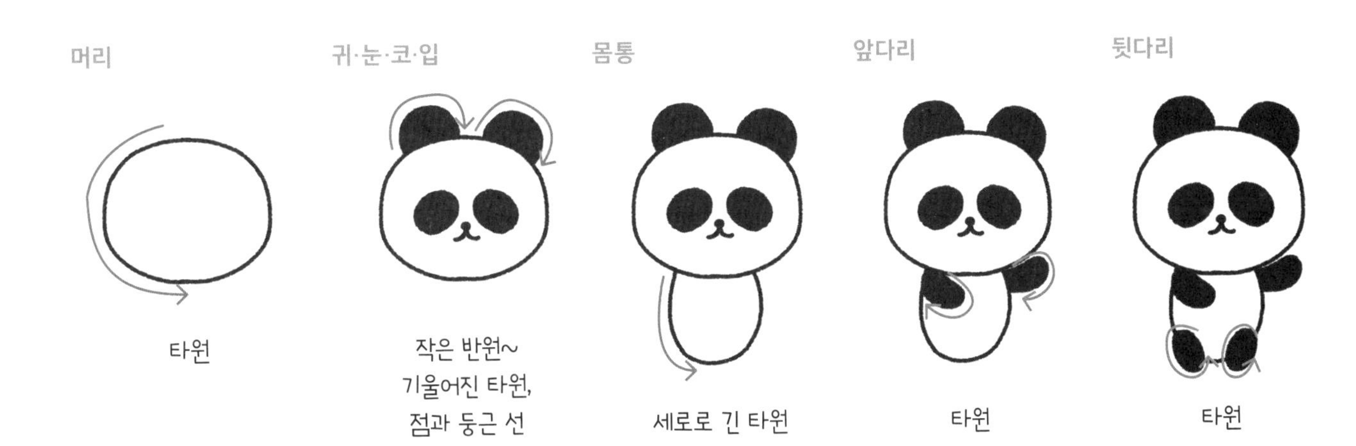

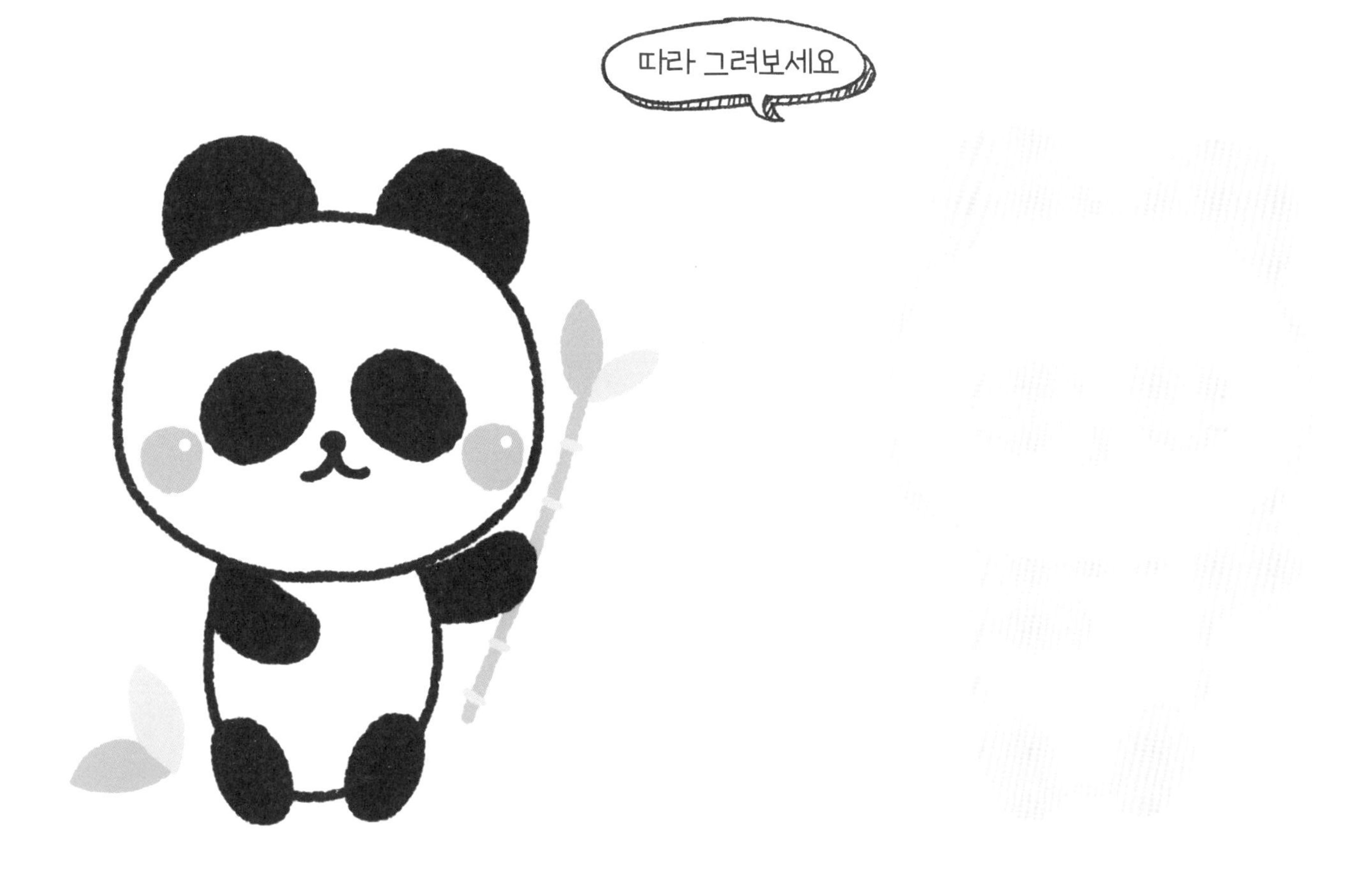

북극곰

머리

타원

귀·눈·코·입

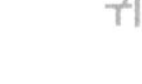

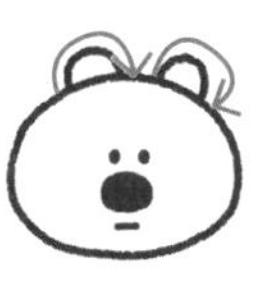

작은 반원~
작은 점과 원,
짧은 선

앞다리

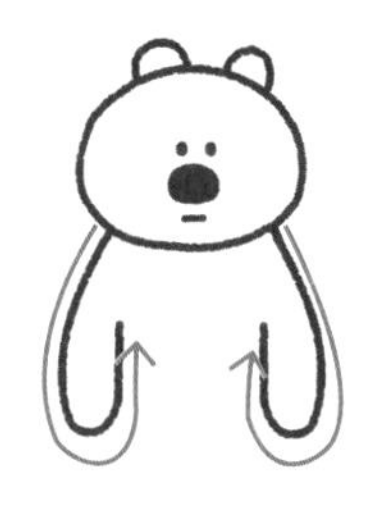

열린 타원

몸통·뒷다리

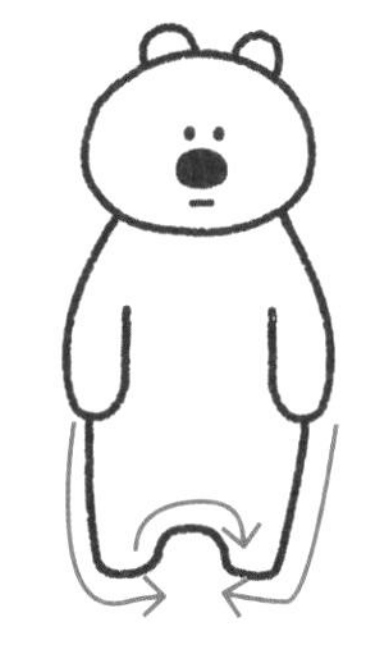

열린 사각형과 둥근 선

털

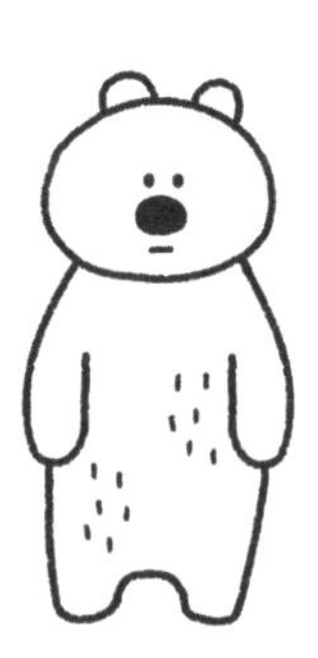

짧은 선

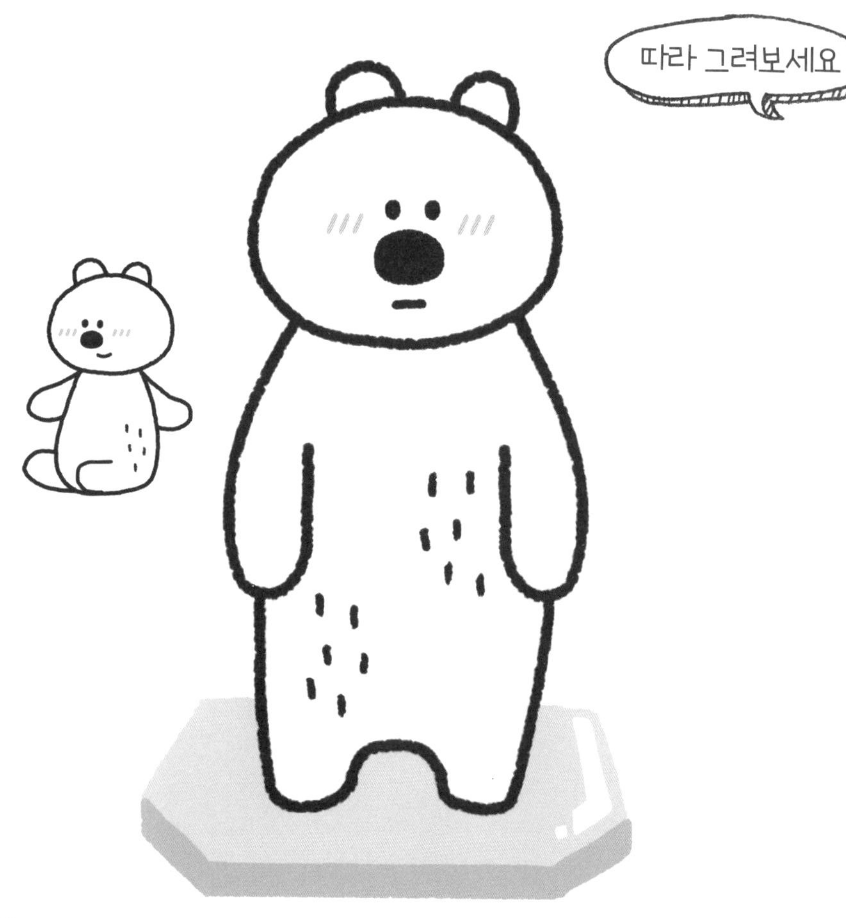

반달곰

머리

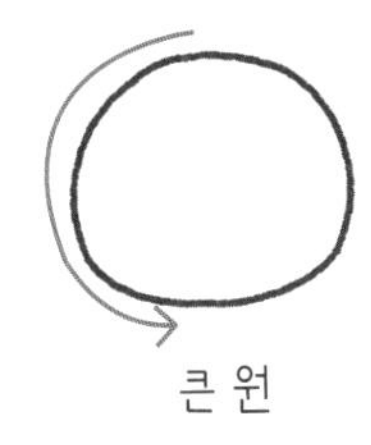

큰 원

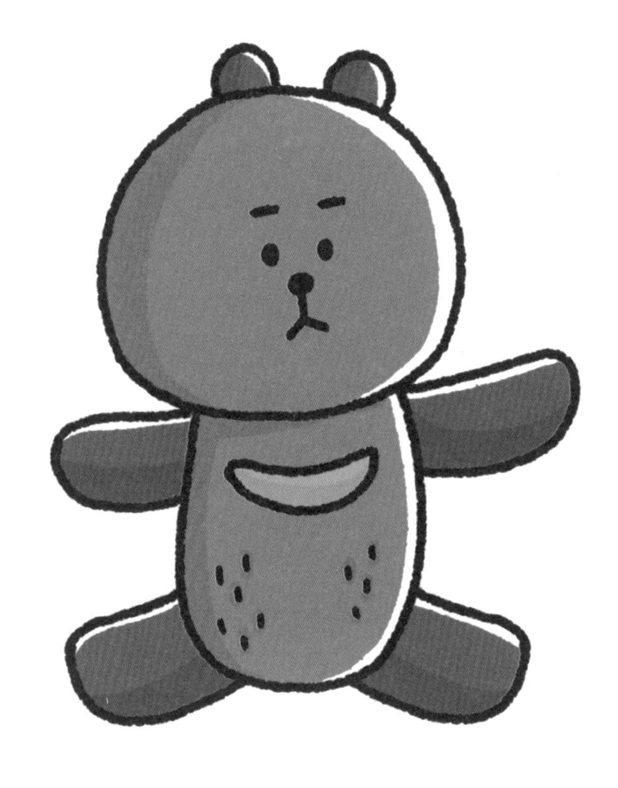

귀·
눈·코·입

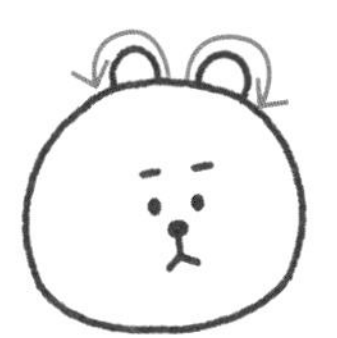

작은 반원~
점과 선

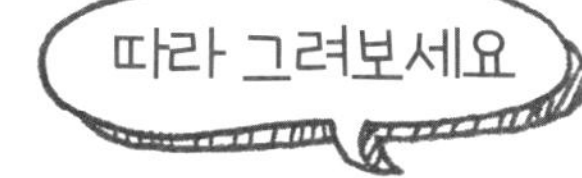

몸통·털

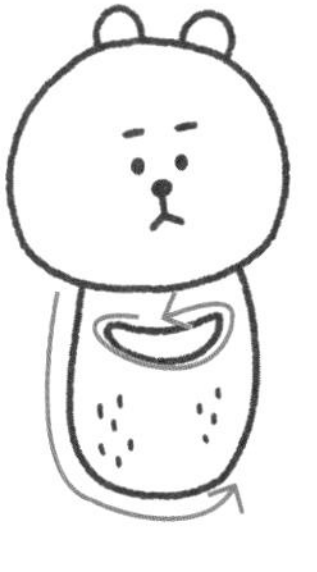

타원과 긴 반원~
짧은 선

다리

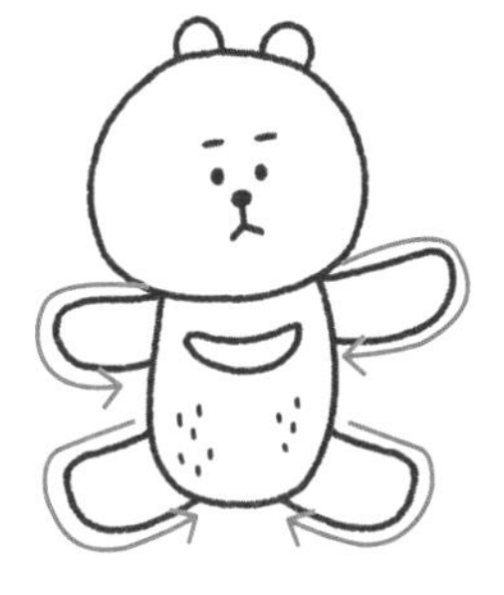

길쭉한 사각형

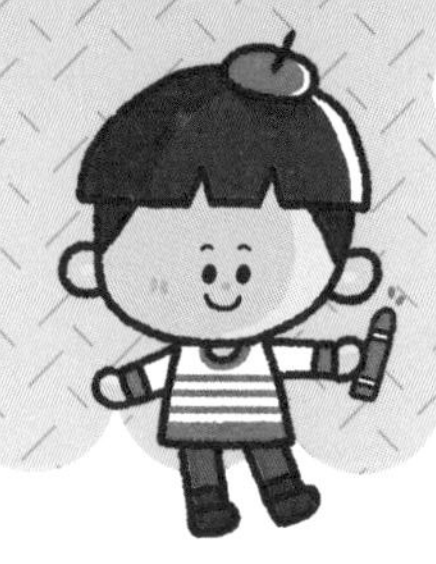

타원과 삼각형으로 그리는

코뿔소

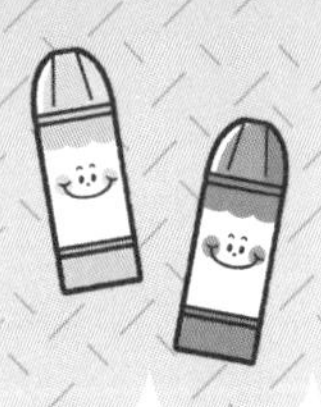

코뿔소

머리

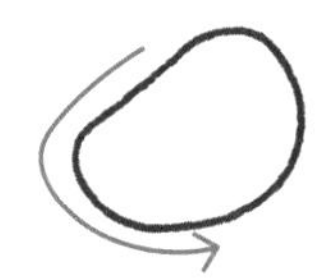

한쪽이 살짝 들어간 원

뿔·귀·
눈·입

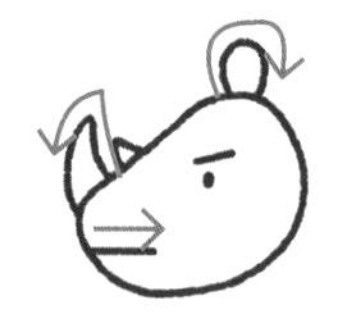

삼각형과 반원~
점과 선

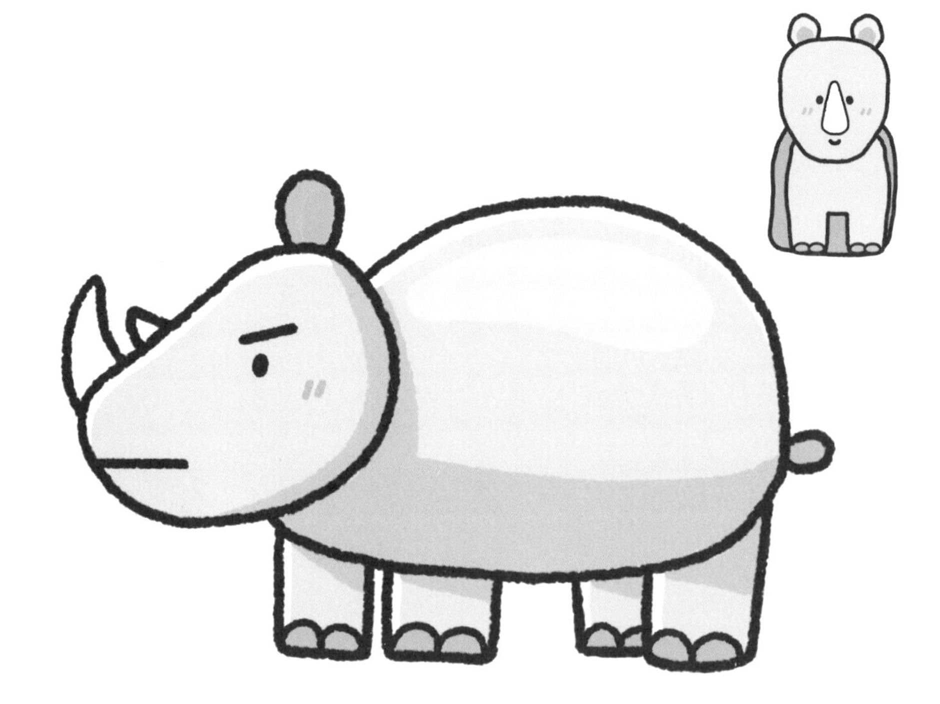

몸통

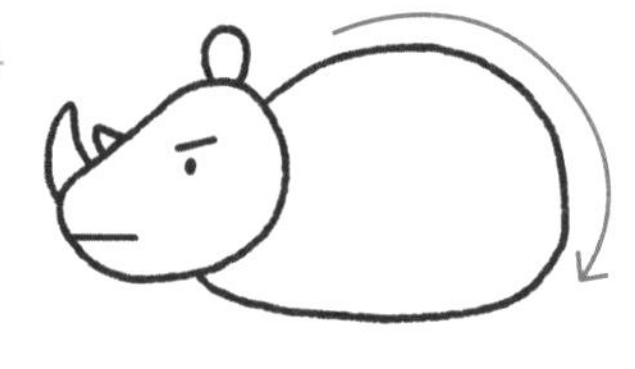

타원

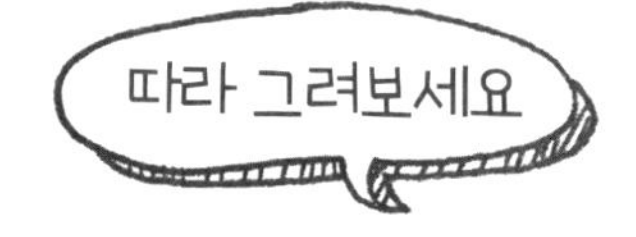

꼬리

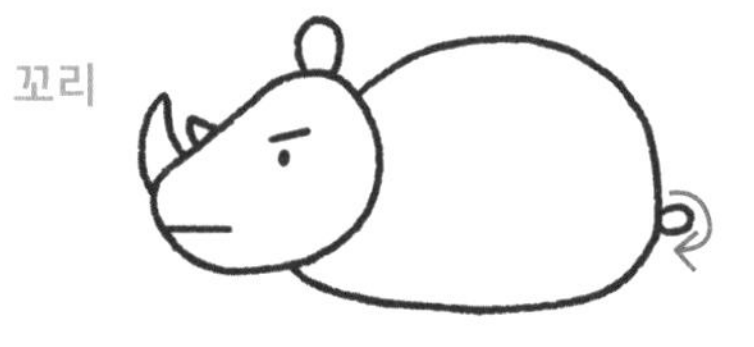

작은 타원

다리

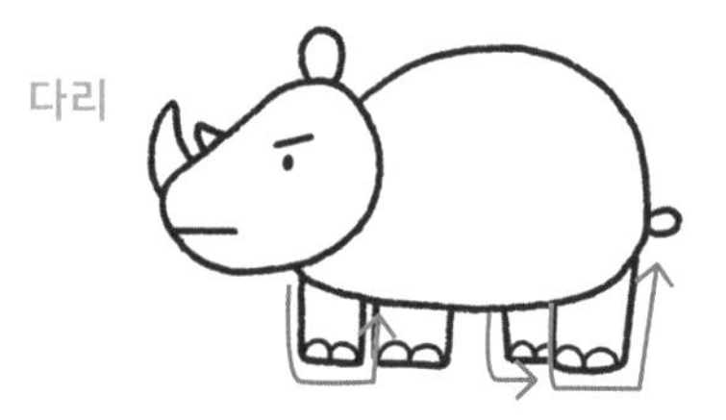

사각형과 반원

코뿔소 캐릭터

머리

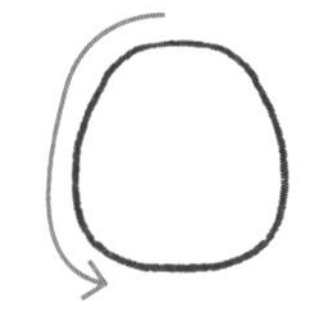

아래가 넓은 타원

귀·뿔·
눈·입

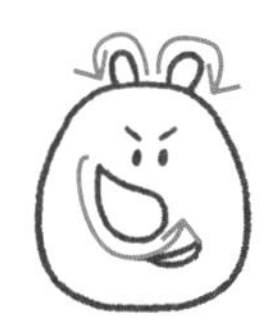

작은 반원과 뾰족한 타원~
점과 선

몸통

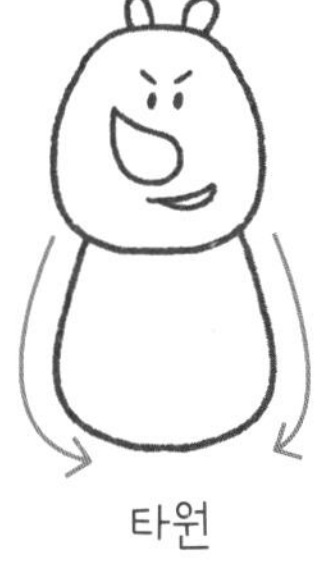

타원

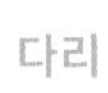

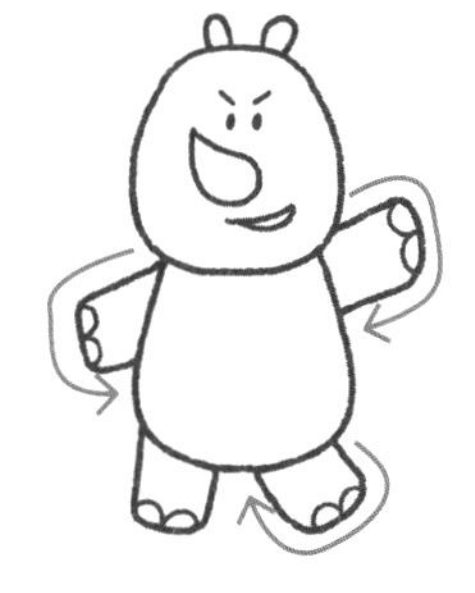

사각형과 반원

꼬리

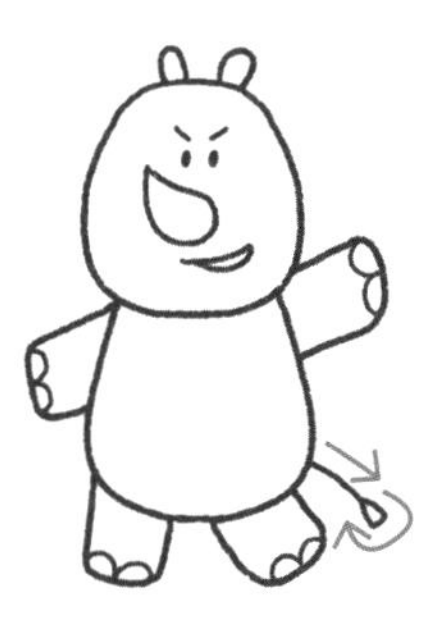

선과 삼각형

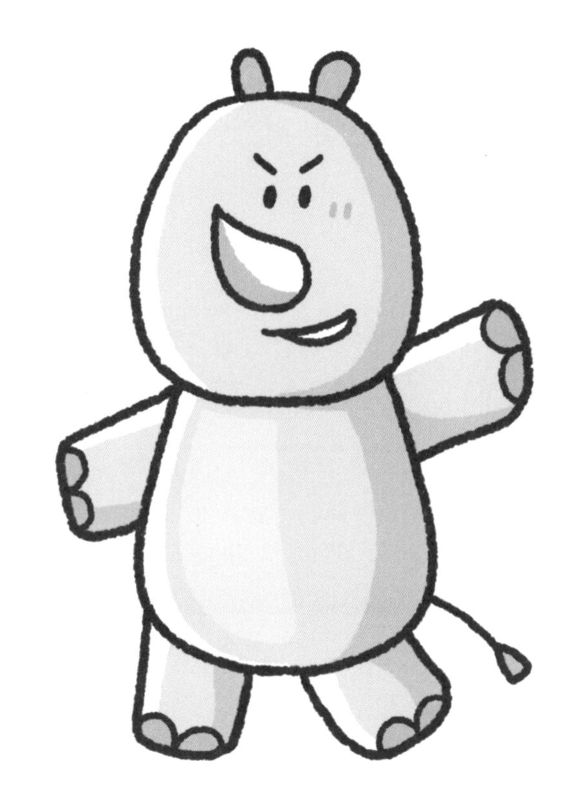

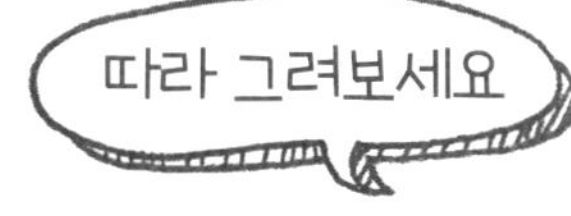

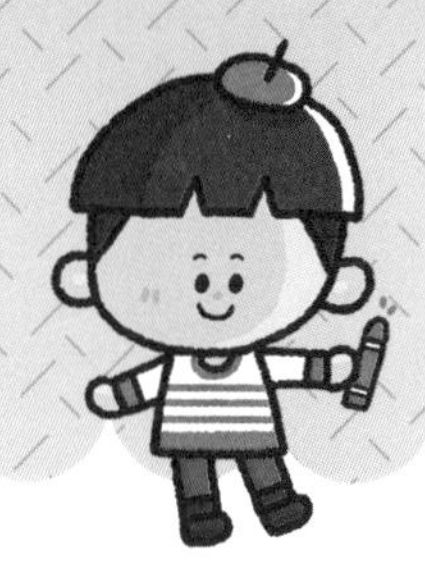

타원으로 그리는

기린

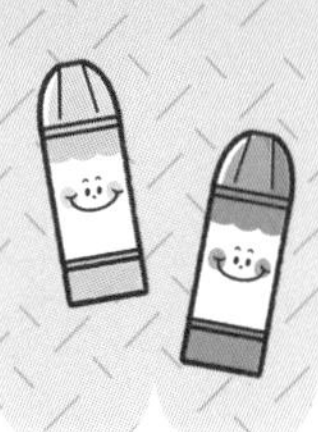

기린 1

머리

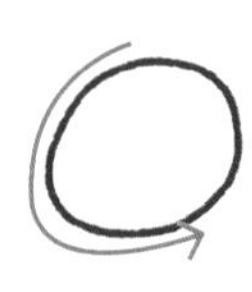

타원

뿔·귀·눈·입

작은 원과 선, 반원~
점과 둥근 선

목

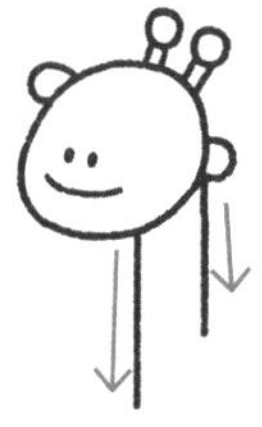

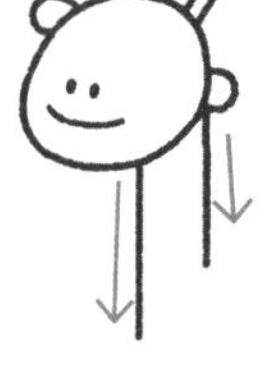

긴 선과 약간 짧은 선

몸통

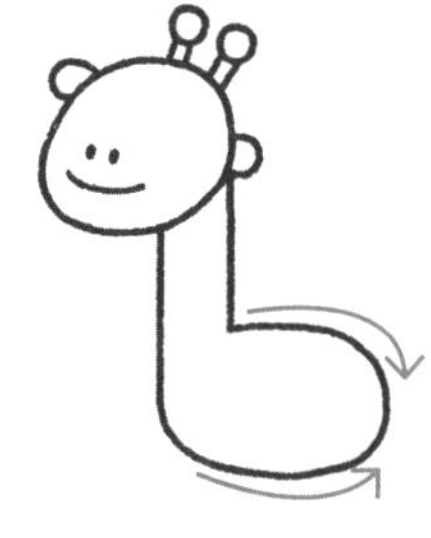

두 선을 연결하는 타원

갈기·무늬

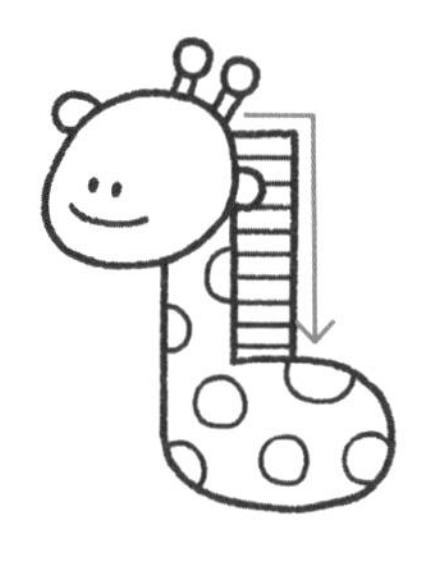

사각형과 그 안에 선~
작은 원

다리·꼬리

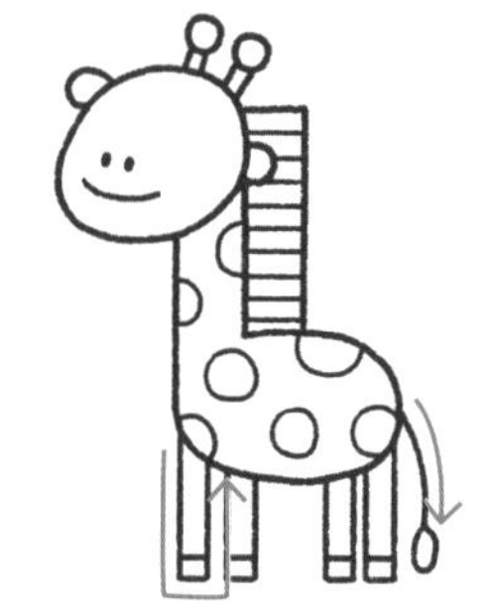

긴 사각형과 선~
둥근 선과 타원

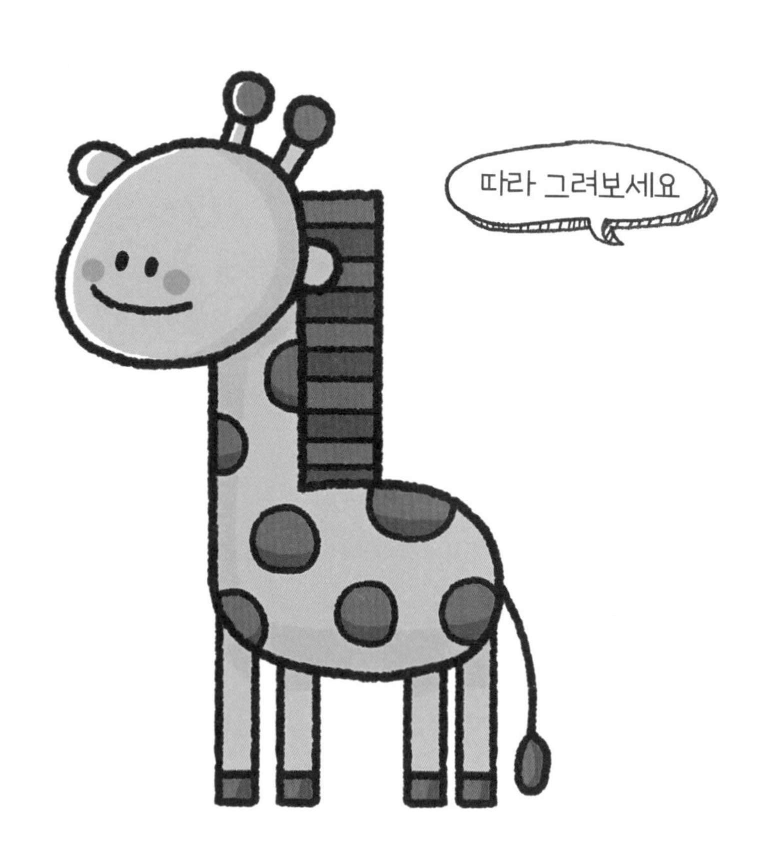

기린 2

머리

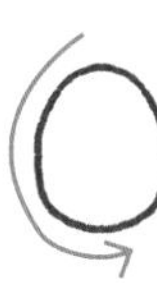

타원

뿔·귀·눈·코·입

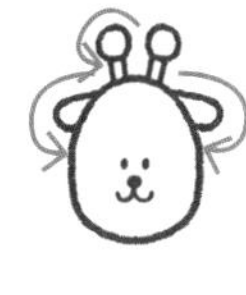

작은 원과 선, 반원~
점과 둥근 선

목

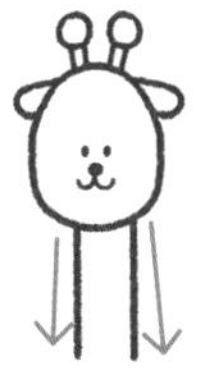

긴 선

몸통

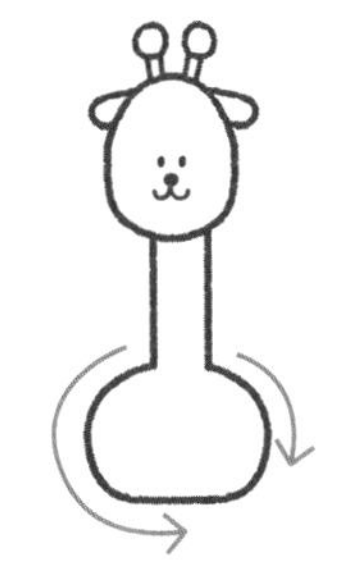

두 선을 연결하는 타원

다리

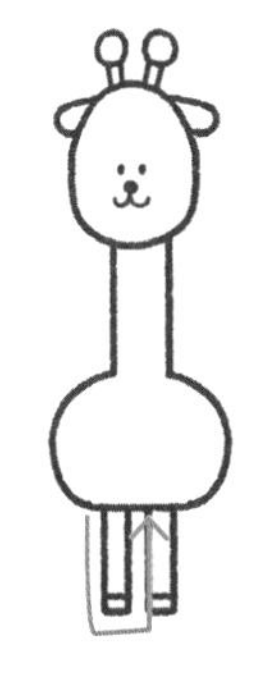

긴 사각형과 선

꼬리·무늬

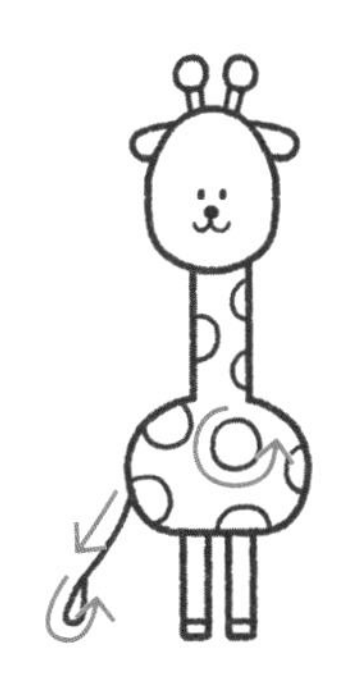

선과 타원~
작은 원

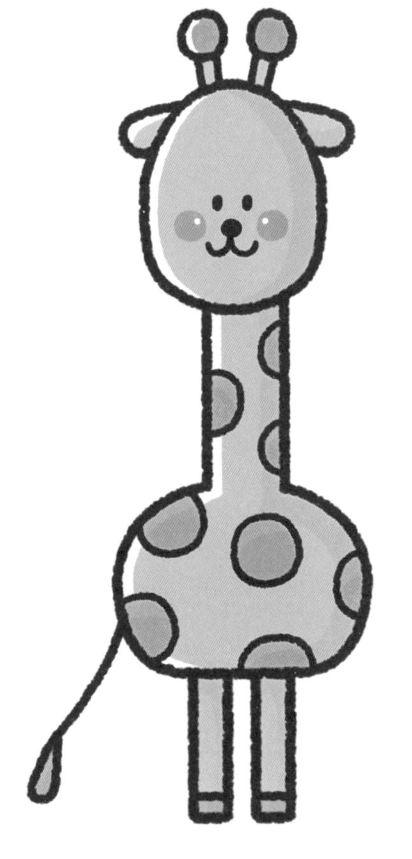

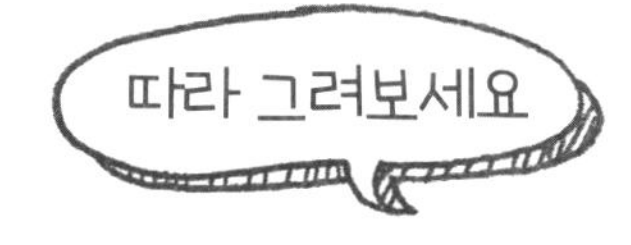

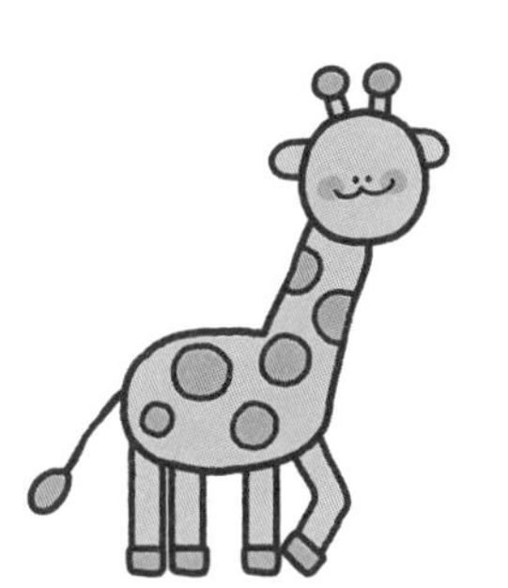

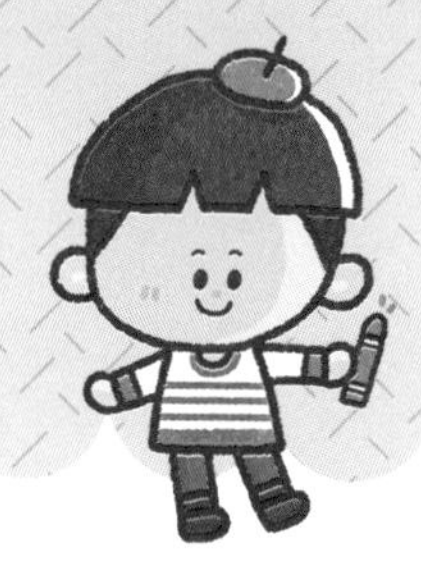

타원과 선으로 그리는

사슴

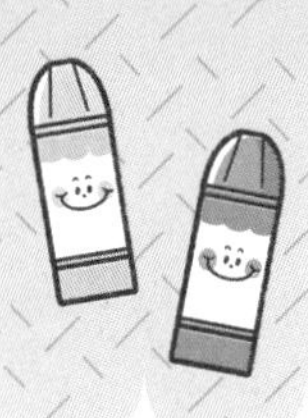

사슴 1

머리

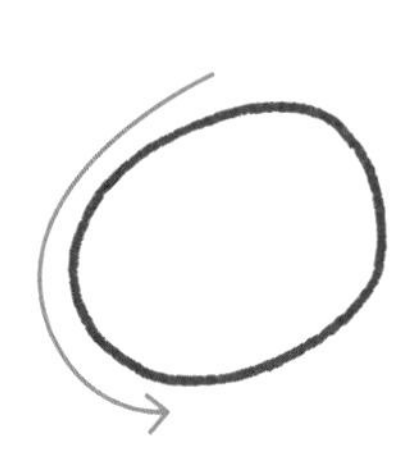

타원

뿔

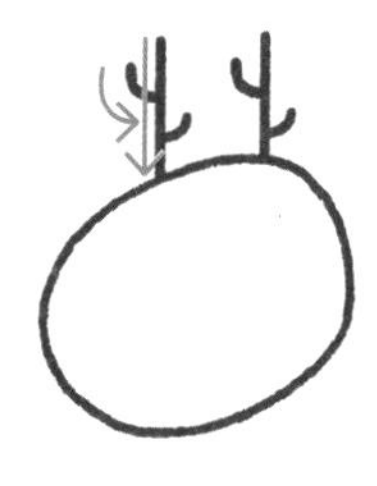

긴 선과 곡선

귀·눈·코·입

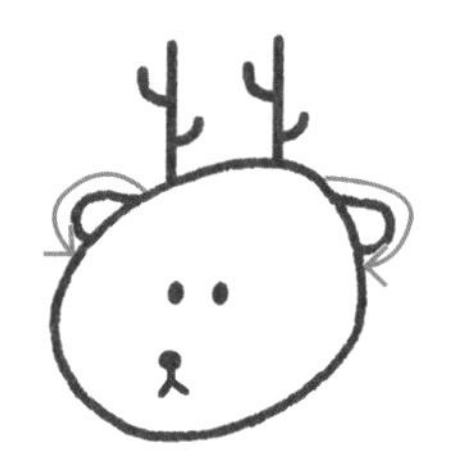

반원~
점과 선

몸통

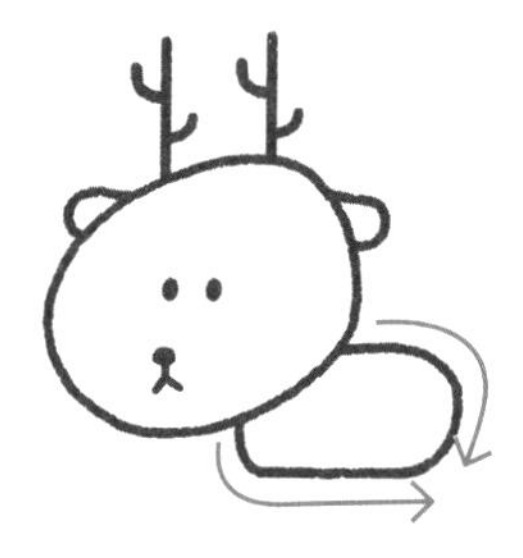

모서리가 둥근 사각형

꼬리·다리

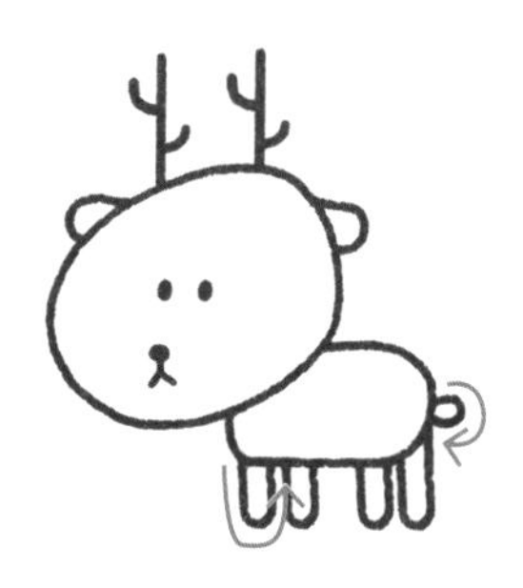

작은 타원~
긴 사각형

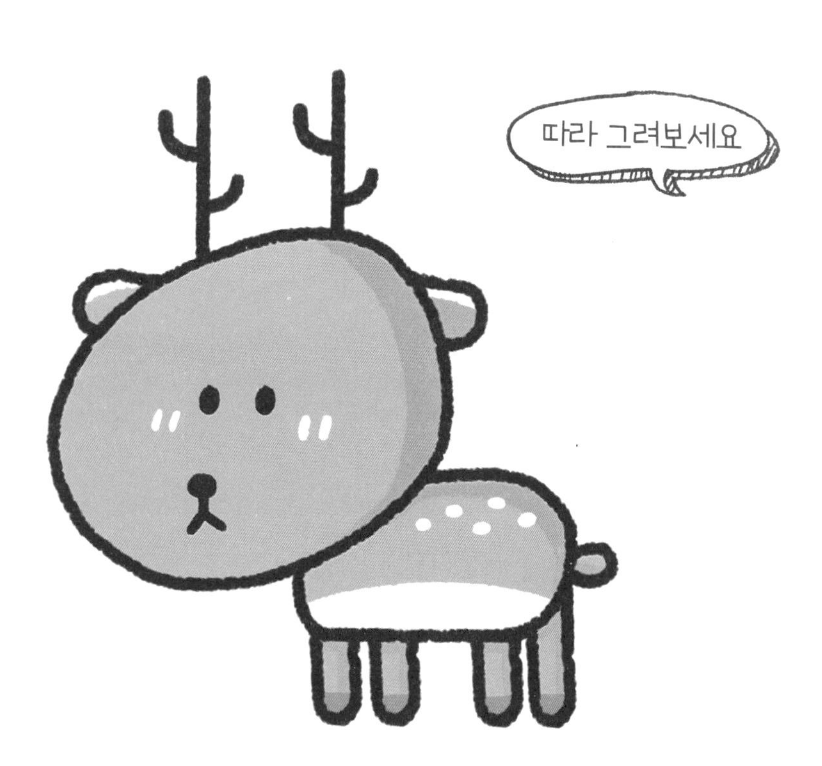

사슴 2

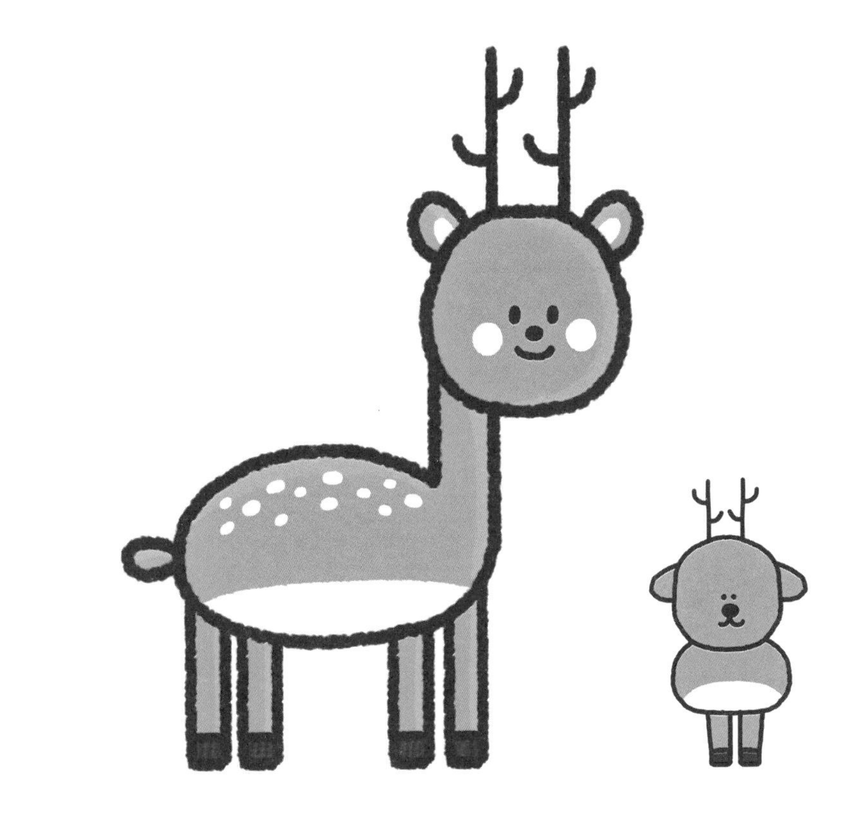

머리

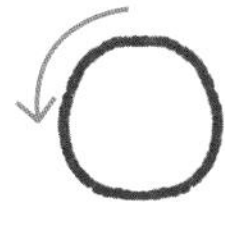

작은 원

뿔·귀·
눈·코·입

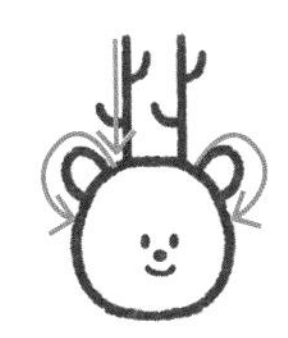

긴 선과 곡선, 반원~
점과 둥근 선

목

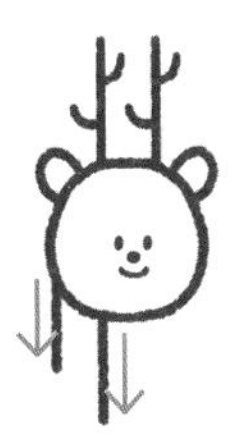

긴 선과 약간 짧은 선

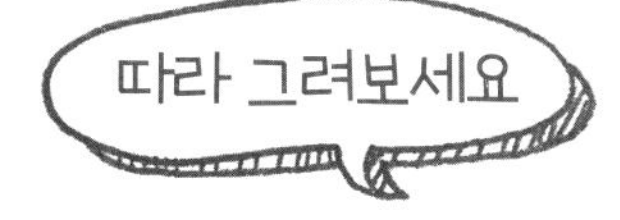

몸통

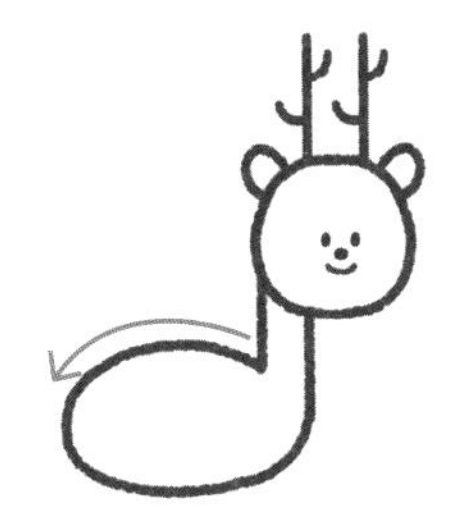

두 선을 연결하는 타원

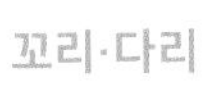

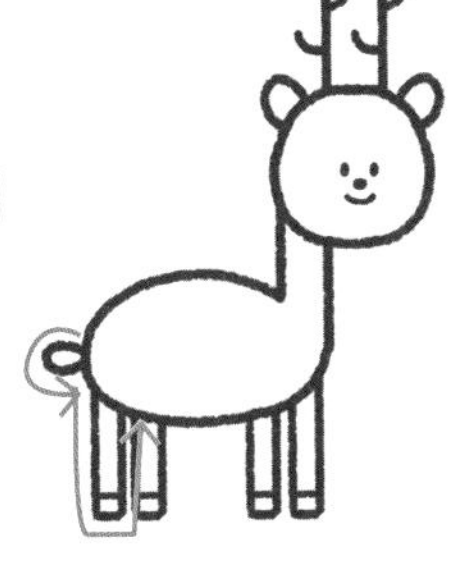

작은 타원~
긴 사각형과 선

사슴 캐릭터

머리

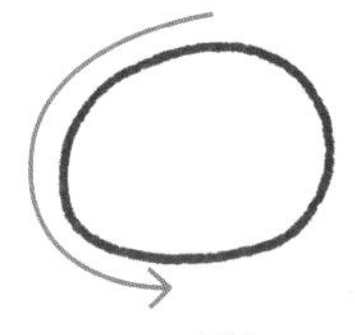

타원

뿔

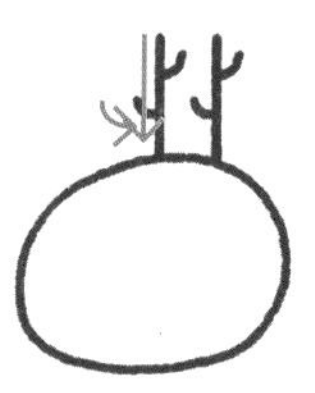

긴 선과 둥근 선

귀·
눈·코·입

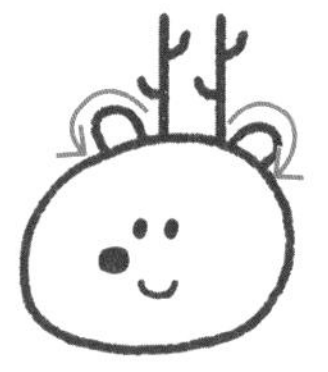

반원~
점과 둥근 선

몸통(옷)

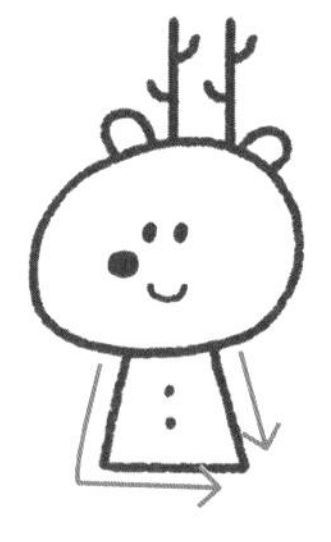

아래가 넓은 사각형

다리

긴 사각형

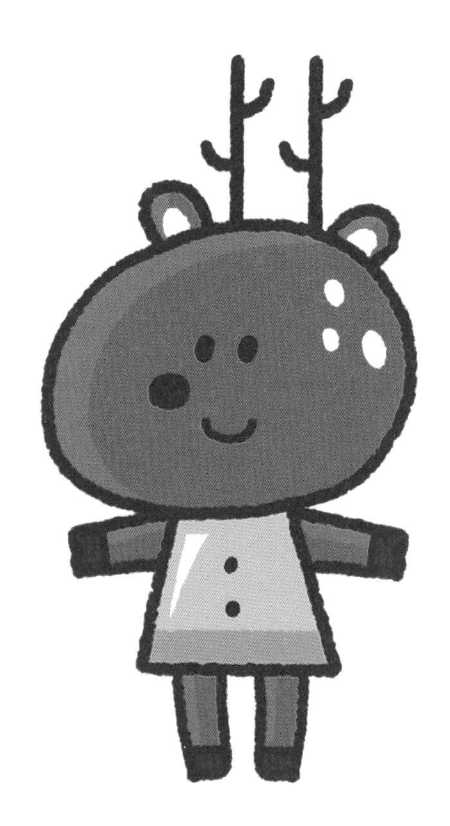

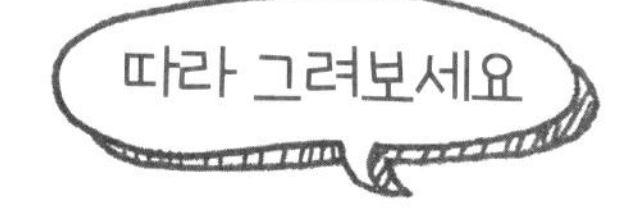

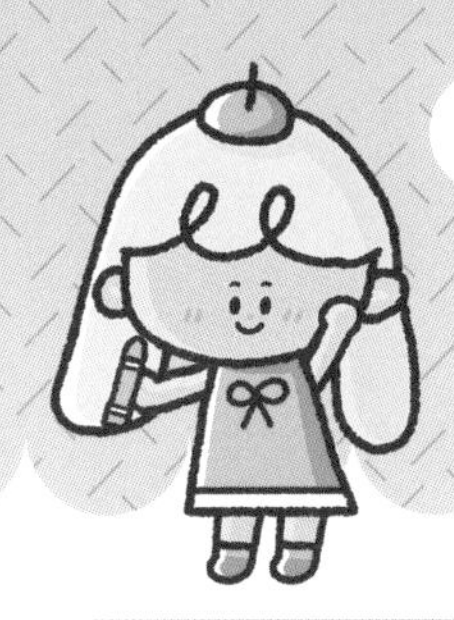

원과 반원으로 그리는

코끼리

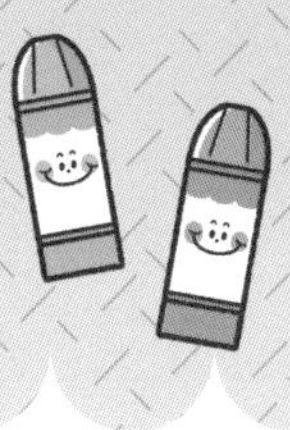
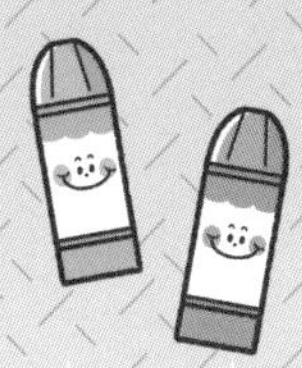

코끼리 1

몸통

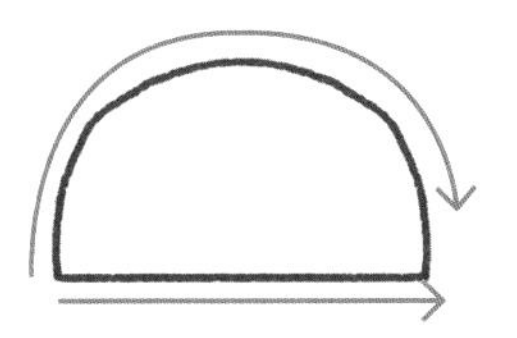

큰 반원

귀·눈

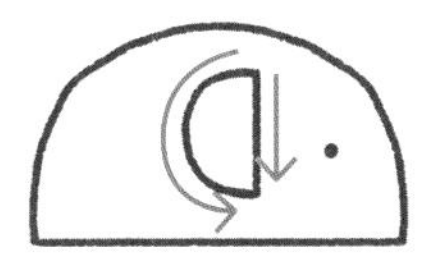

작은 반원과 점

코

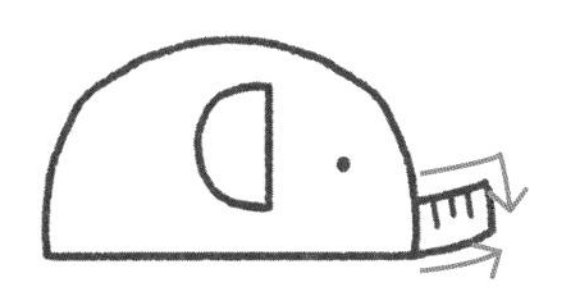

긴 사각형에 짧은 선

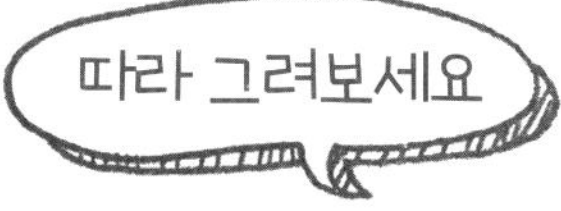

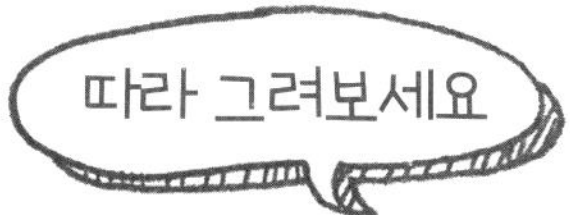

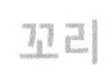

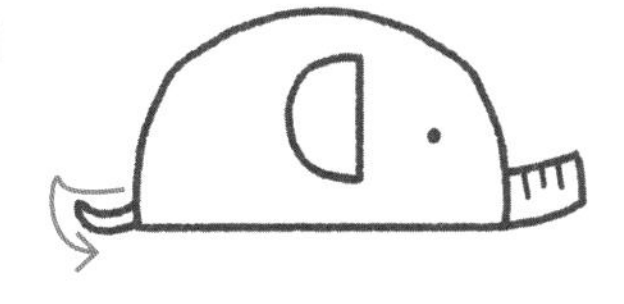

끝이 뾰족한 반원

다리

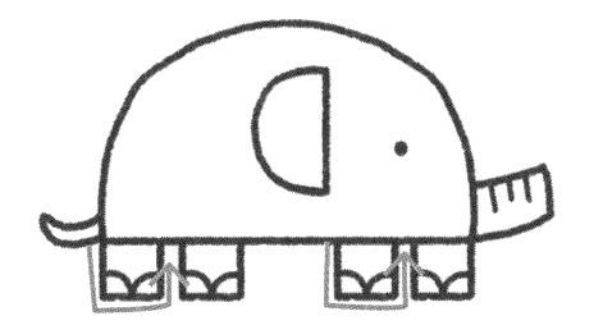

사각형과 반원

코끼리 2

머리

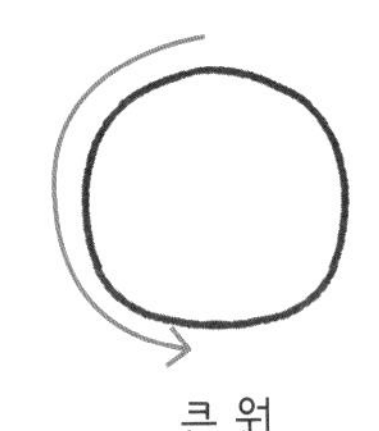

큰 원

귀·
눈·코

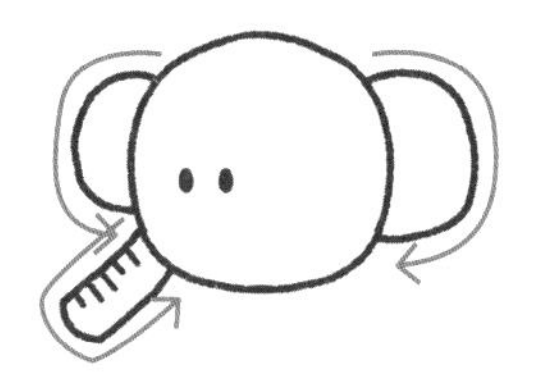

반원~
점과 긴 사각형에 짧은 선

몸통

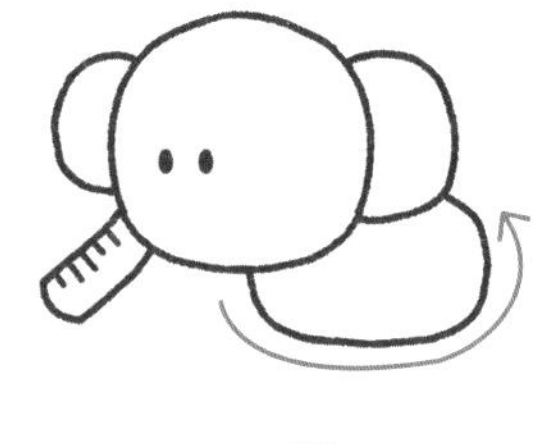

타원

다리

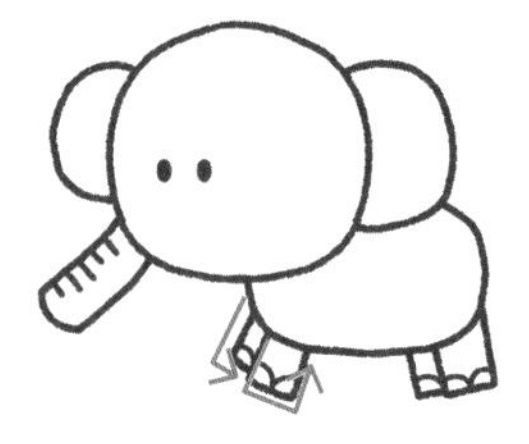

사각형과 반원

꼬리

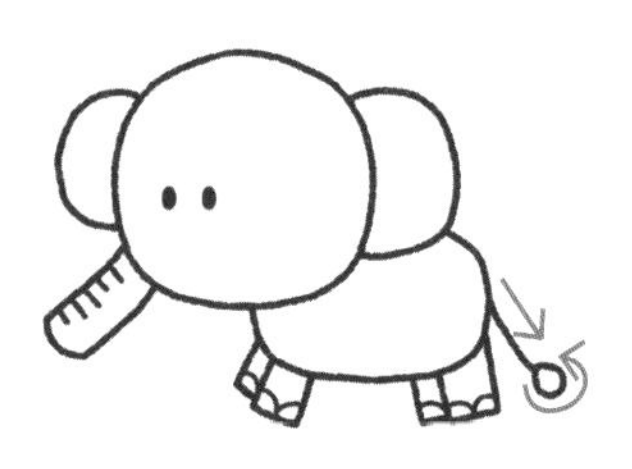

선과 원

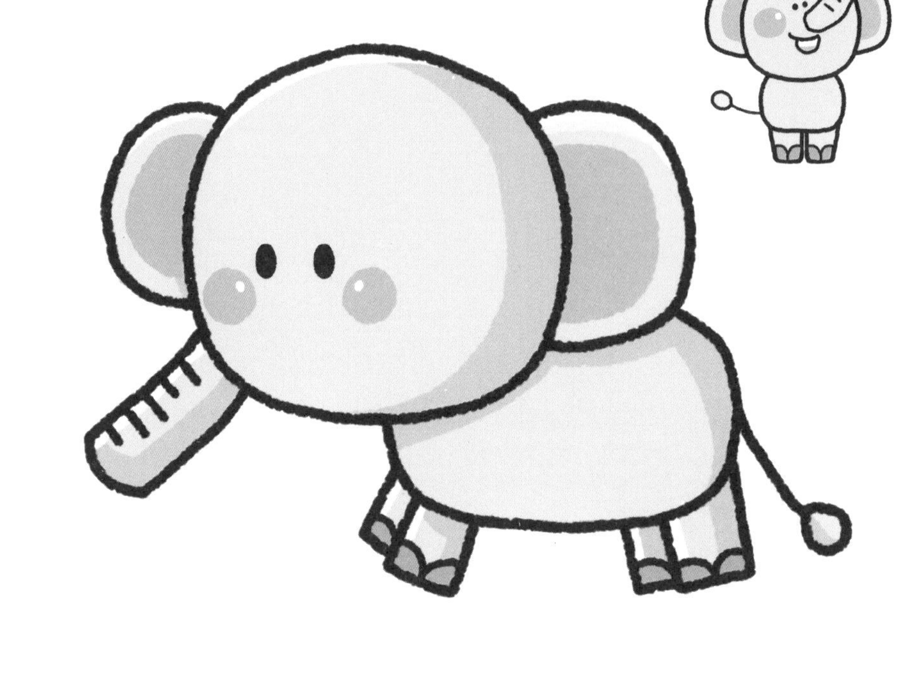

따라 그려보세요

코끼리 3

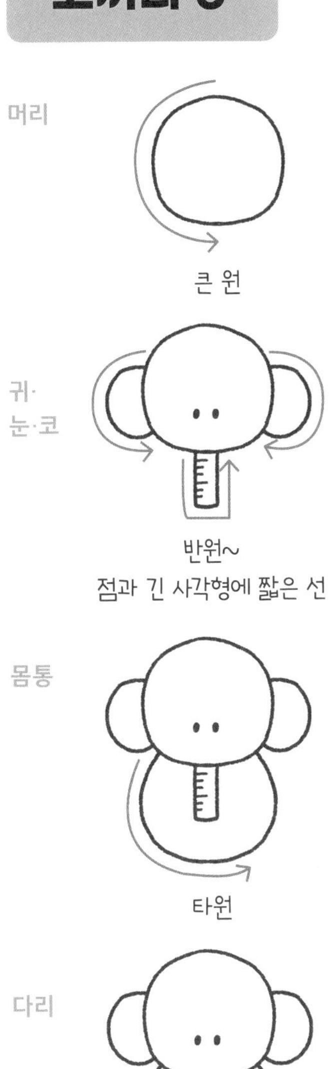

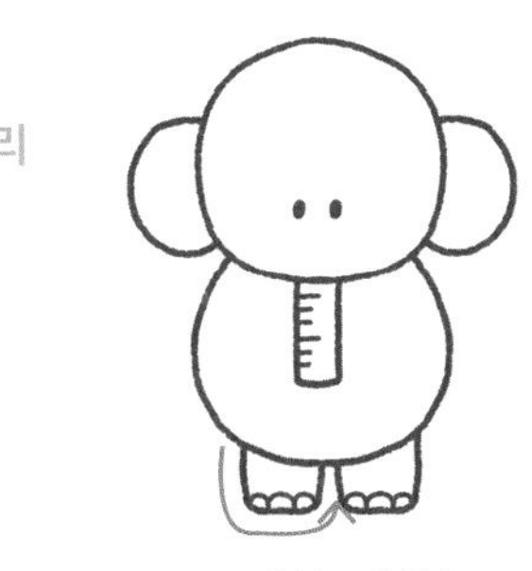

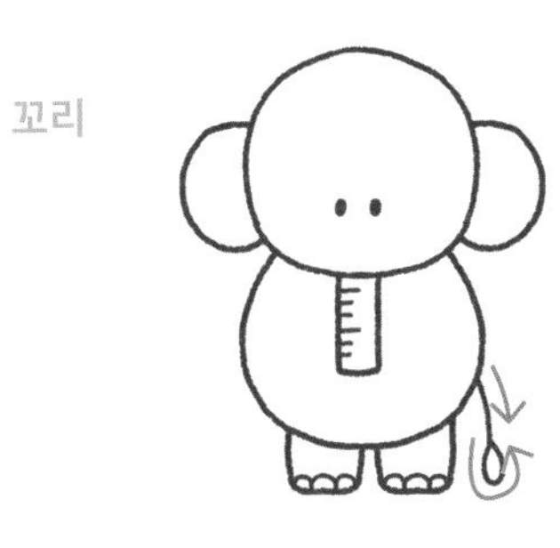

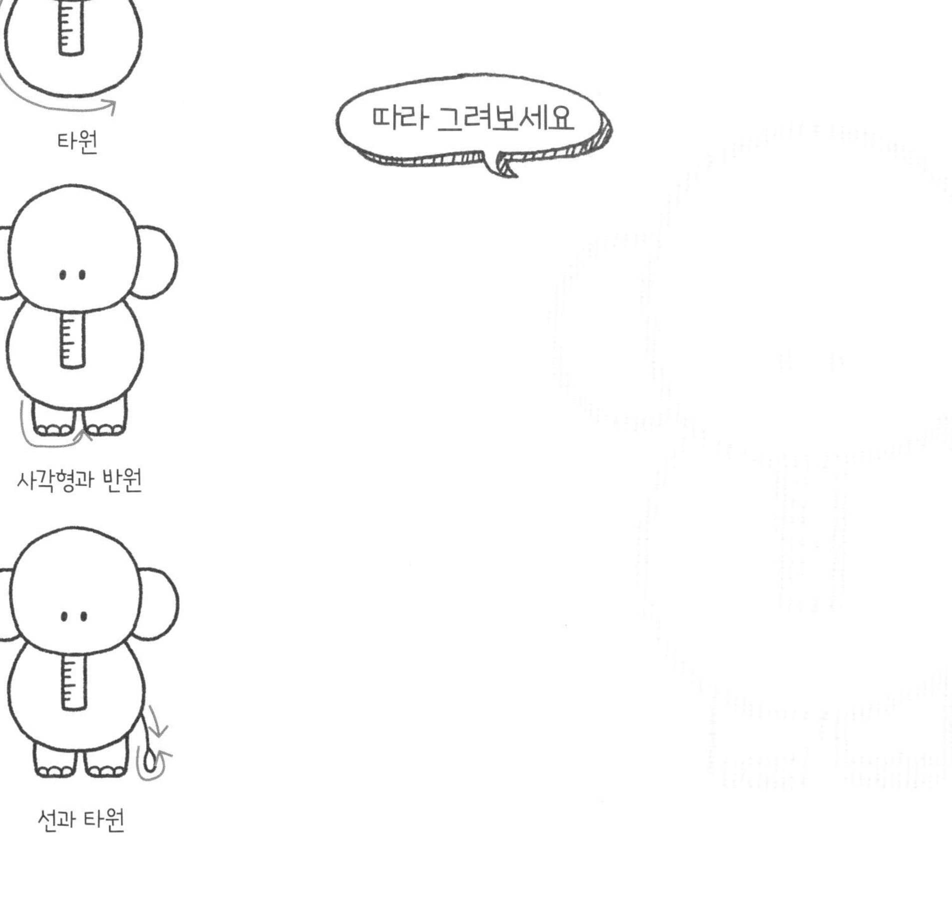

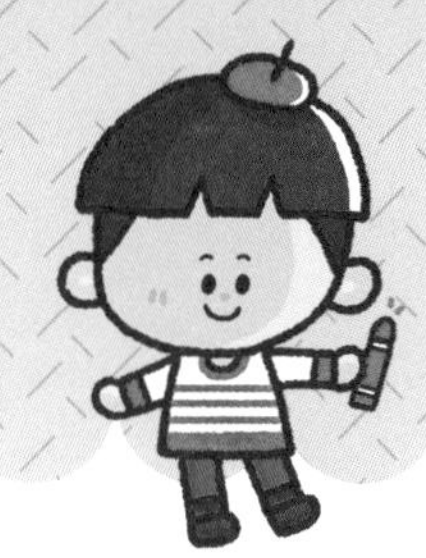

삼각형으로 그리는

여우

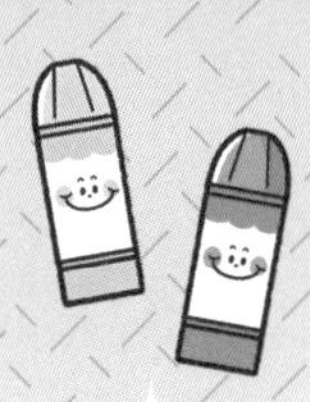

여우 1

머리

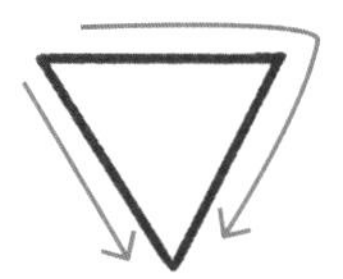

큰 역삼각형

귀

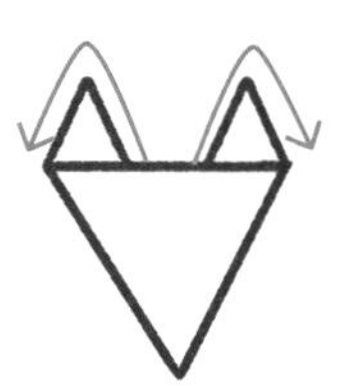

작은 삼각형

눈·코

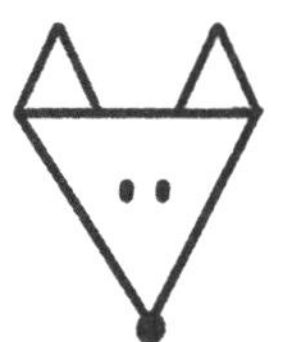

점과 원

몸통

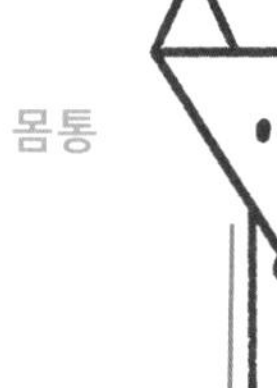

한 면이 둥근 사각형

꼬리

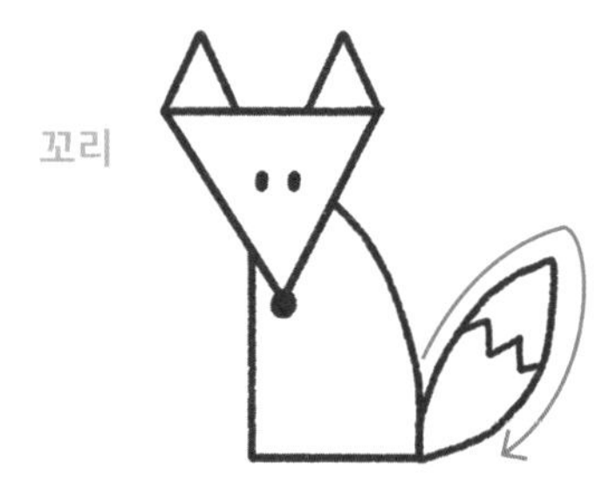

뾰족한 타원과 지그재그 선

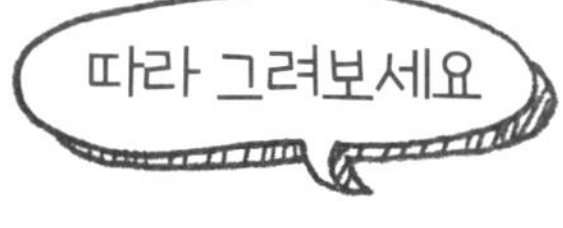

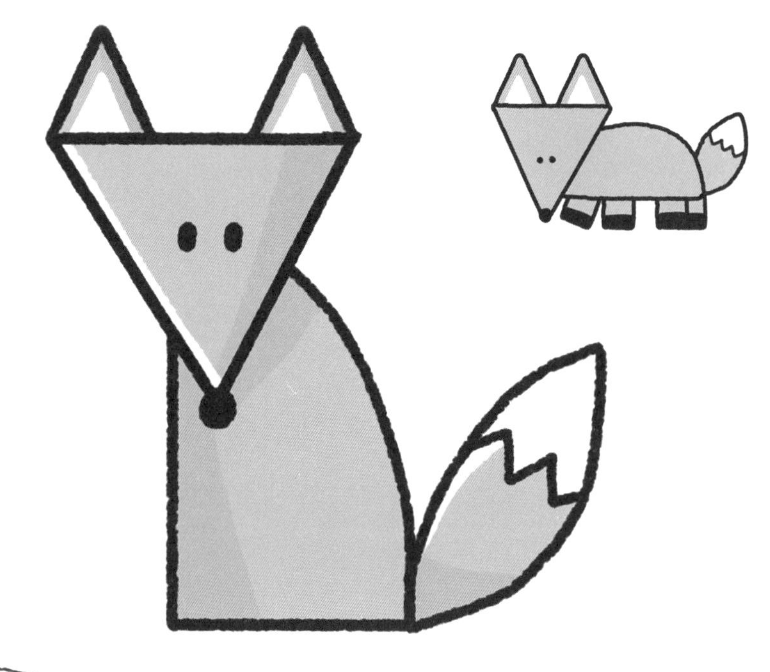

여우 2

머리

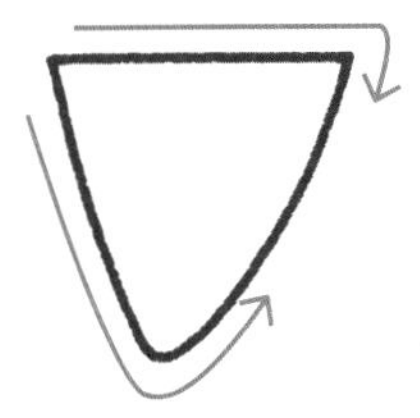

큰 역삼각형

귀·
눈·코

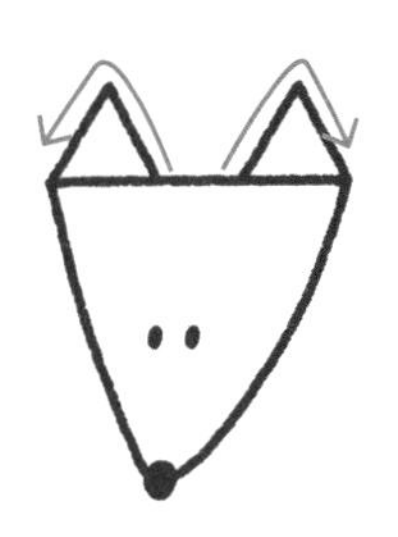

작은 삼각형~
점과 원

몸통

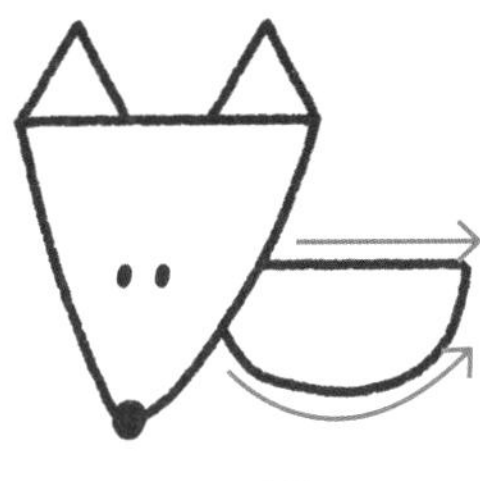

반원

꼬리

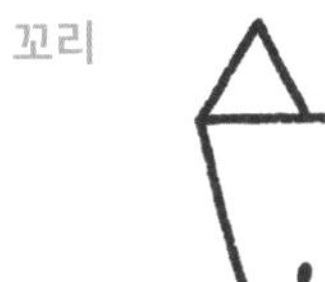

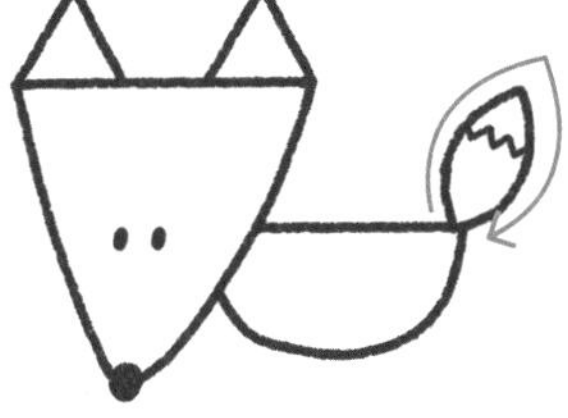

뾰족한 타원과 지그재그 선

다리

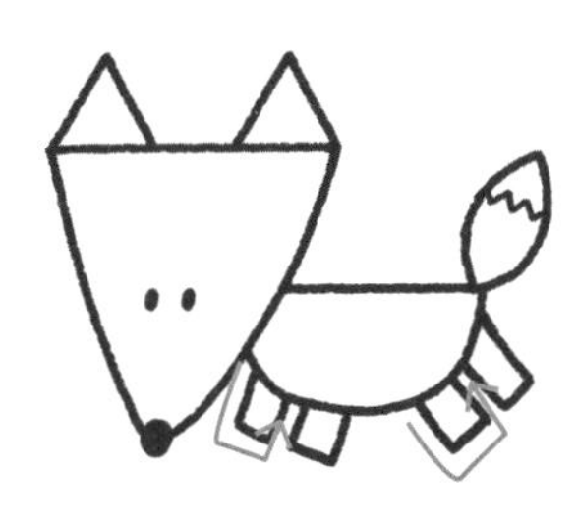

사각형

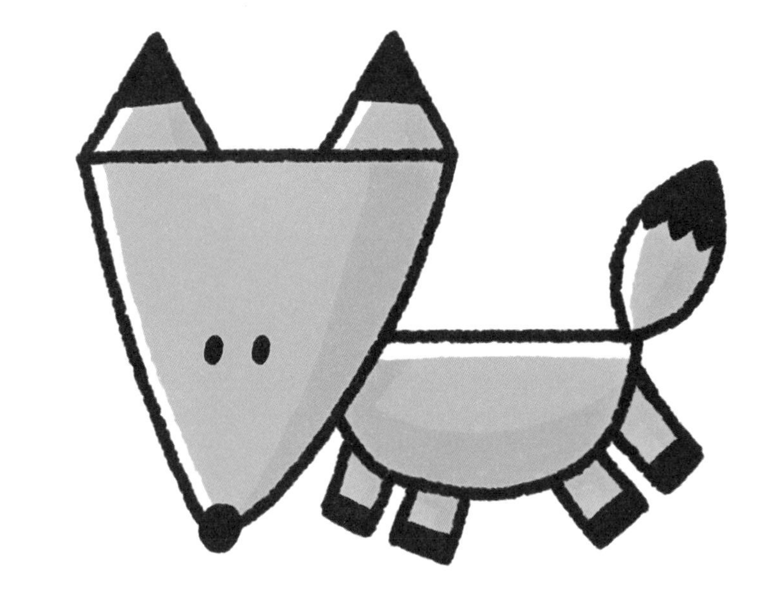

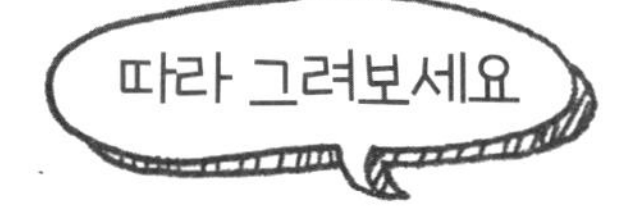

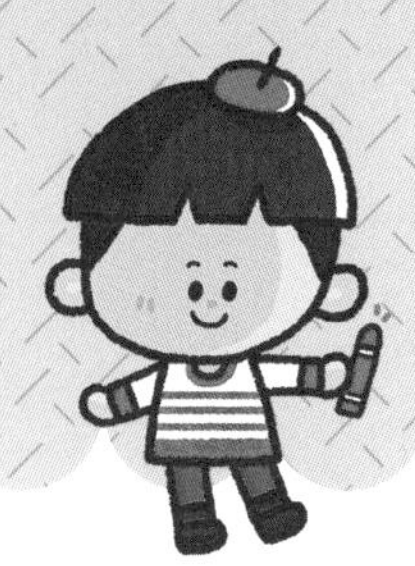

원과 반원으로 그리는

너구리

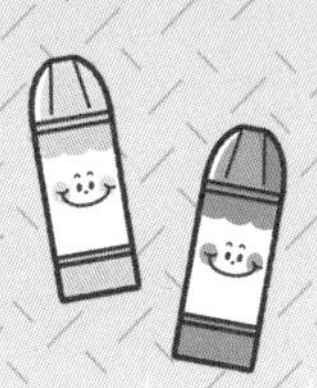

너구리 1

머리

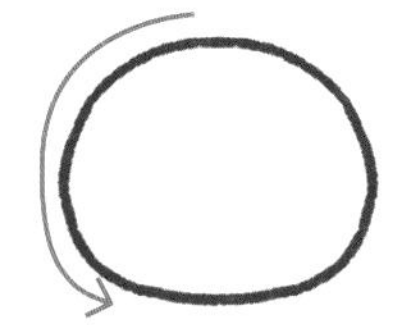

큰 타원

귀·눈·코·수염

작은 반원~
타원과 점, 선

몸통

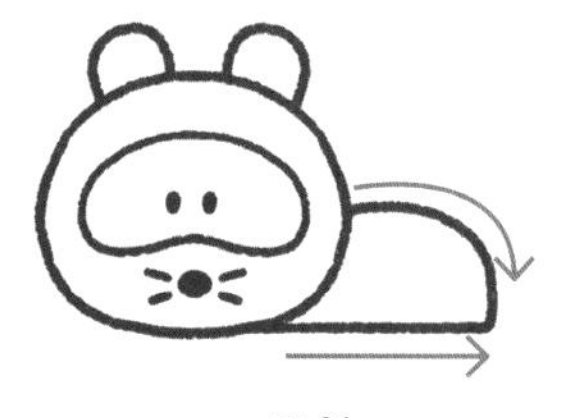

반원

꼬리

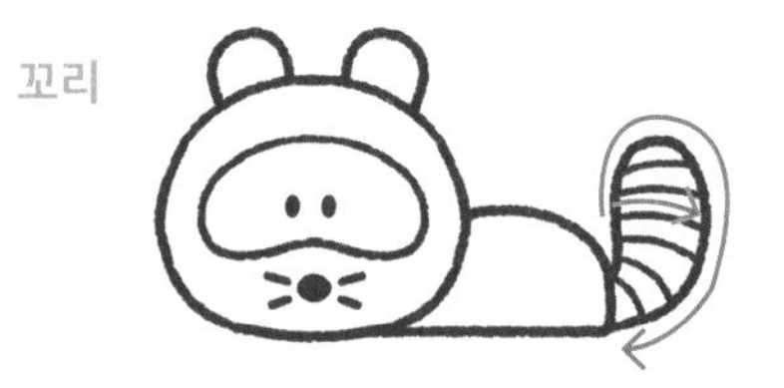

타원과 둥근 선

다리

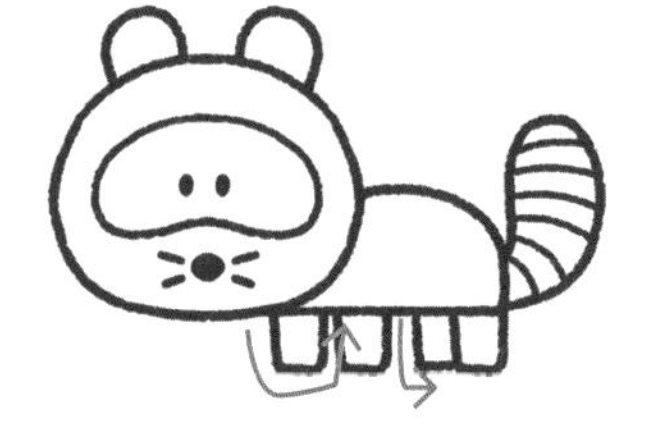

사각형

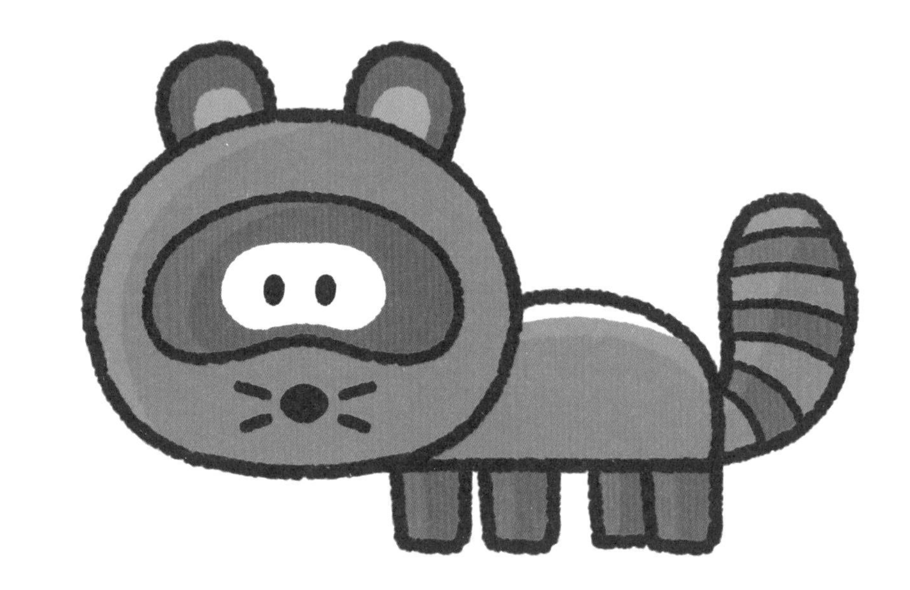

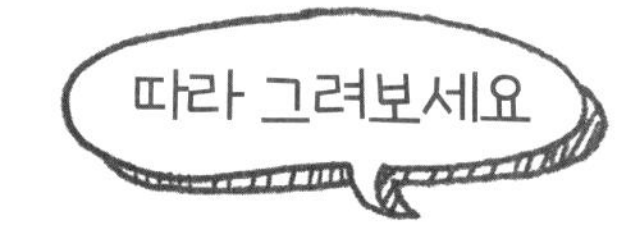

너구리 2

머리

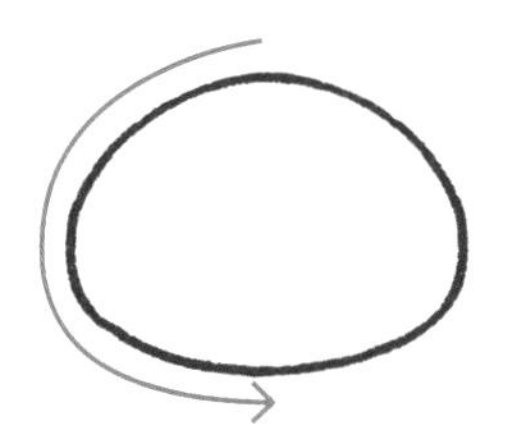

큰 타원

귀·눈·코·입

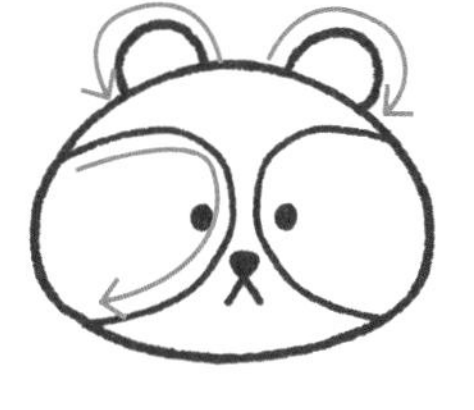

작은 반원~
큰 반원과 점,
삼각형과 선

몸통

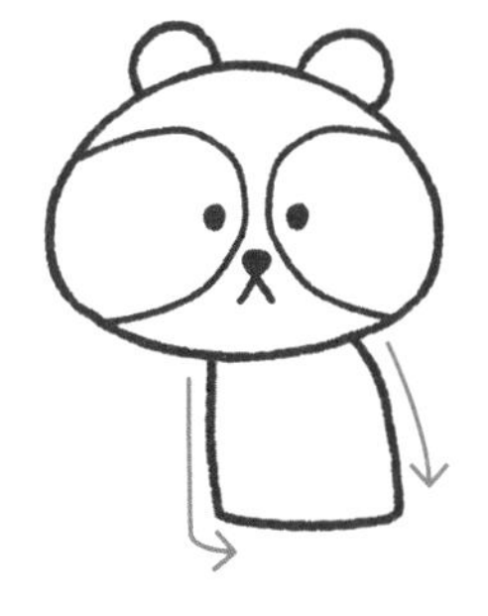

한 면이 둥근 사각형

다리

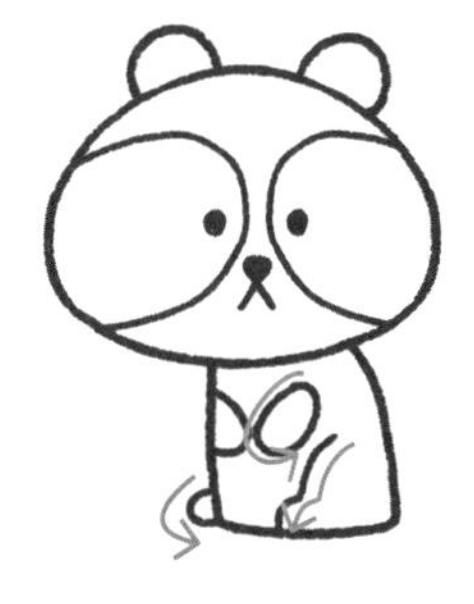

타원과 반원, 둥근 선

꼬리

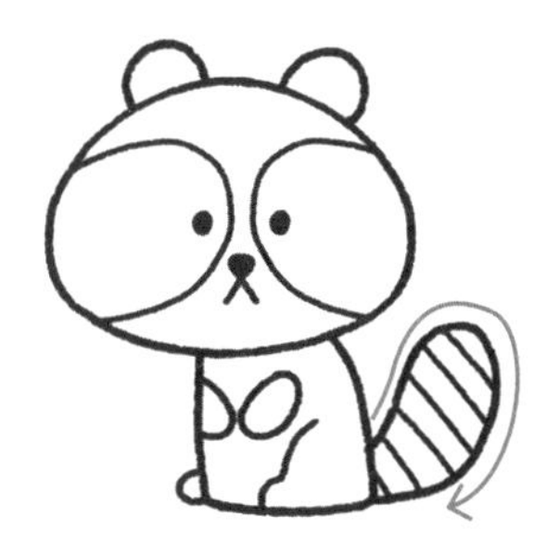

타원과 선

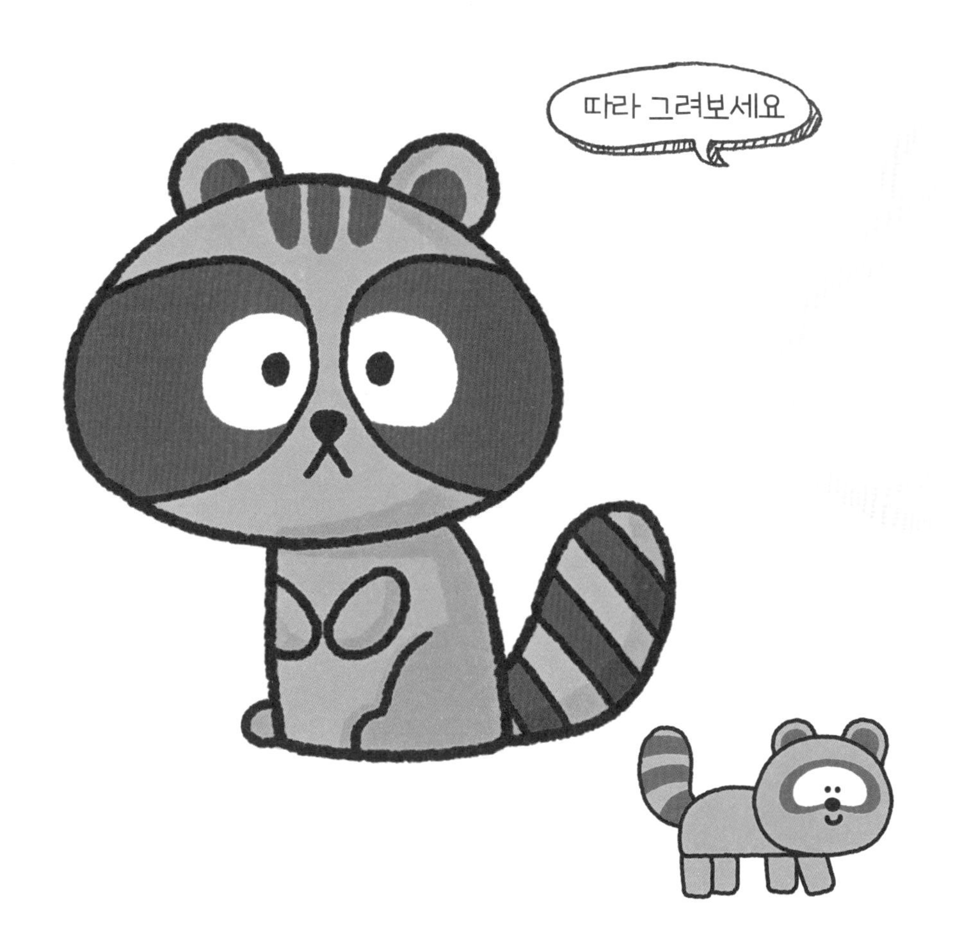

타원으로 그리는

원숭이

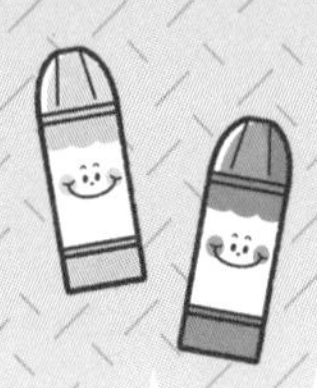

원숭이 1

머리

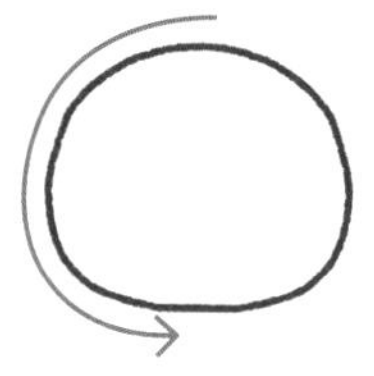

큰 원

얼굴

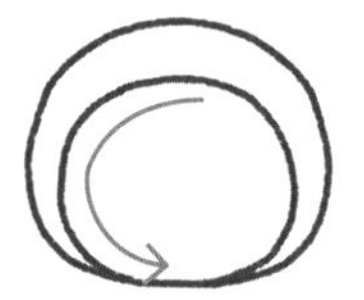

큰 원 안에 작은 원

귀·
눈·코·입

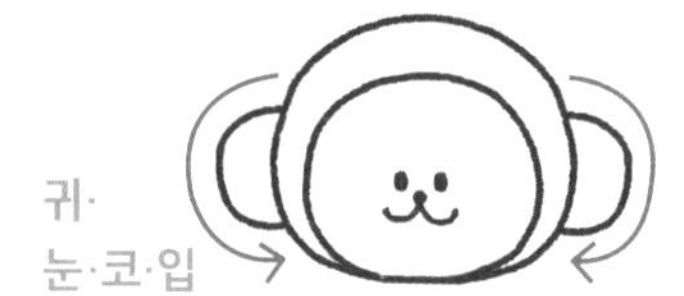

반원~
점과 둥근 선

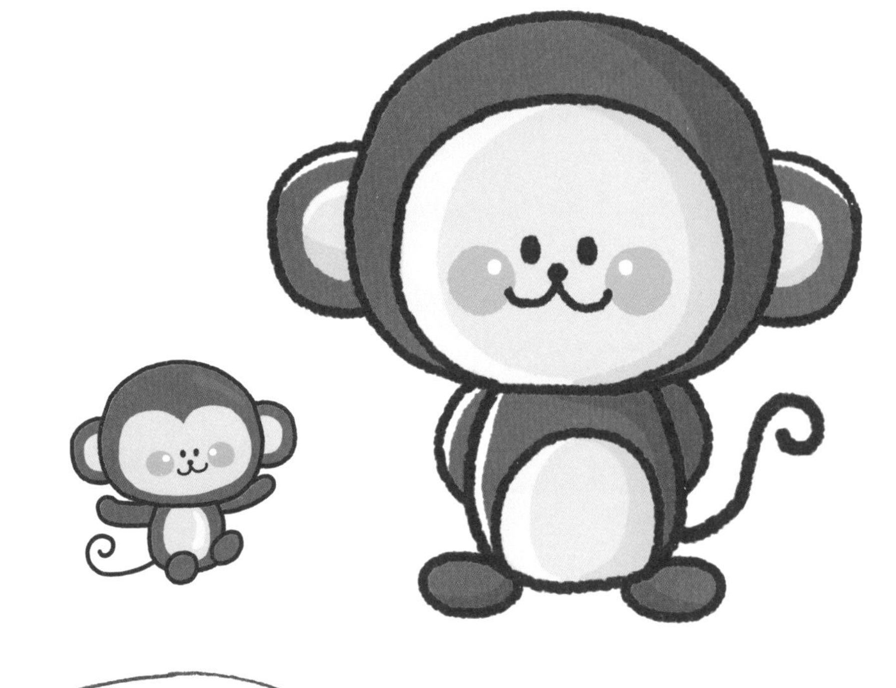

따라 그려보세요

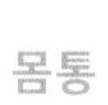

몸통

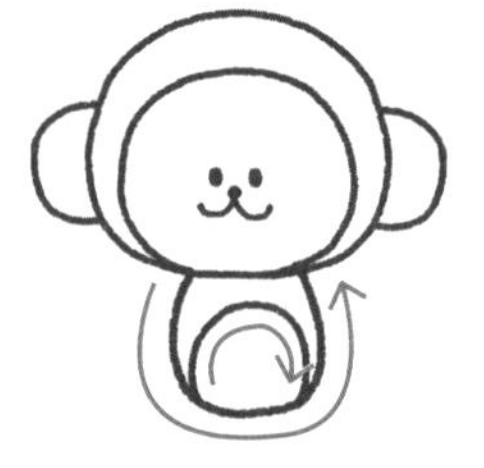

타원과 둥근 선

팔·다리

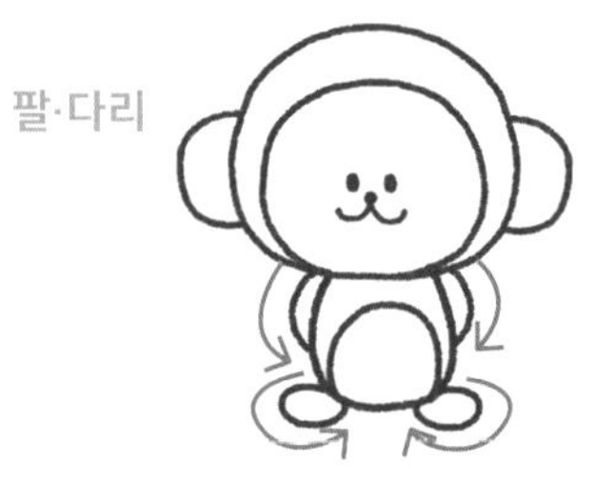

반원과 작은 타원

꼬리

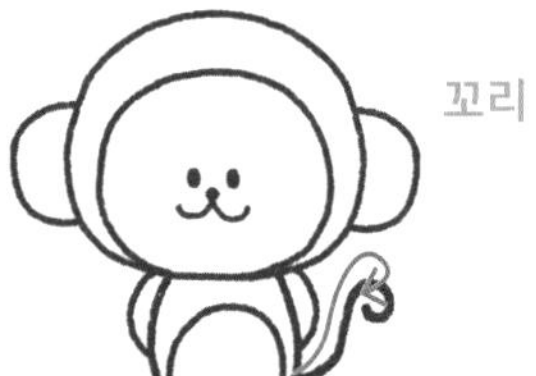

끝이 둥글게 감긴 선

원숭이 2

머리

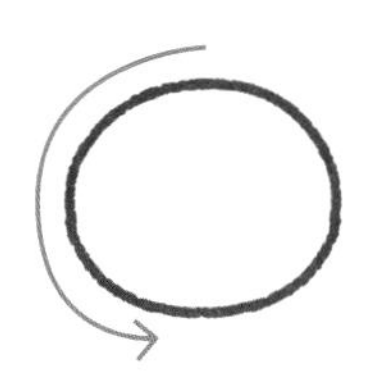

타원

얼굴·눈·코·입

타원 2개를 이어서~
점과 둥근 선

몸통

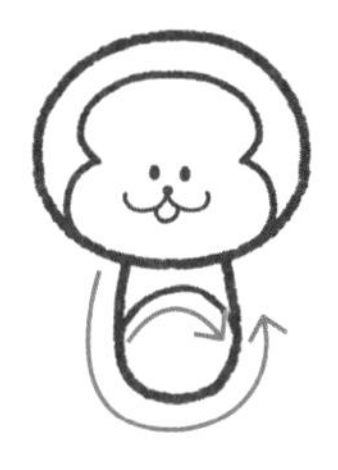

타원과 둥근 선

팔

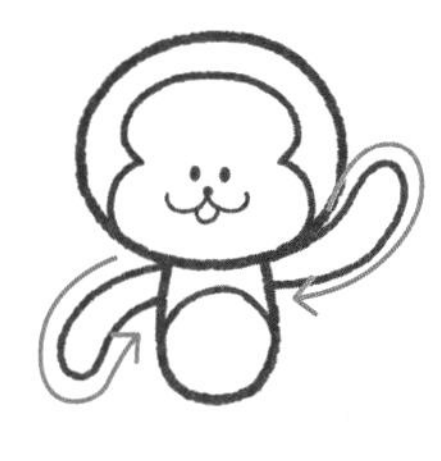

긴 타원

다리

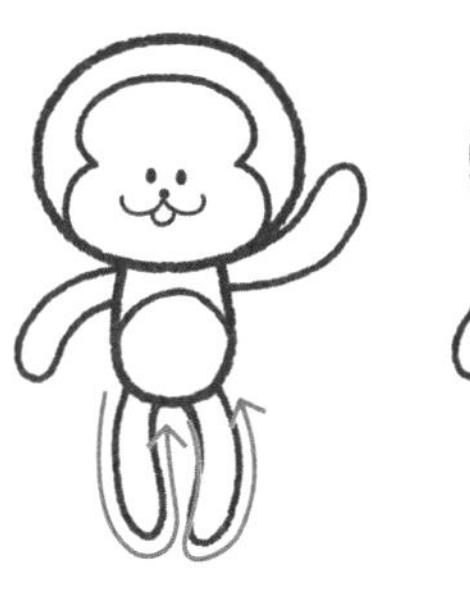

긴 타원

나무

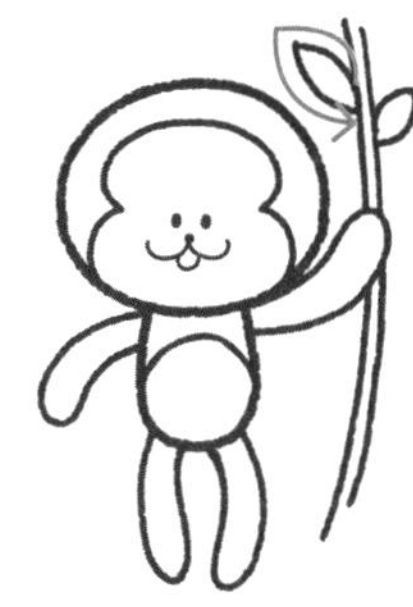

둥근 선과 뾰족한 타원

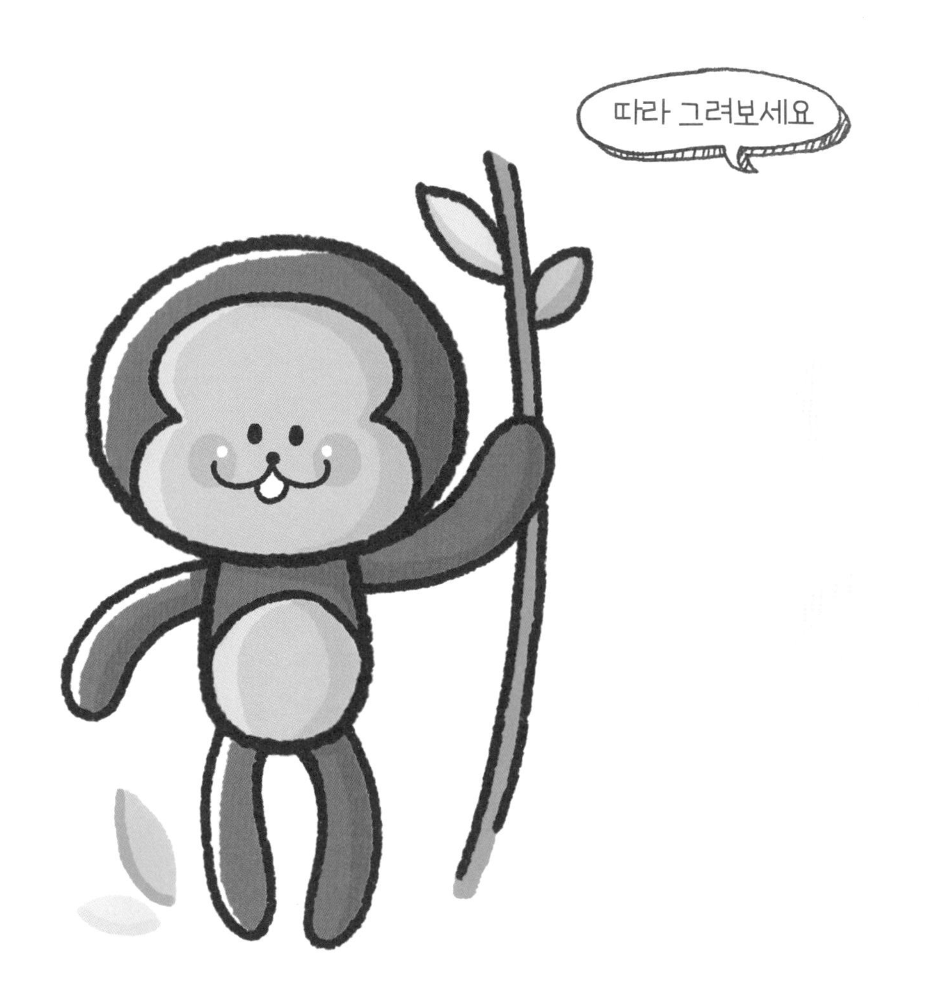

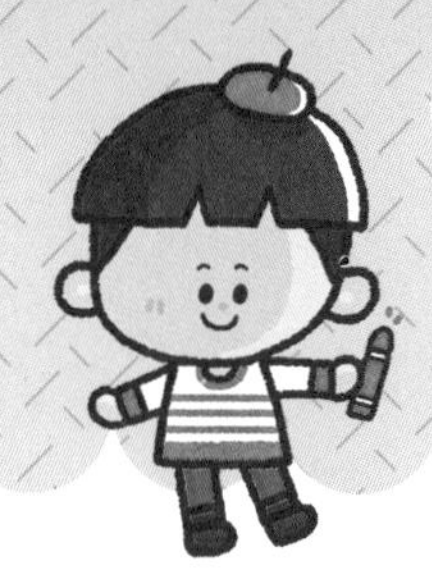

타원과 사각형으로 그리는

고릴라

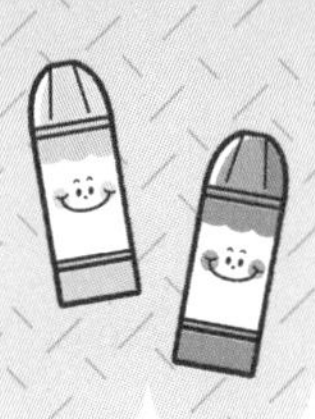

고릴라 1

머리

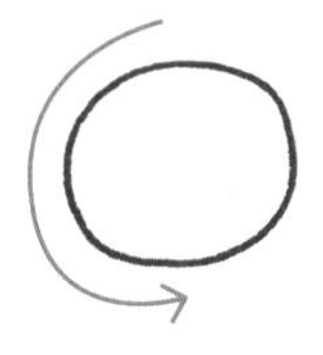

작은 원

몸통

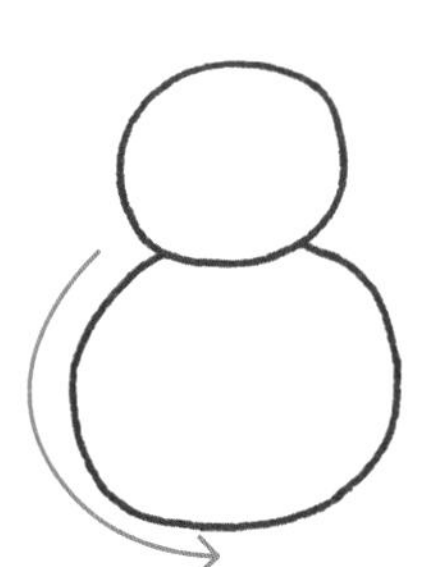

작은 원 아래에 큰 원

얼굴·귀

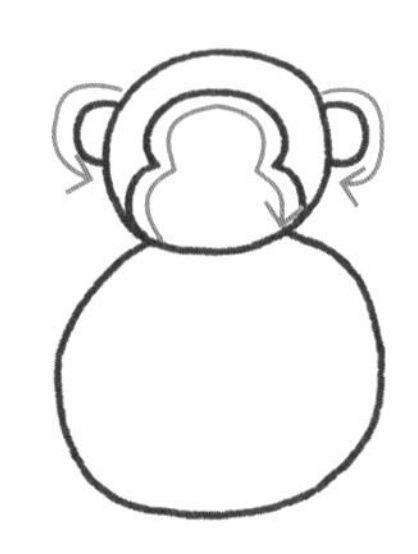

타원 2개를 이어서~
반원

눈·코·입·배

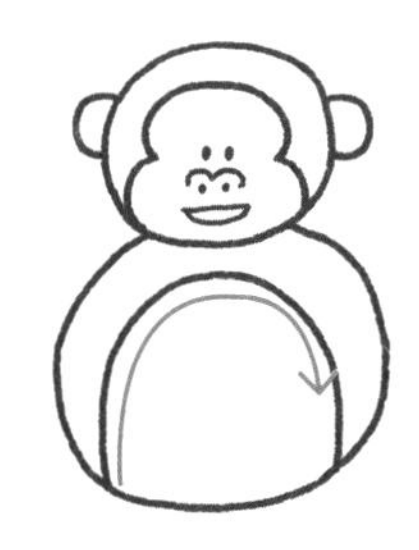

점과 둥근 선~
큰 안에 둥근 선

팔·다리

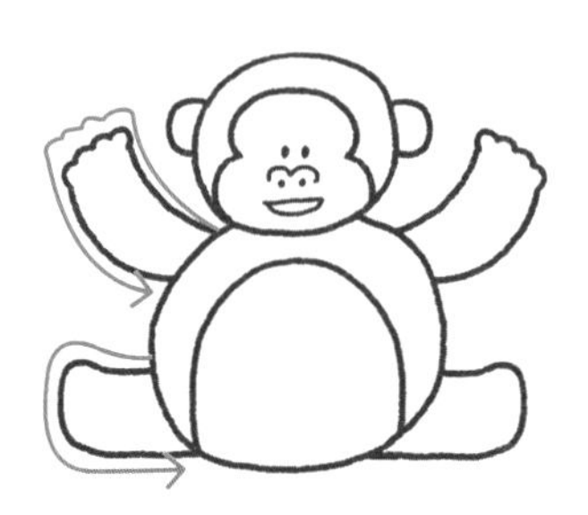

끝이 올록볼록하고
둥근 사각형

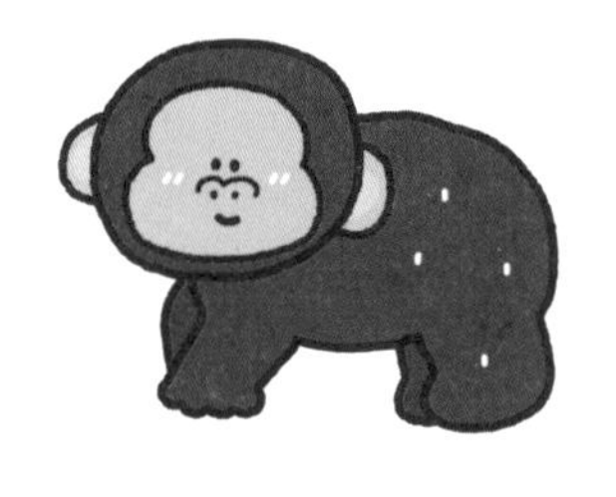

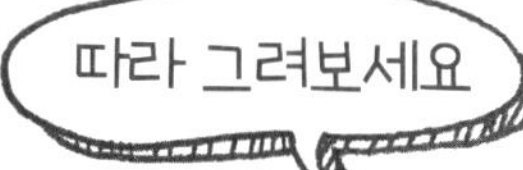

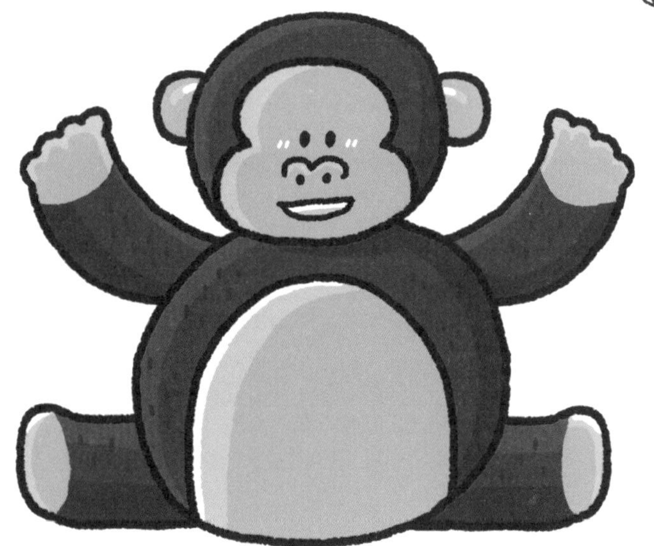

고릴라 2

머리·귀

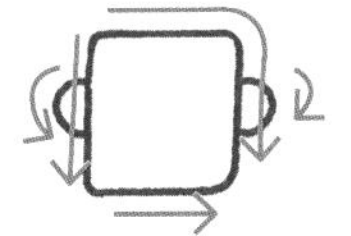

사각형~
반원

얼굴·
눈·코·입

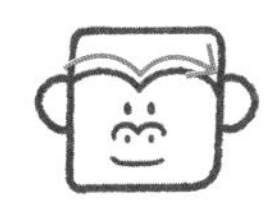

사각형 안에 둥근 선~
점과 둥근 선

몸통

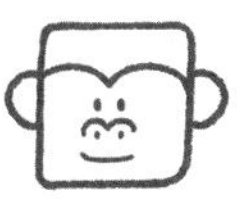

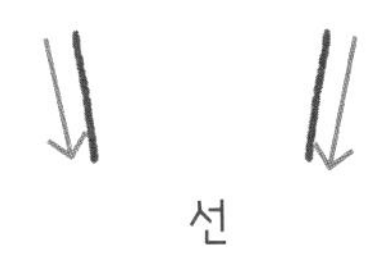

선

팔

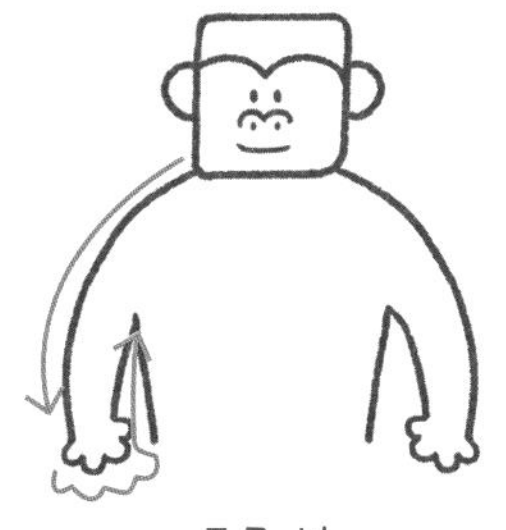

둥근 선,
끝이 올록볼록한 선과 직선

다리·배

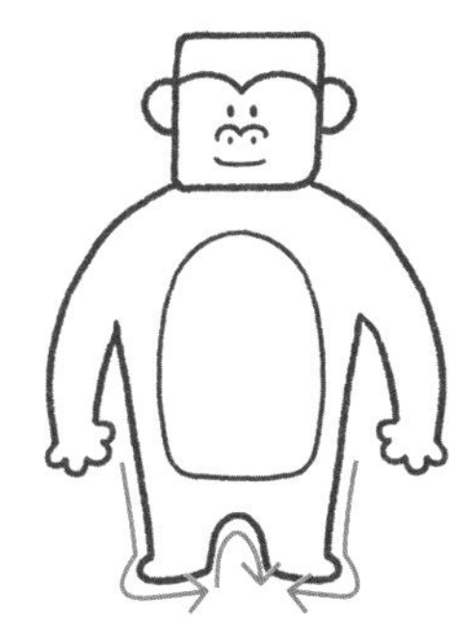

직선과 둥근 선~
긴 반원

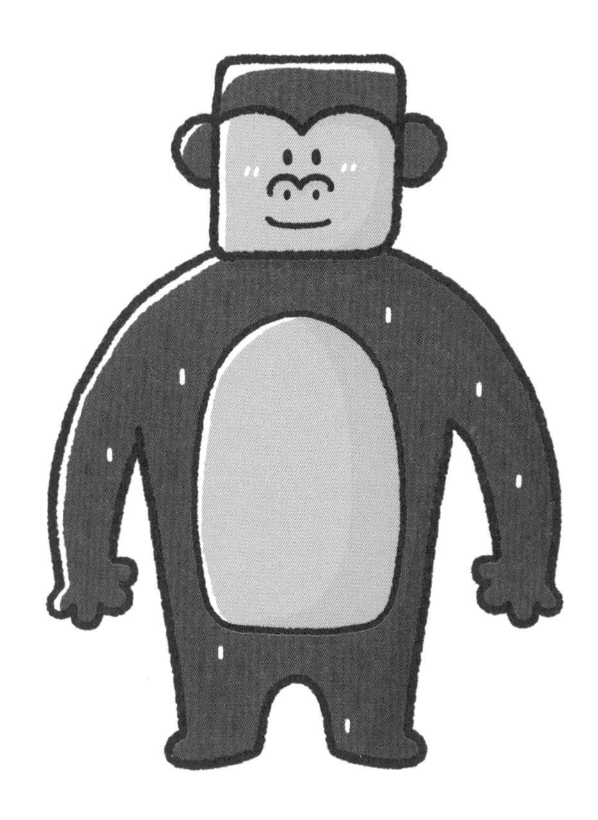

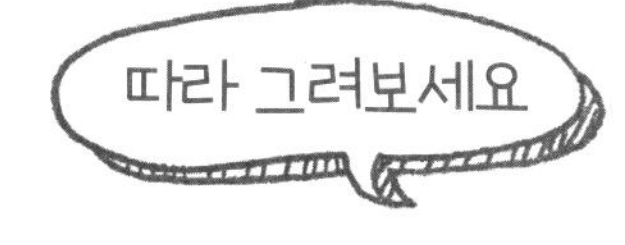

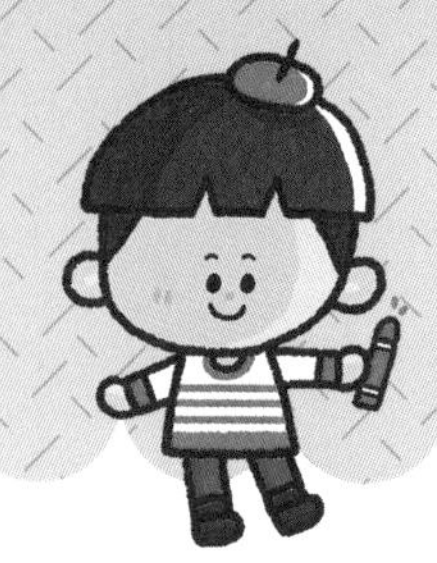

타원과 삼각형으로 그리는

돼지

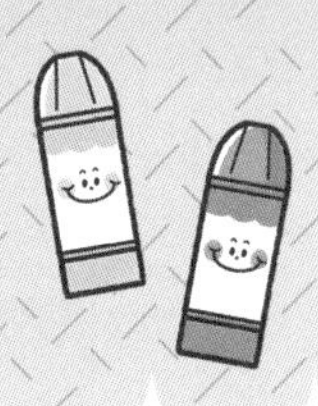

돼지 1

몸통

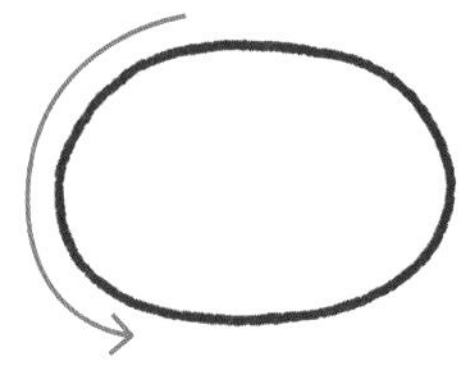

큰 타원

귀

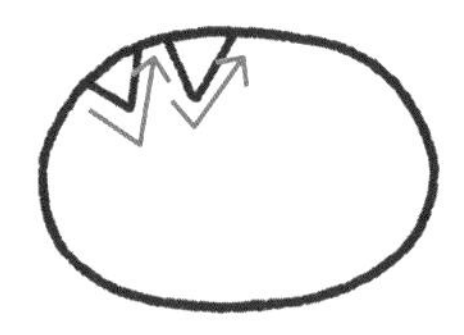

작은 삼각형

눈·코

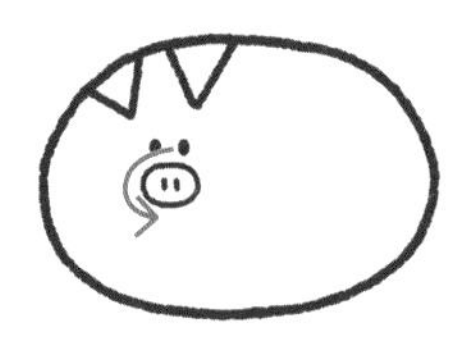

작은 타원과 점

다리

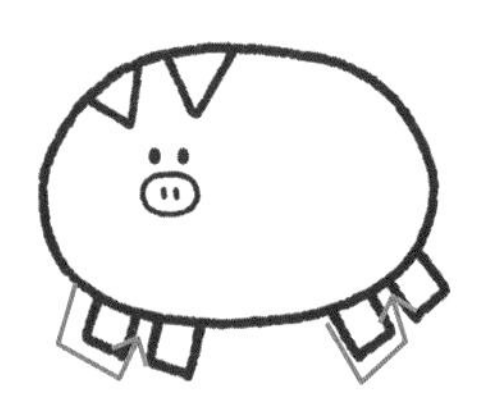

작은 사각형

꼬리

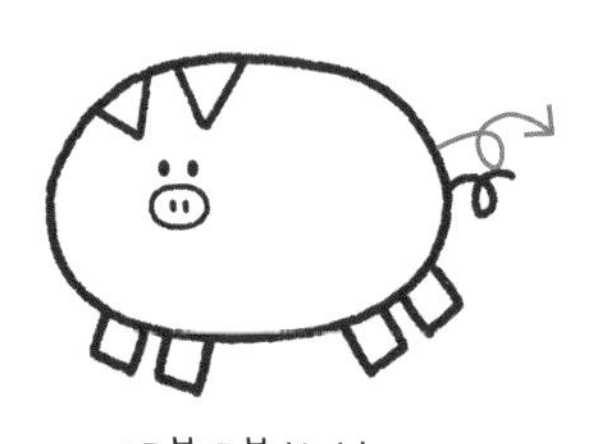

꼬불꼬불한 선

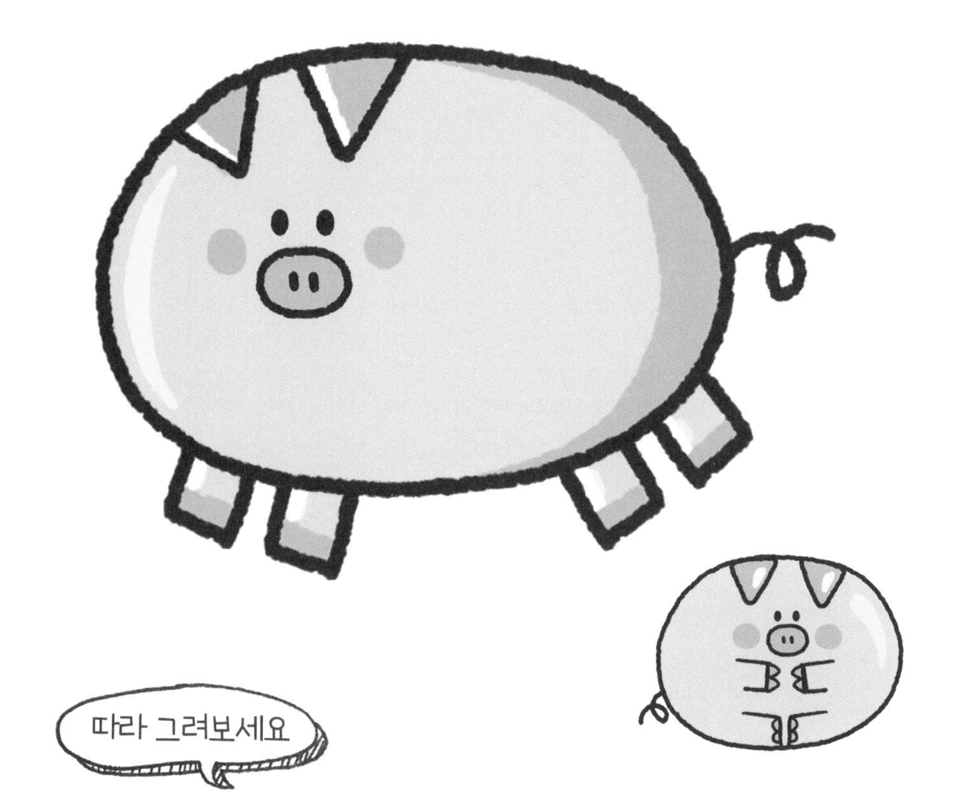

따라 그려보세요

돼지 2

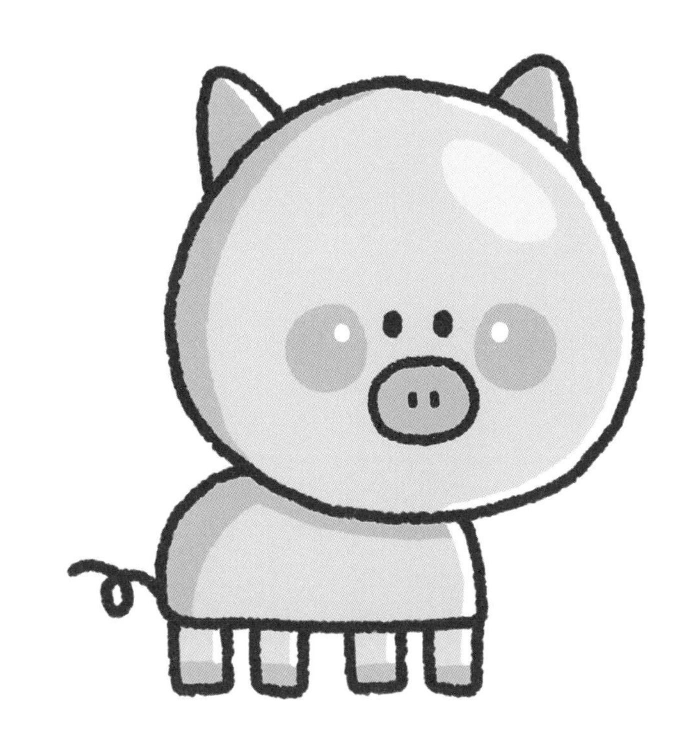

머리

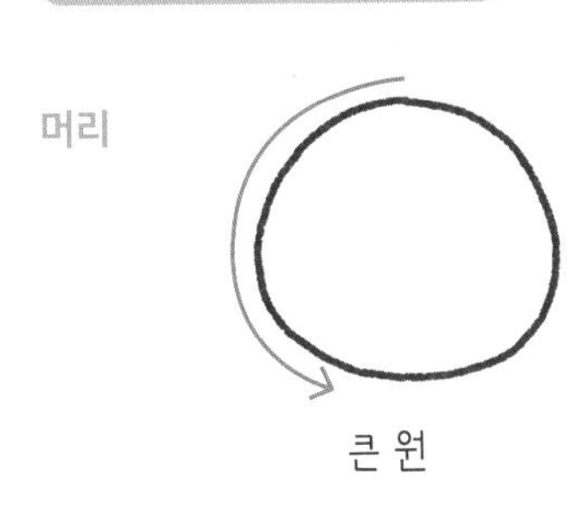

큰 원

귀·
눈·코

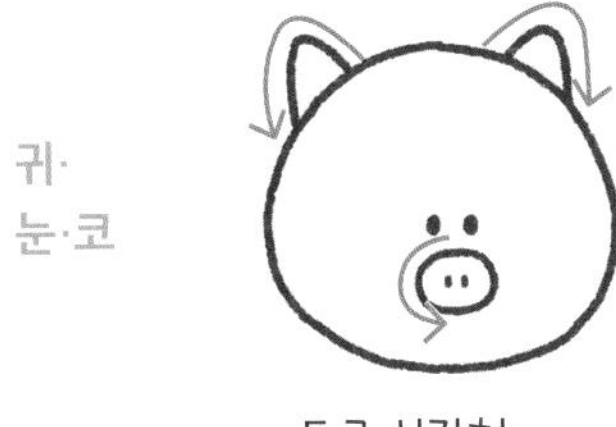

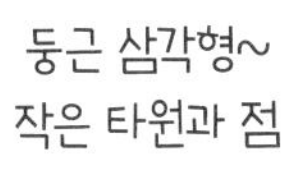

둥근 삼각형~
작은 타원과 점

몸통

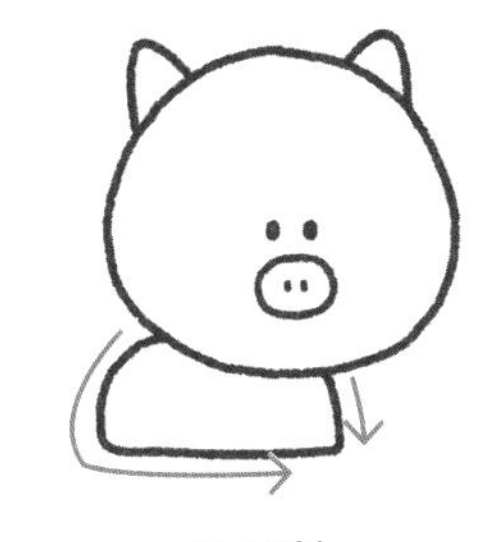

반 타원

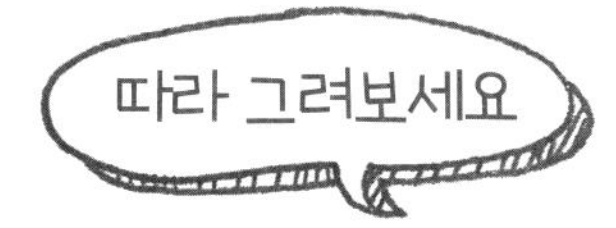

다리

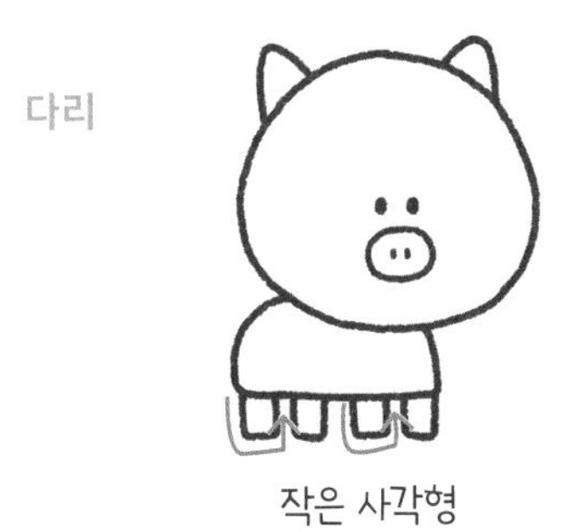

작은 사각형

꼬리

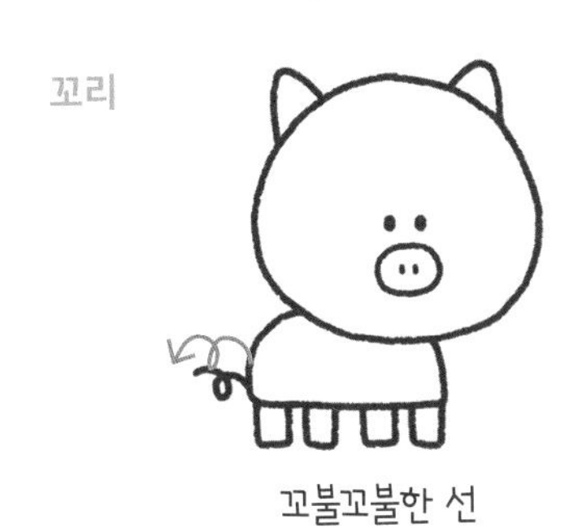

꼬불꼬불한 선

돼지 캐릭터

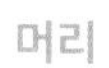

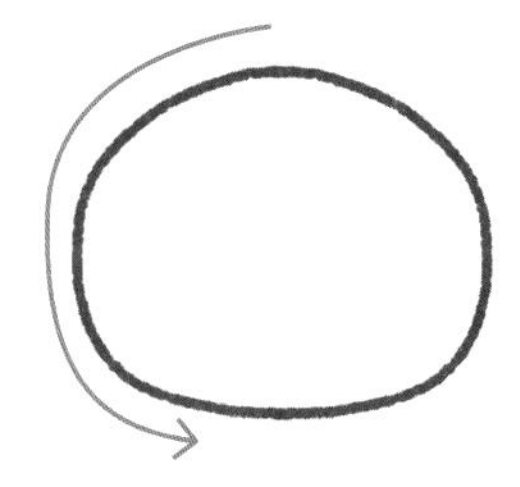

큰 타원

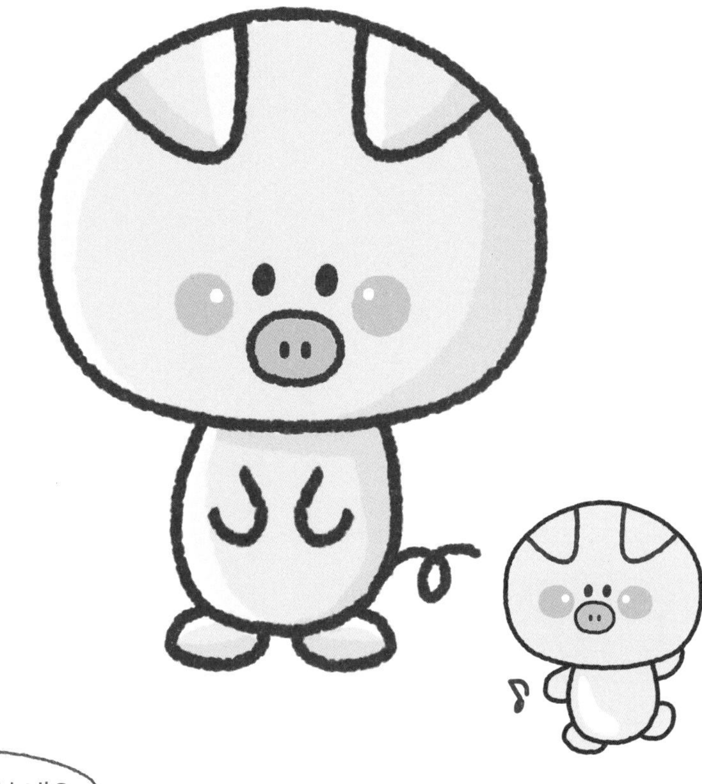

귀·눈·코

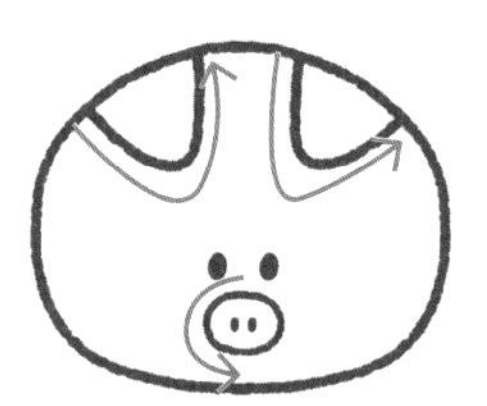

둥근 삼각형~
작은 타원과 점

몸통·꼬리

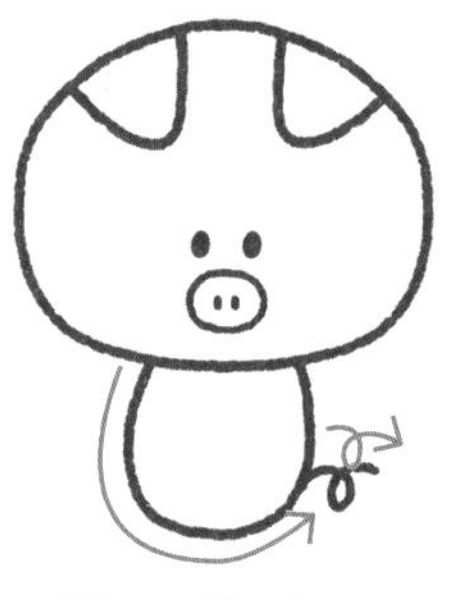

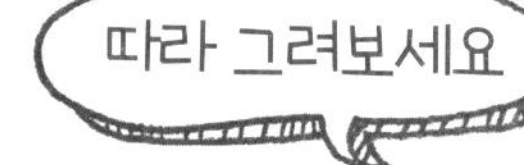

타원과 꼬불꼬불한 선

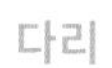

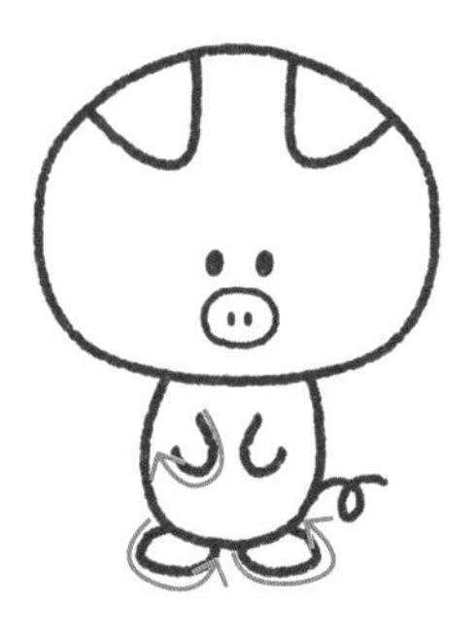

둥근 선과 타원

멧돼지

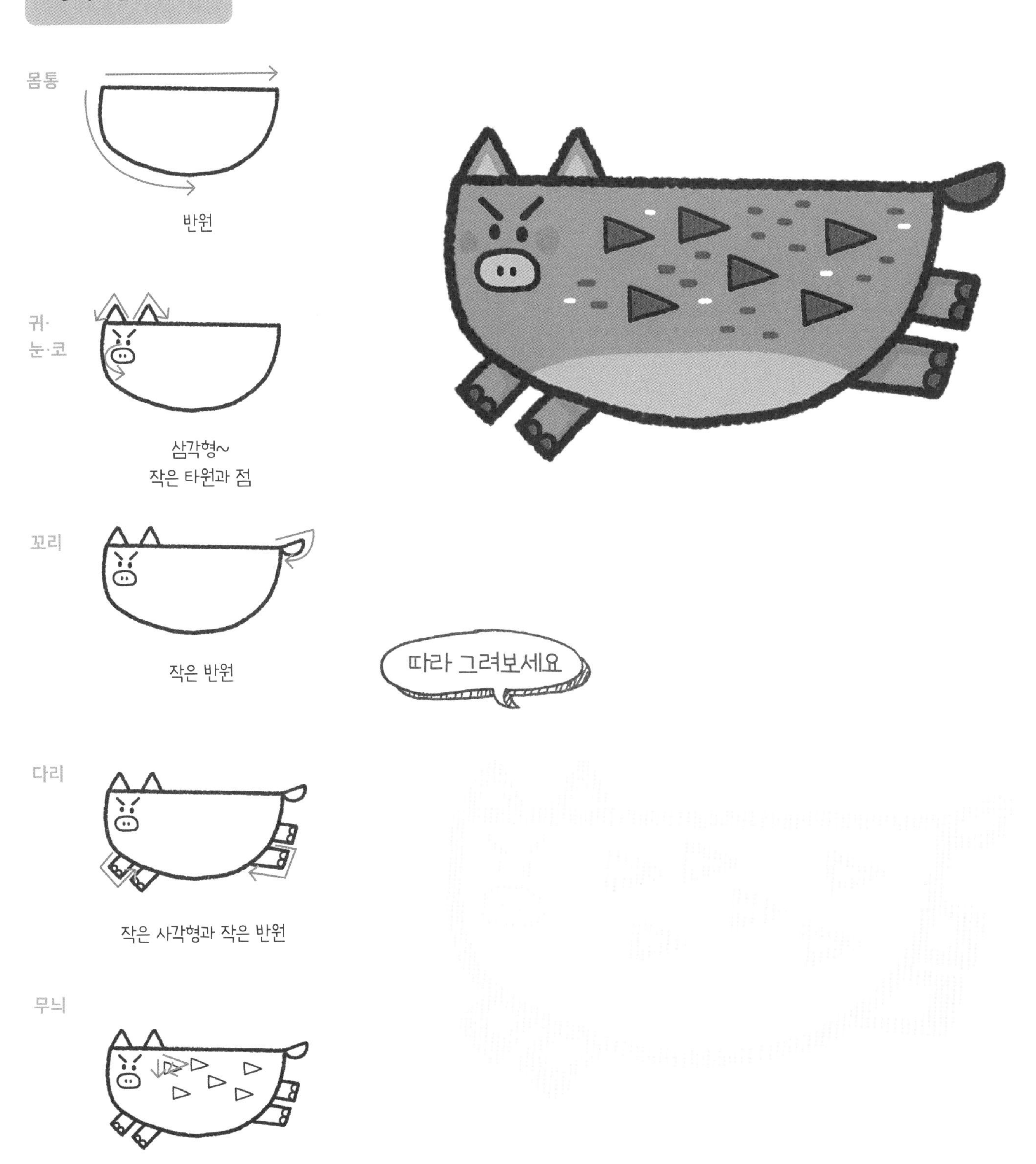

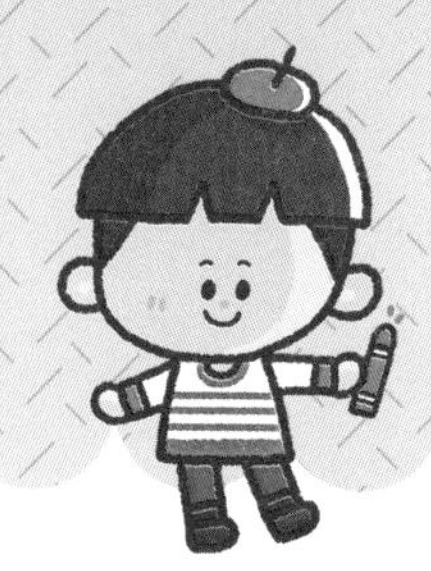

올록볼록한 타원으로 그리는

양

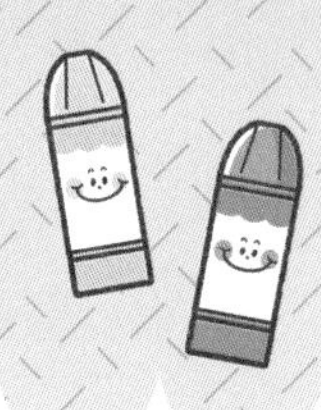

양 1

머리털

올록볼록하고 작은 타원

머리

타원

뿔·눈

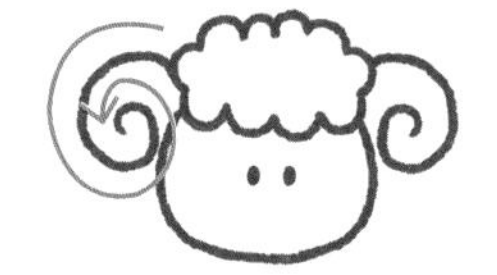

소용돌이 선과 점

몸통

올록볼록하고 큰 타원

다리

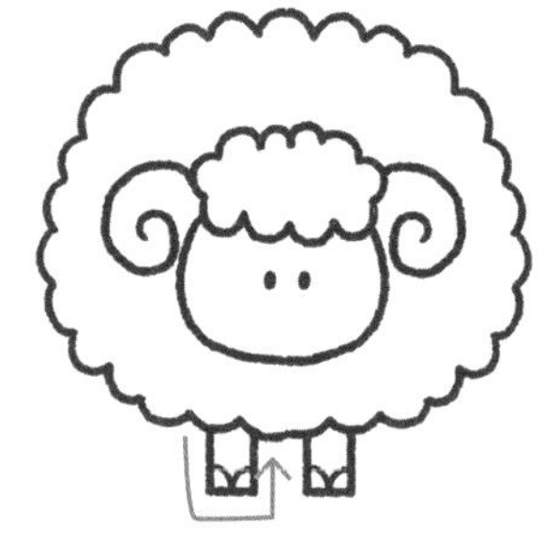

사각형과 둥근 선

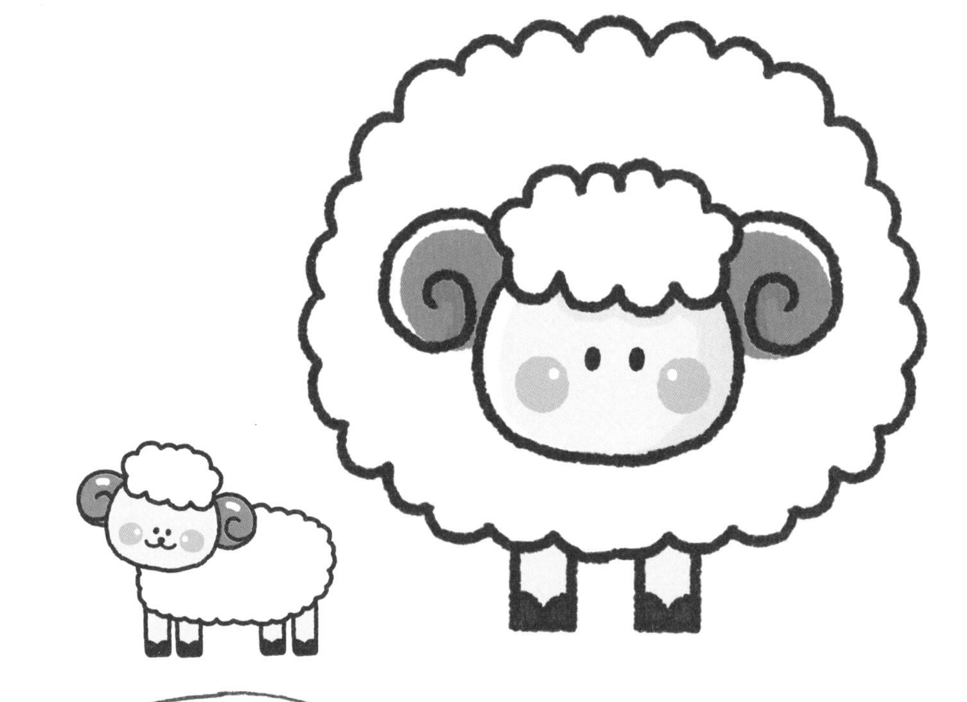

따라 그려보세요

양 2

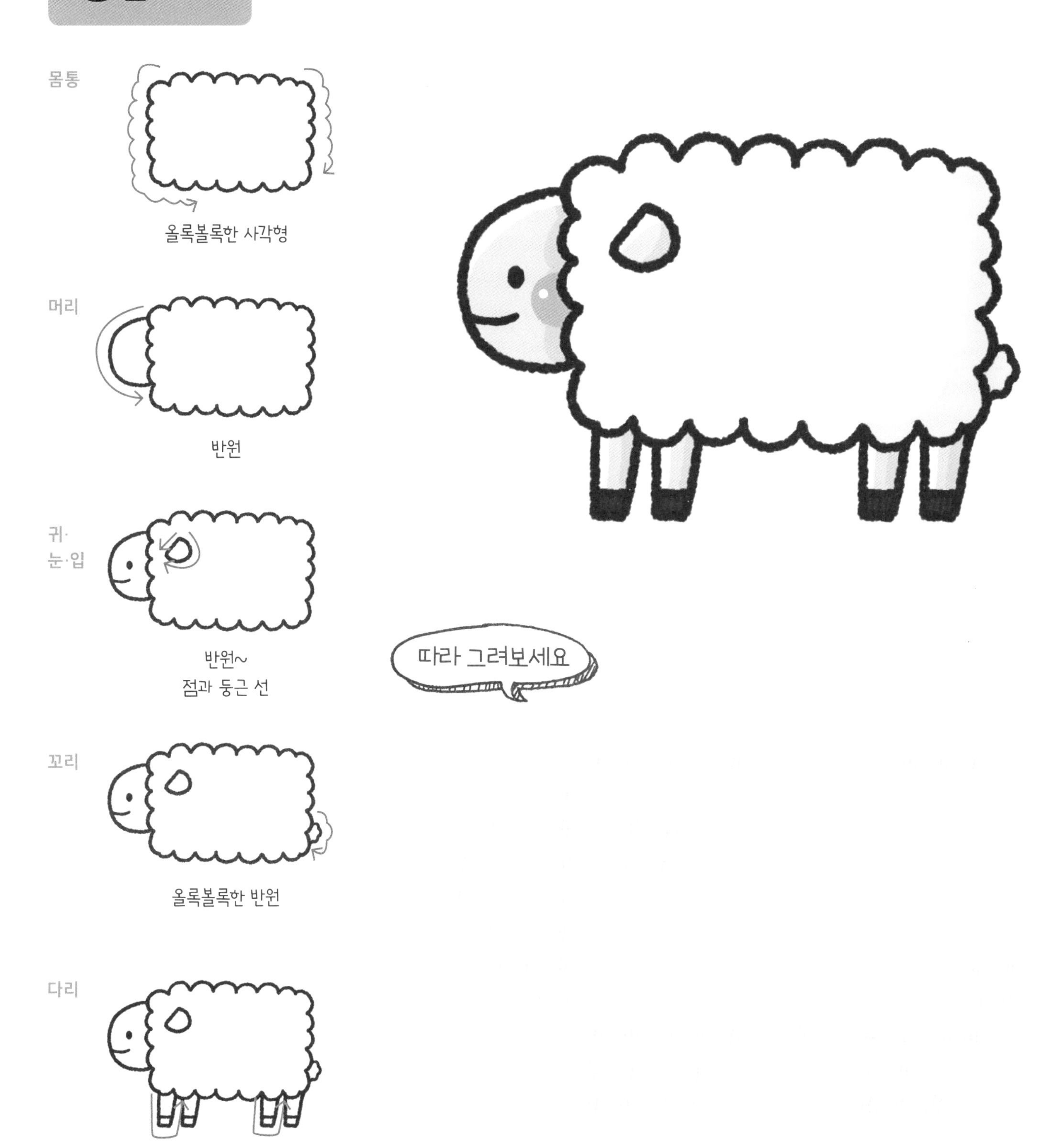

양 3

머리

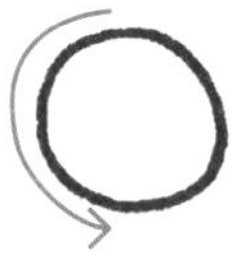

원

뿔

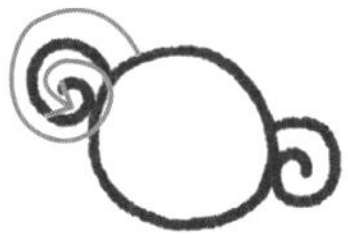

소용돌이 선

눈·코·입

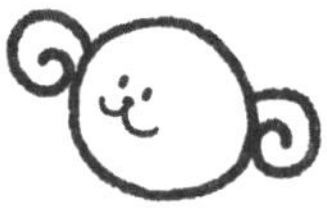

점과 둥근 선

몸통

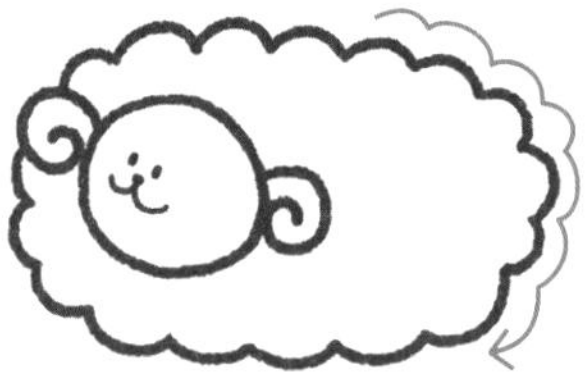

울록볼록한 타원

다리

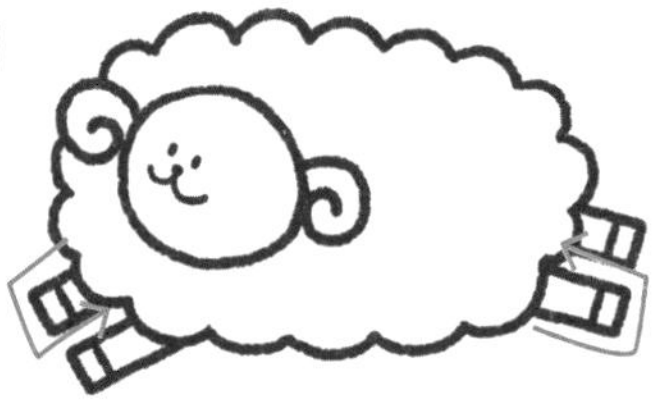

사각형과 선

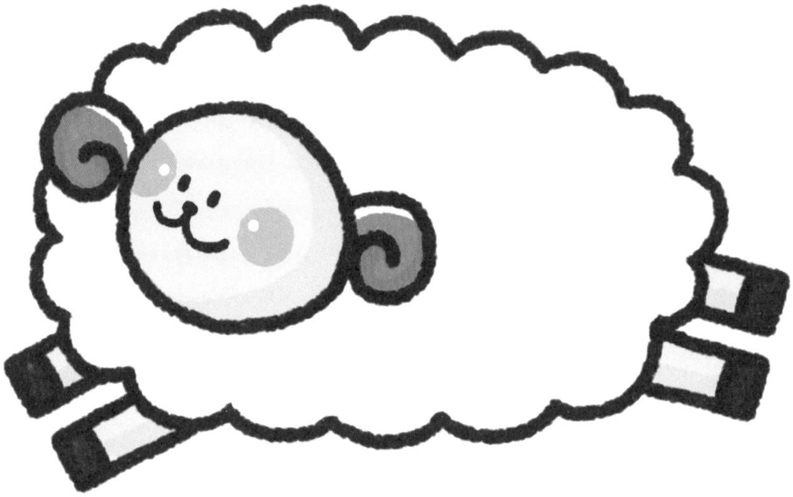

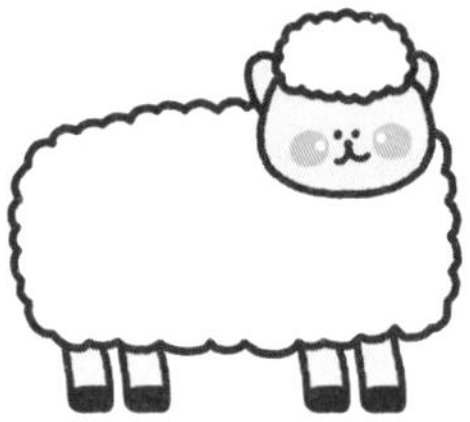

따라 그려보세요

양 캐릭터

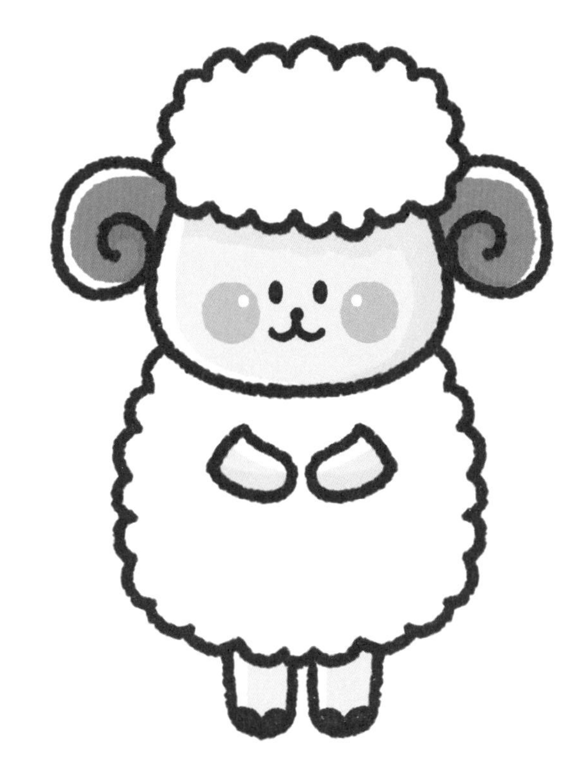

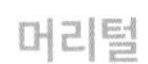

올록볼록하고 작은 타원

머리

타원

뺨·
눈·코·입

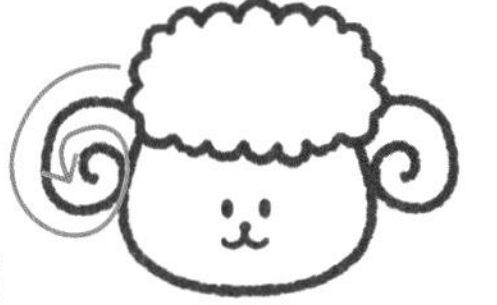

소용돌이 선~
점과 둥근 선

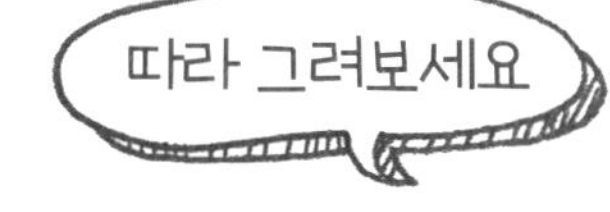

몸통

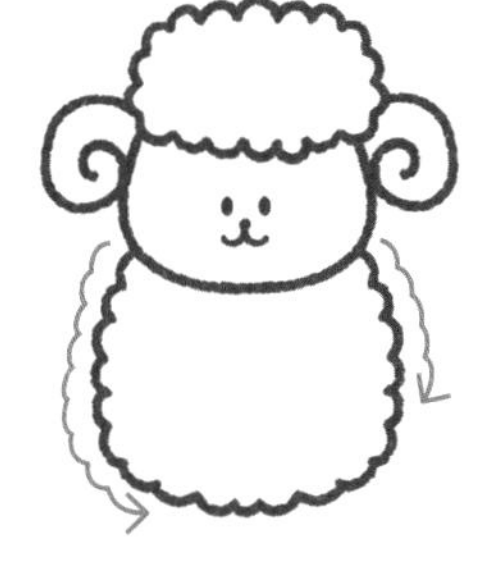

올록볼록하고 큰 타원

다리

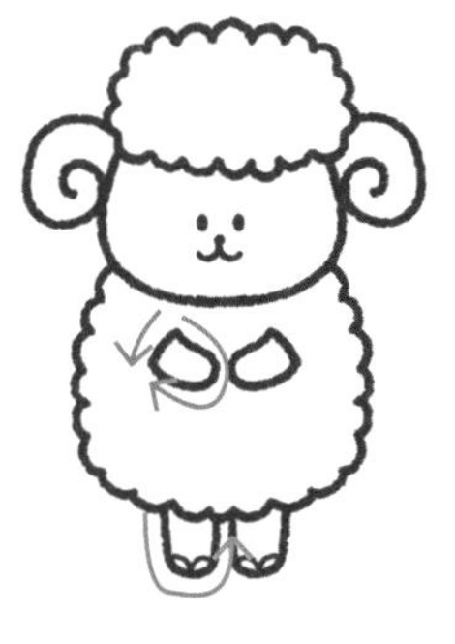

반원과 둥근 선

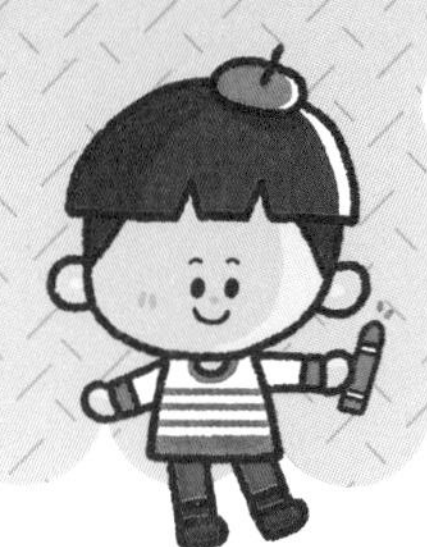

둥근 사각형과 원으로 그리는

소

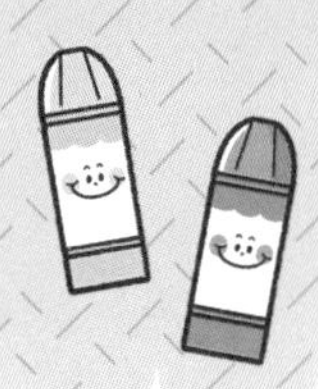

소 1

머리

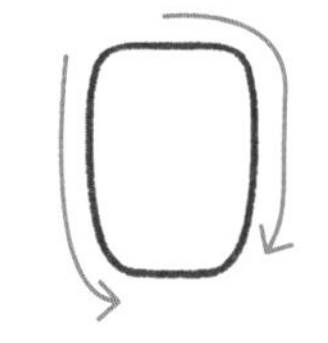

모서리가 둥근 사각형

귀·
눈·코

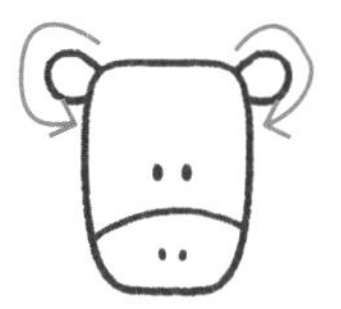

반원~
점과 둥근 선

몸통

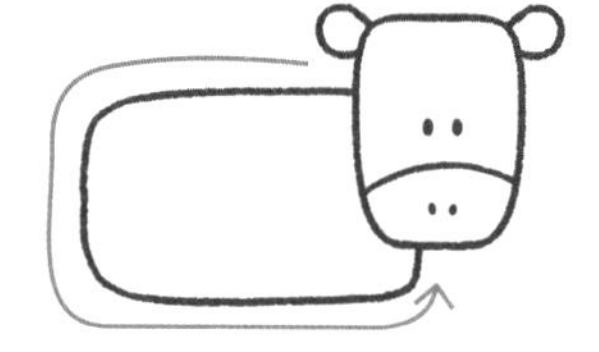

둥글고 큰 사각형

다리

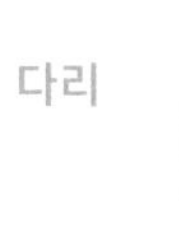

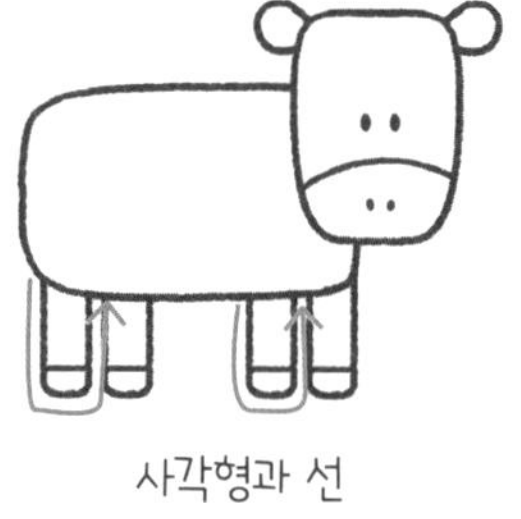

사각형과 선

꼬리

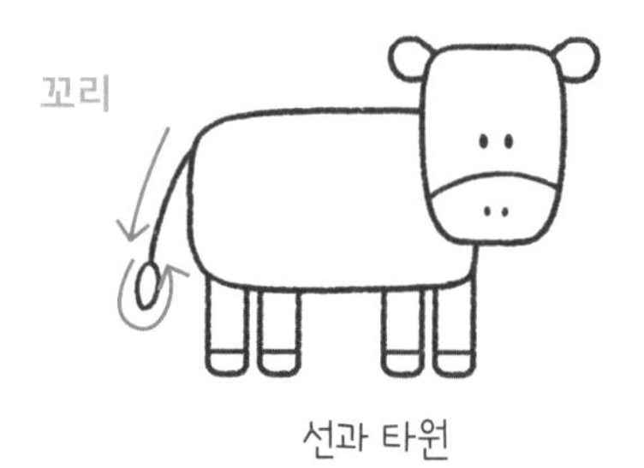

선과 타원

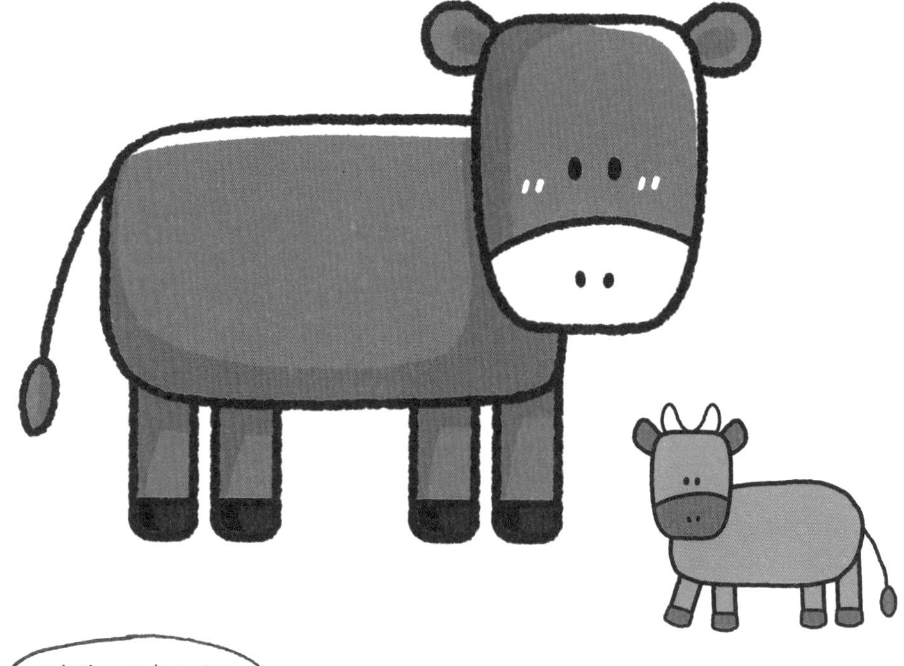

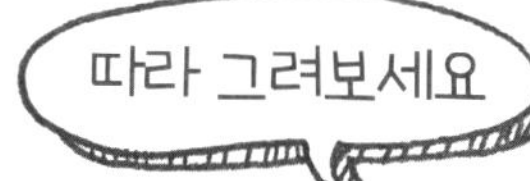

소 2

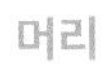

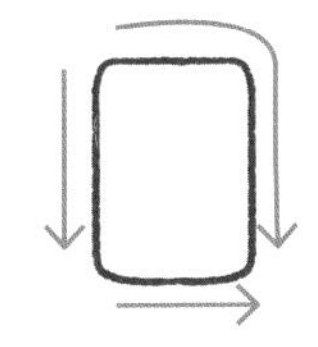

모서리가 둥근 사각형

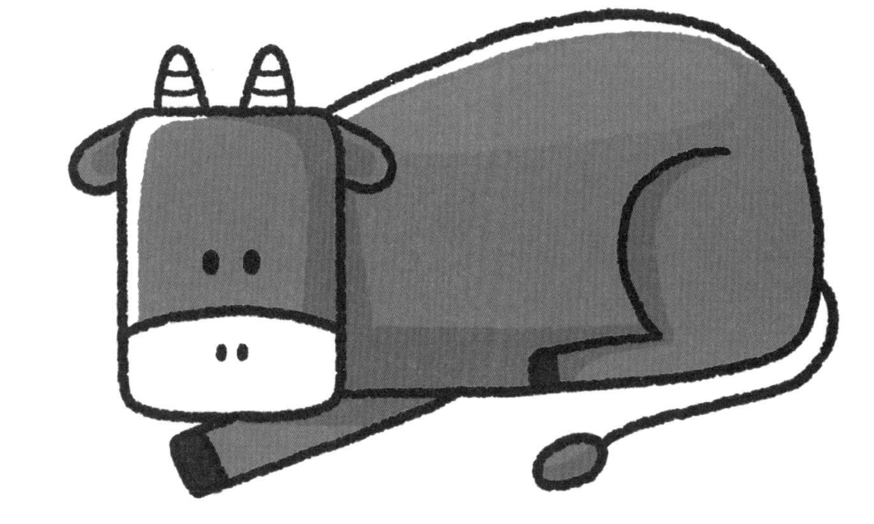

귀·뿔·
눈·코

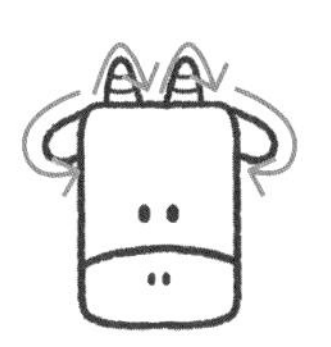

반원과 삼각형, 선~
점과 둥근 선

몸통

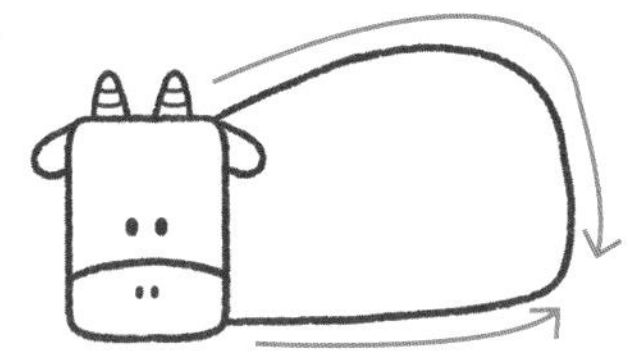

둥글고 큰 사각형

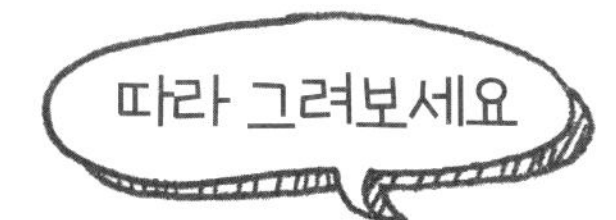

다리

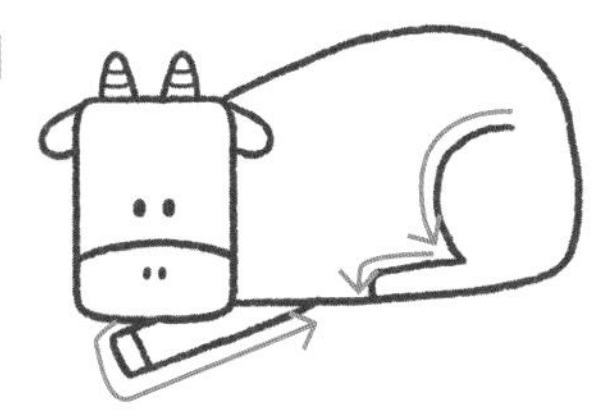

사각형과 둥근 선

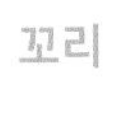

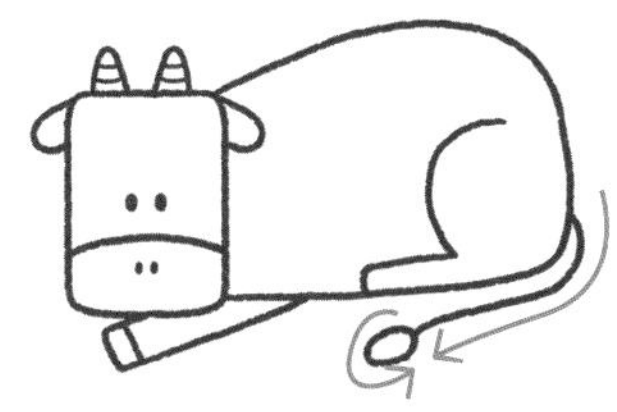

둥근 선과 타원

젖소

머리

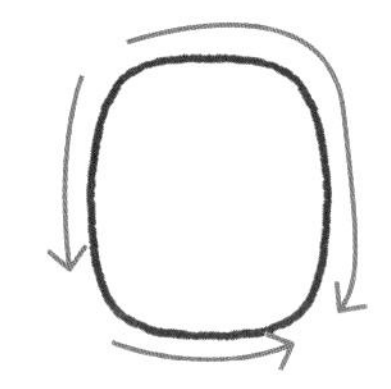

모서리가 둥근 사각형

귀·뿔·
눈·코

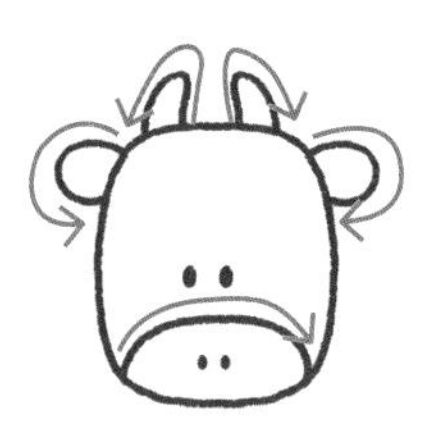

작은 원과 삼각형~
점과 둥근 선

몸통

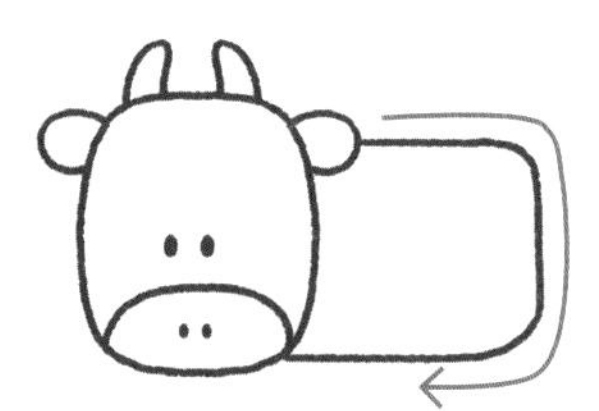

모서리가 둥글고 큰 사각형

다리

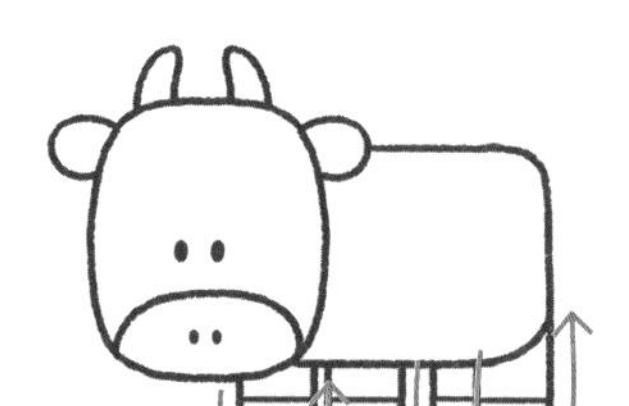

사각형과 선

꼬리·
무늬

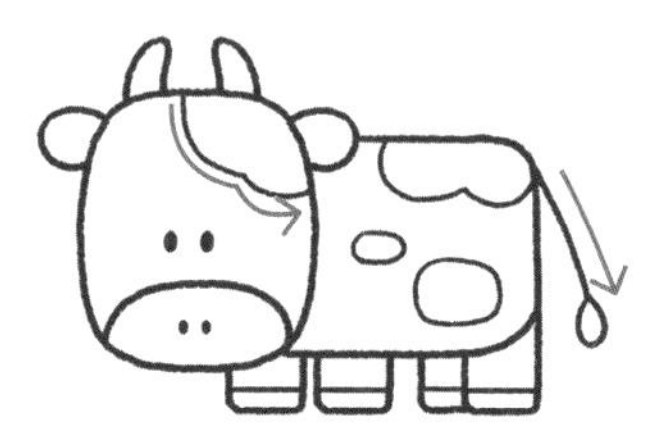

선과 타원~
둥근 선

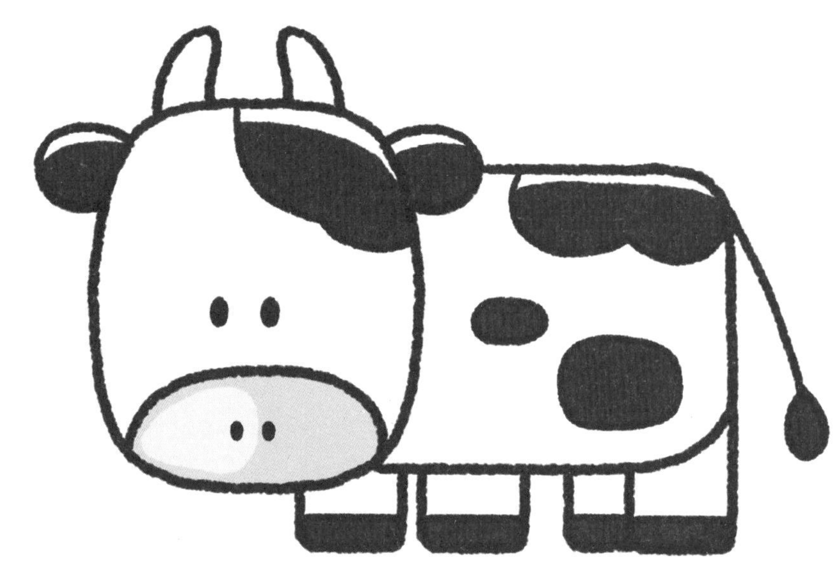

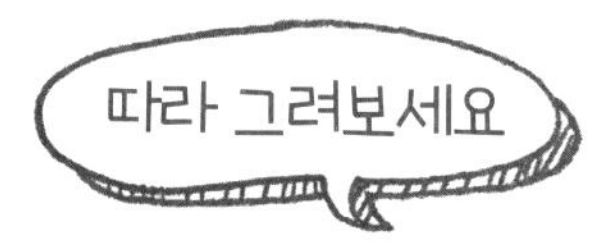

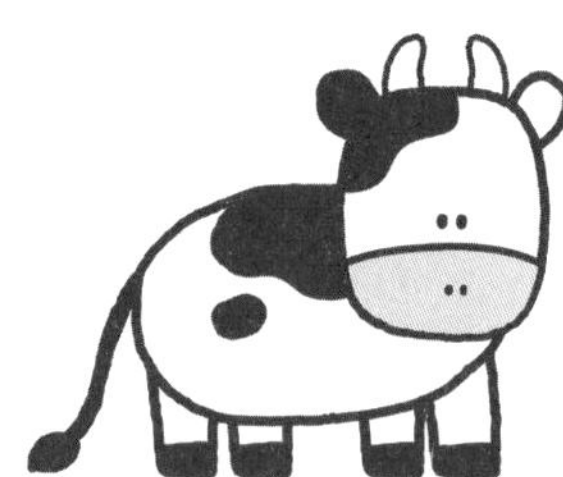

젖소 캐릭터

머리

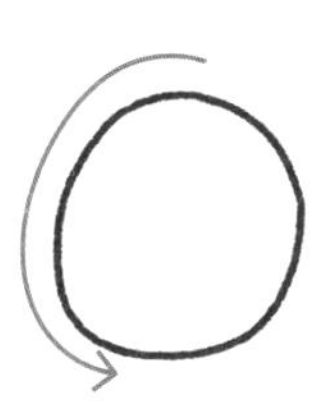

큰 원

귀·뿔·눈·코

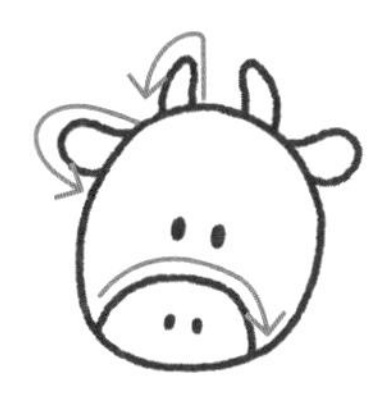

작은 타원과 삼각형~
점과 둥근 선

몸통

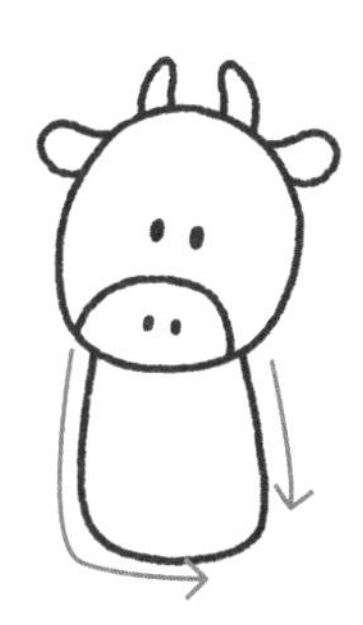

둥글고 큰 사각형

다리·꼬리

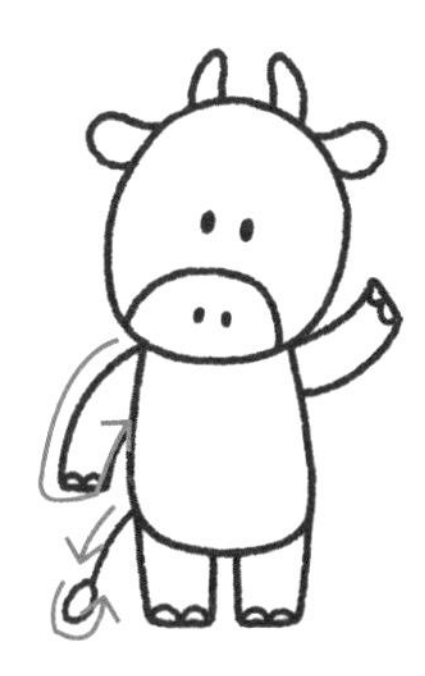

사각형과 반원~
선과 타원

무늬

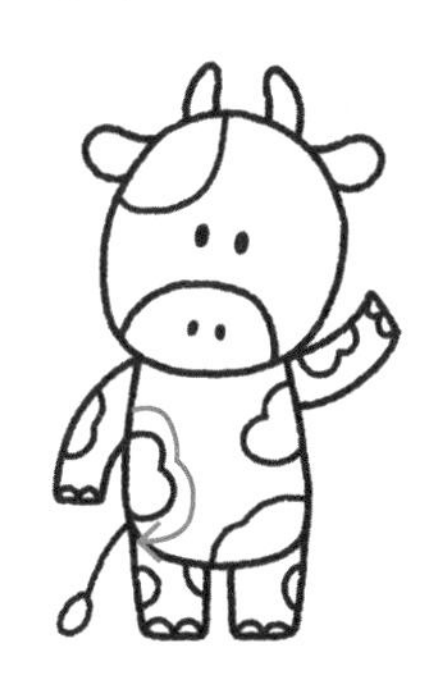

둥근 선

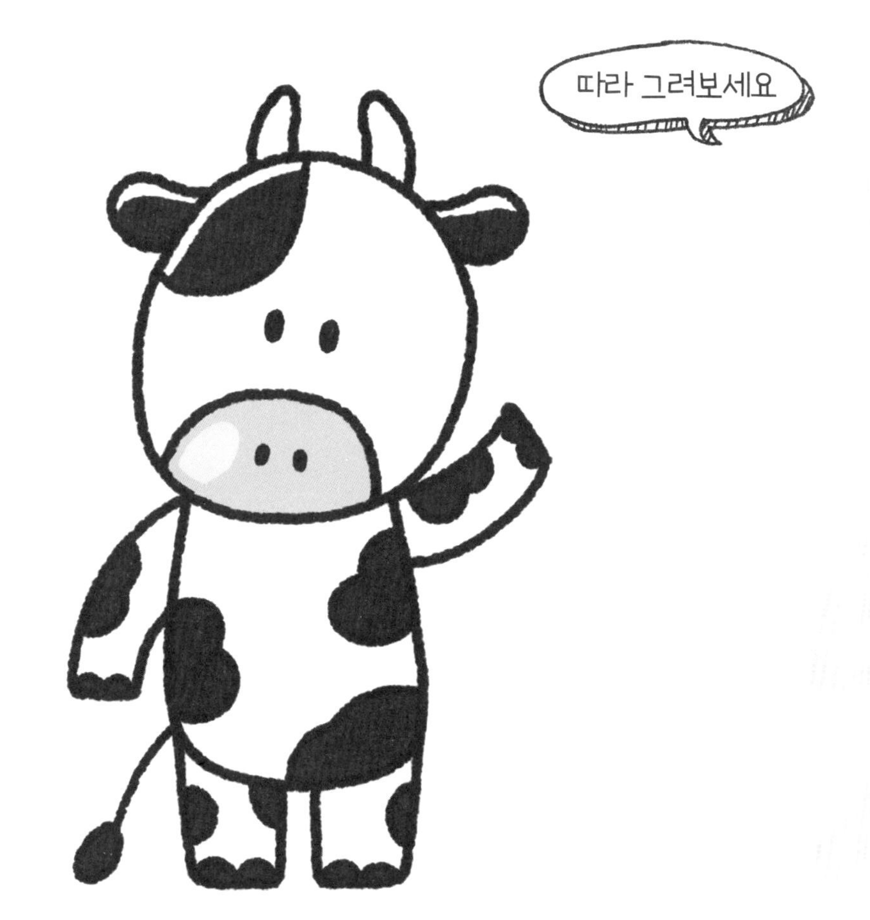

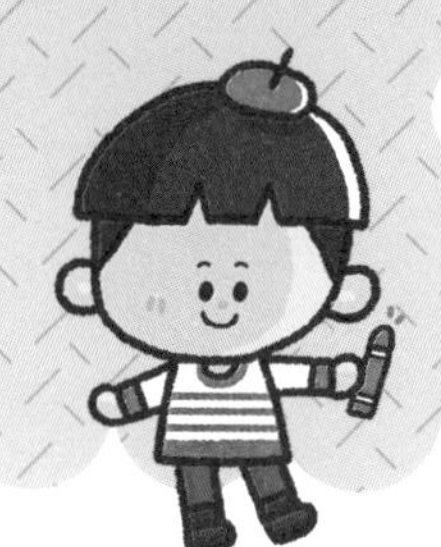

사각형과 원으로 그리는

말

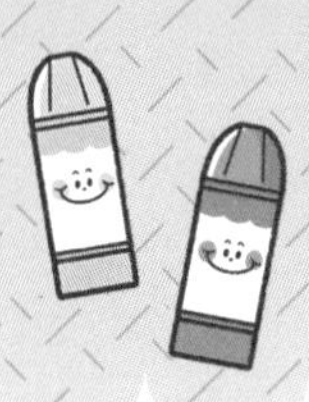

말 1

갈기

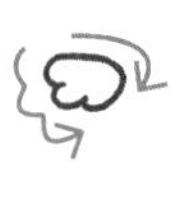

올록볼록한 선

머리

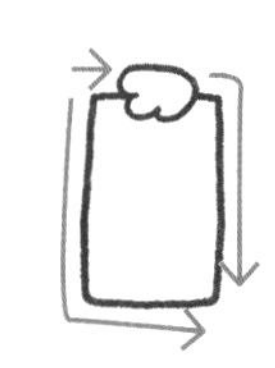

세로로 긴 사각형

귀·눈·코

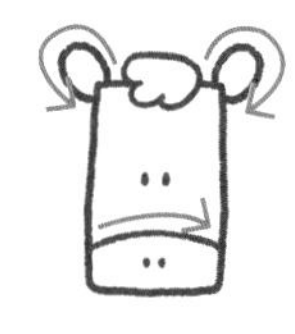

타원~
점과 둥근 선

몸통

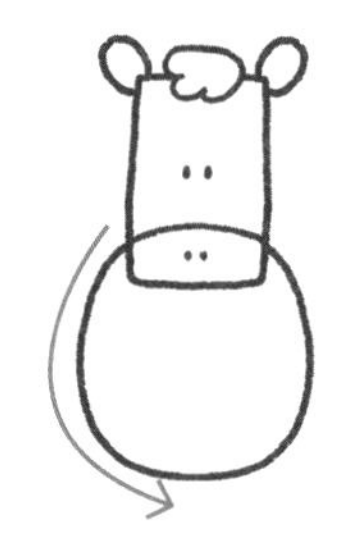

큰 원

다리

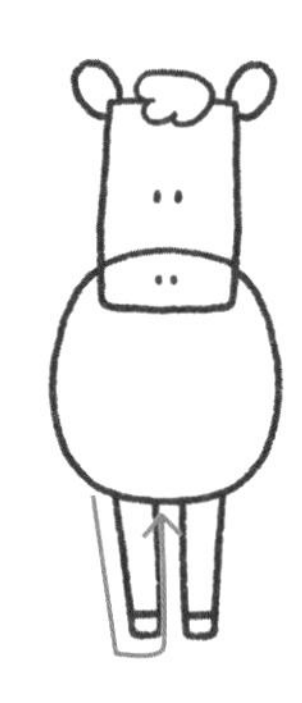

긴 사각형과 선

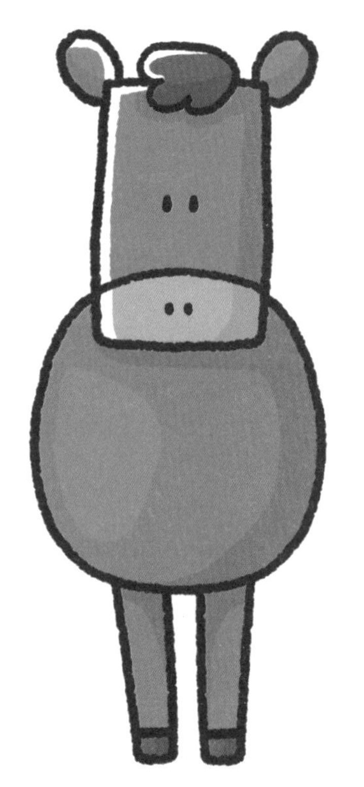

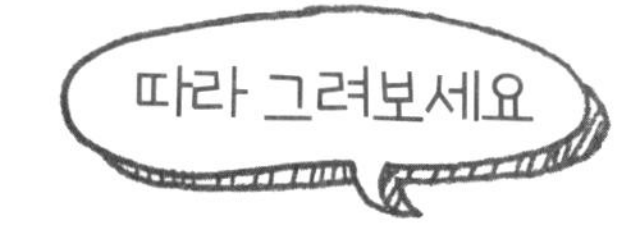

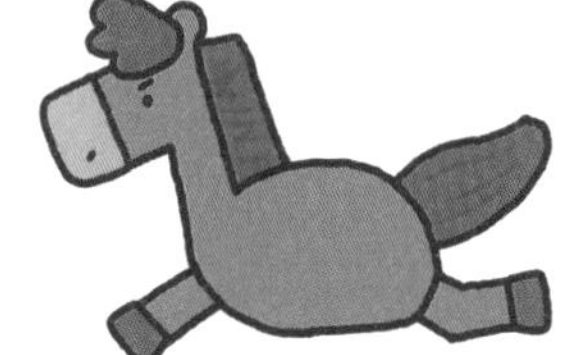

말 2

머리

가로로 긴 사각형

귀·
눈·코·입·
목

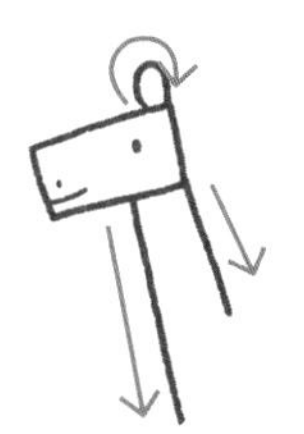

반원과 점, 둥근 선~
긴 선과 약간 짧은 선

몸통

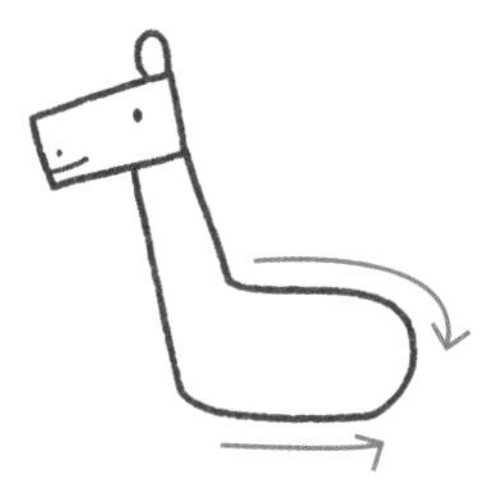

두 선을 연결하는 타원

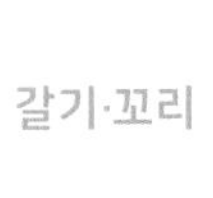

갈기·꼬리

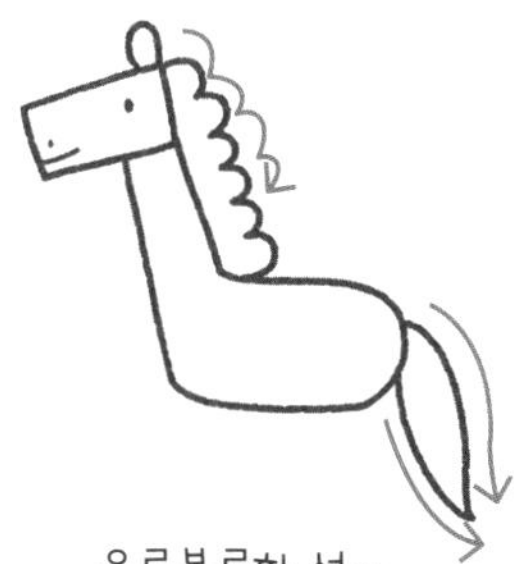

올록볼록한 선~
뾰족한 타원

다리

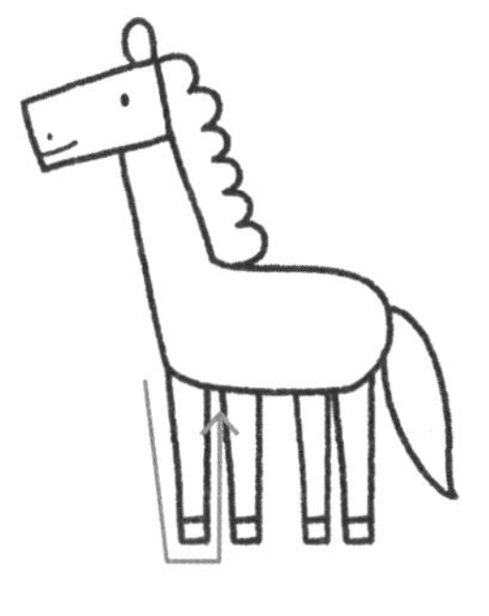

긴 사각형과 선

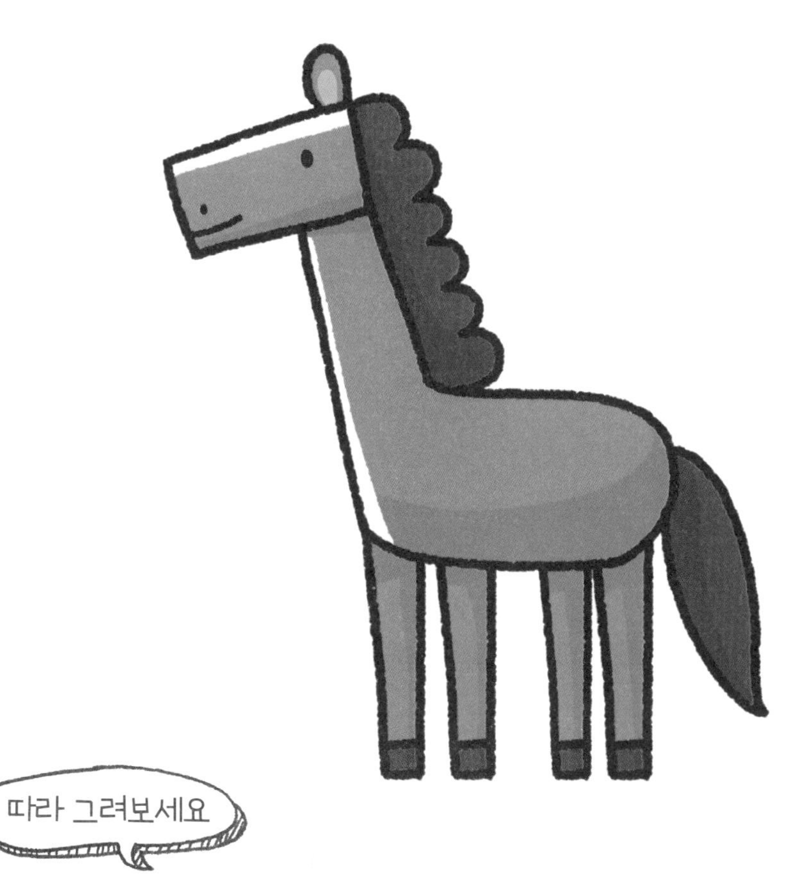

따라 그려보세요

당나귀

머리

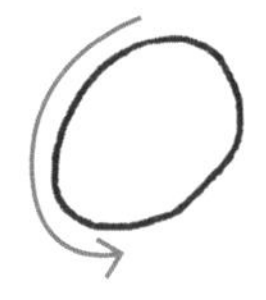

타원

귀·눈·코·입·목

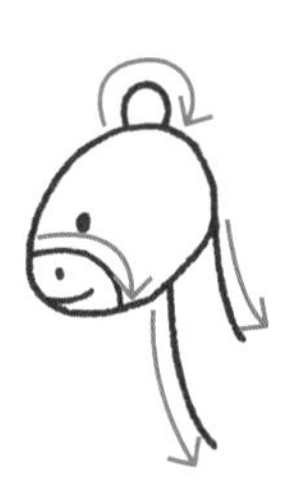

반원과 점, 둥근 선~
긴 선과 약간 짧은 선

몸통

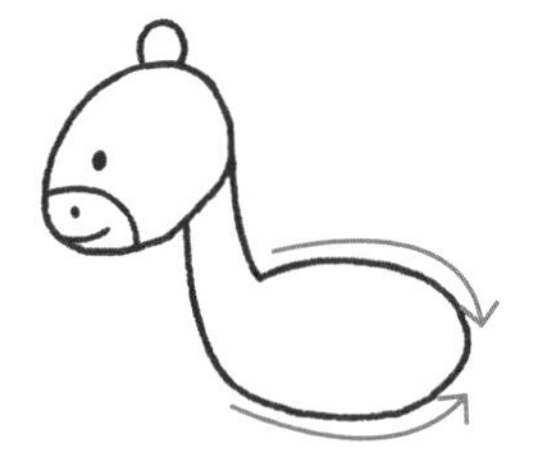

두 선을 연결하는 타원

갈기·꼬리

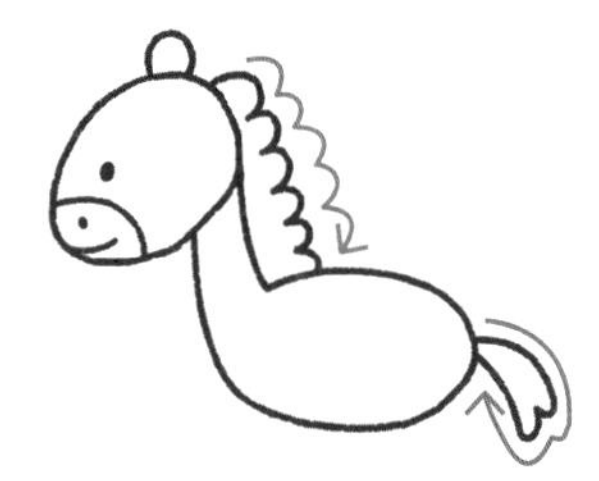

올록볼록한 선~
끝부분이 쏙 들어간 둥근 선

다리

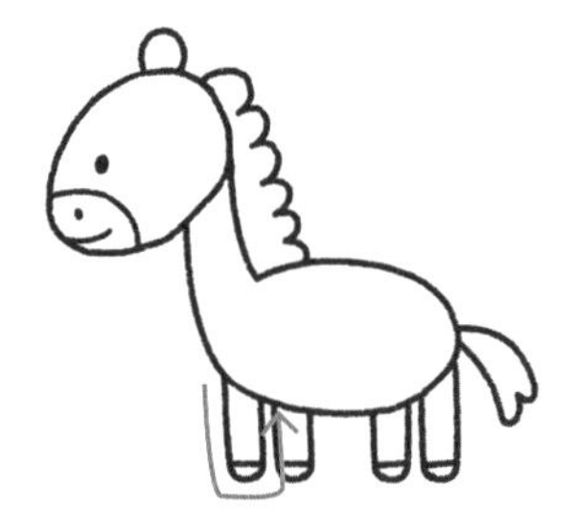

긴 사각형과 선

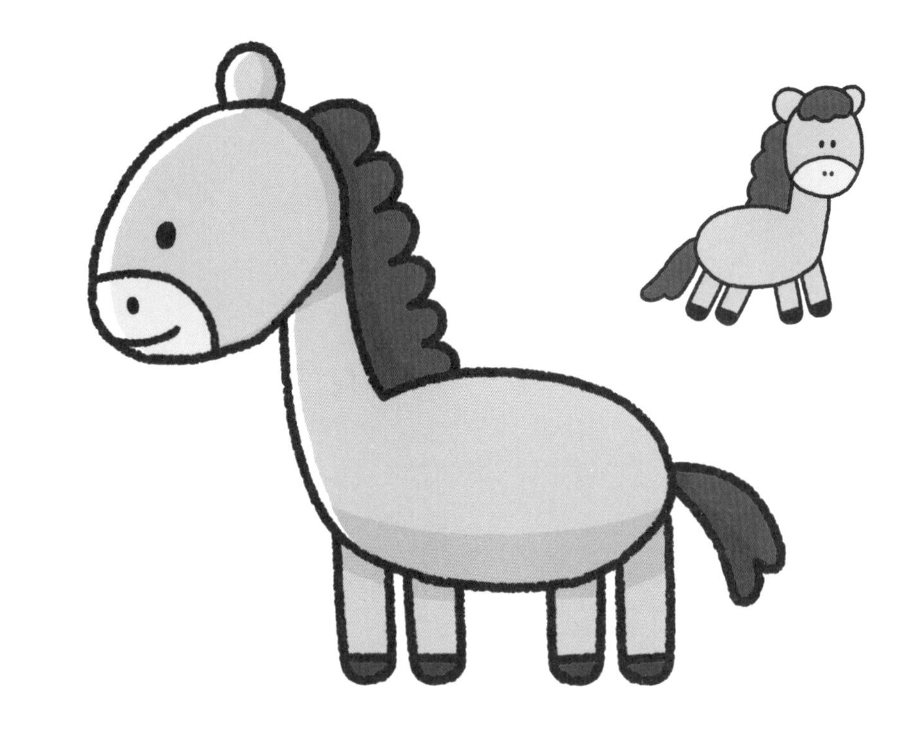

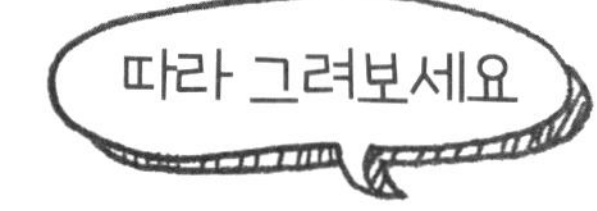

얼룩말

머리

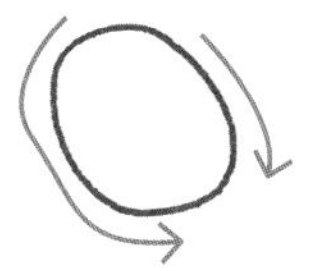

타원

귀·
눈·코·
목

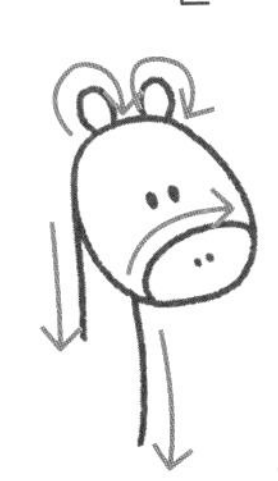

반원과 점, 둥근 선~
긴 선과 약간 짧은 선

몸통

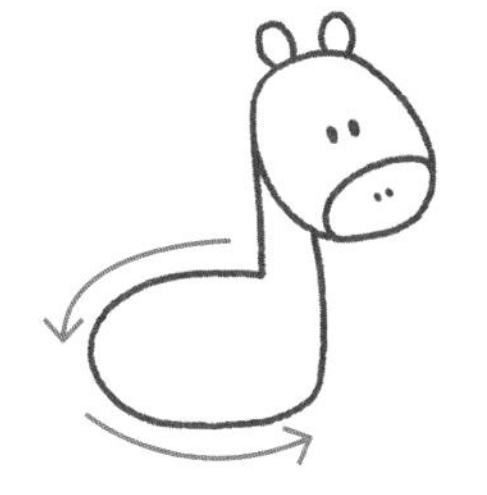

두 선을 연결하는 타원

갈기·꼬리

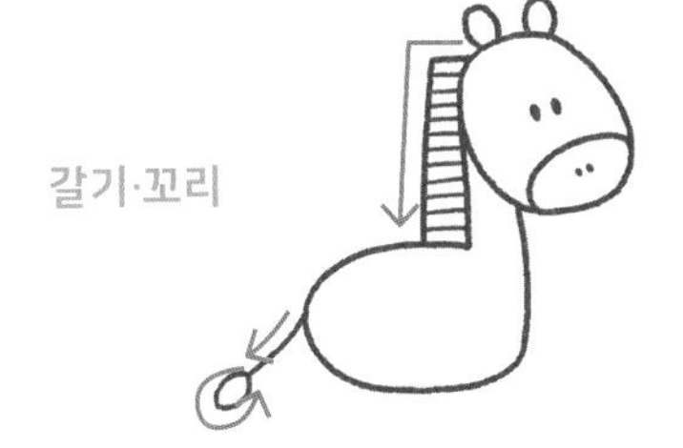

긴 사각형과 그 안에 선~
선과 타원

다리·무늬

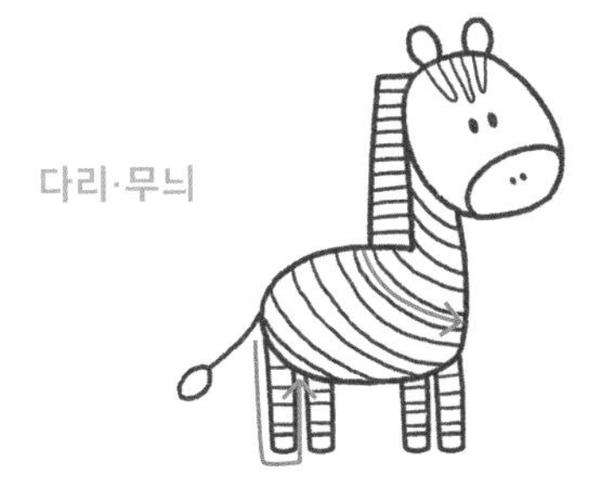

긴 사각형과 선~
둥근 선

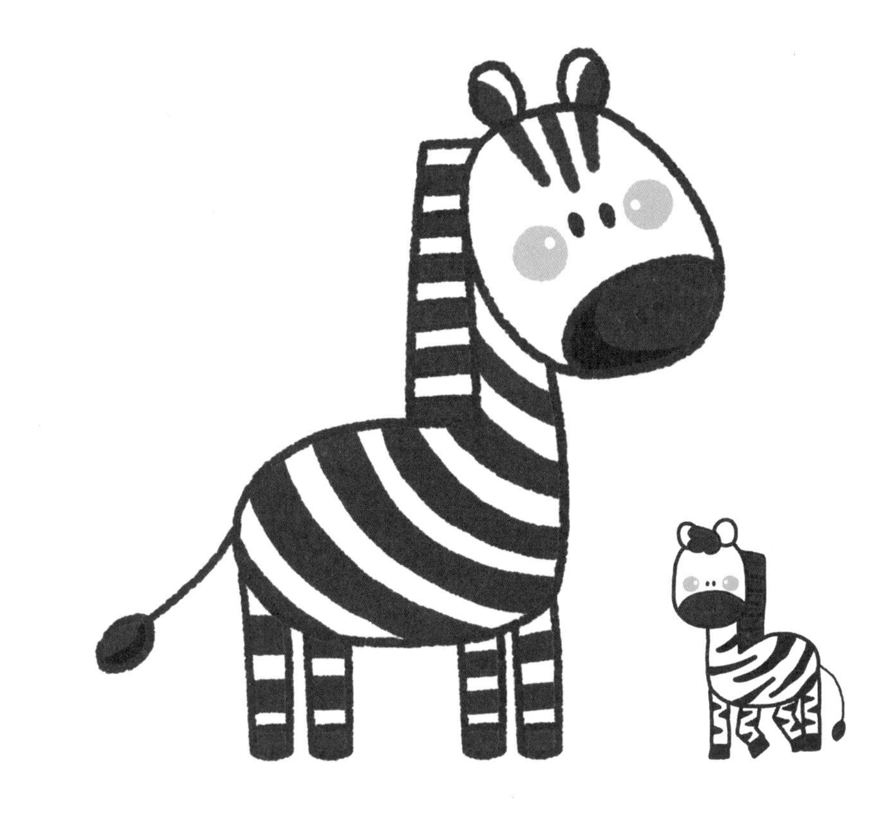

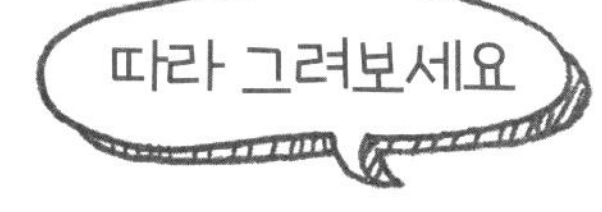

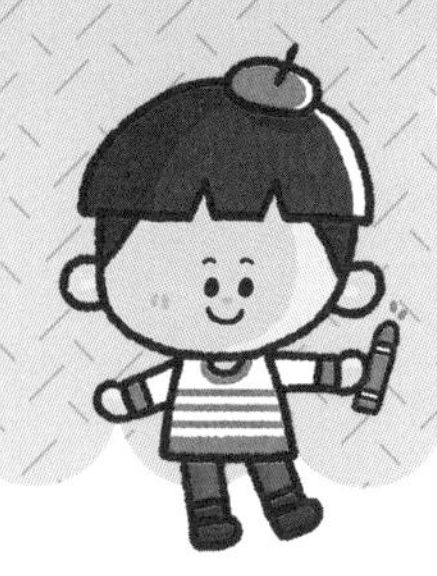

반원으로 그리는

두더지

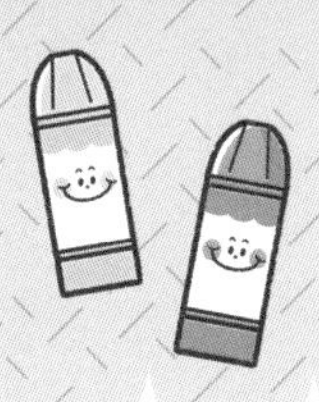

두더지

머리

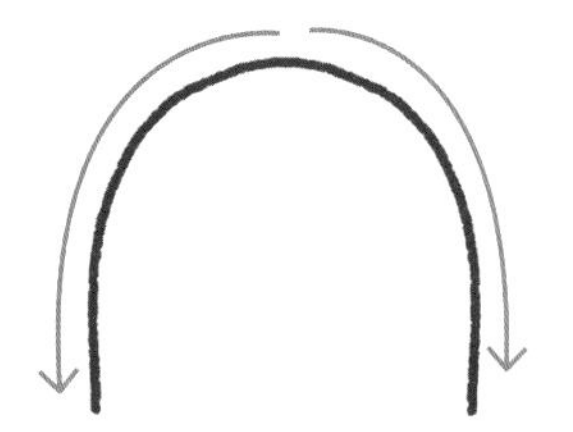

길쭉한 반원

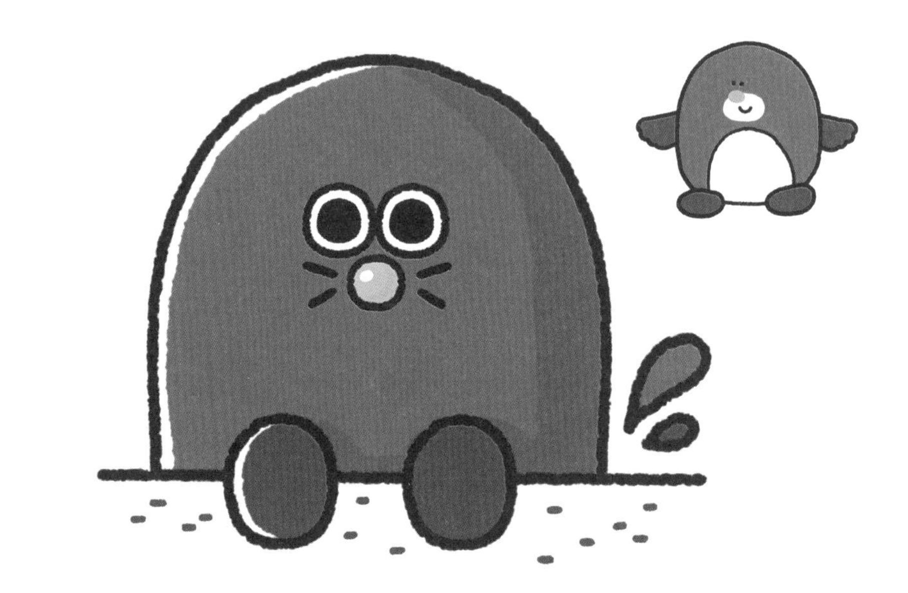

눈·코·수염

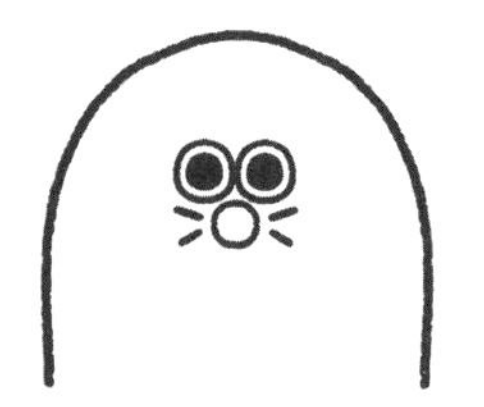

작은 원과 선

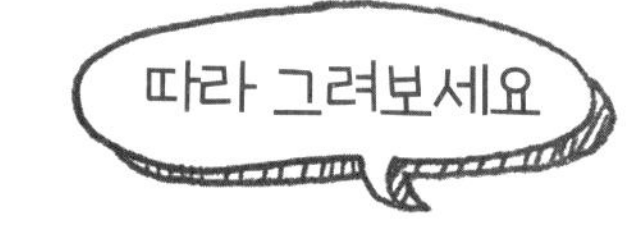

다리

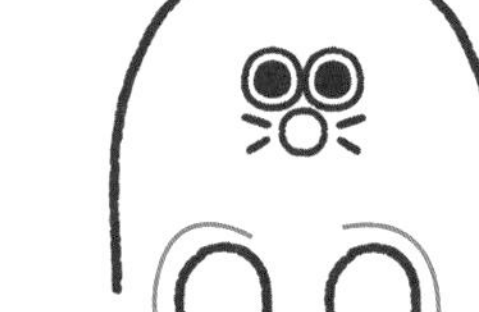

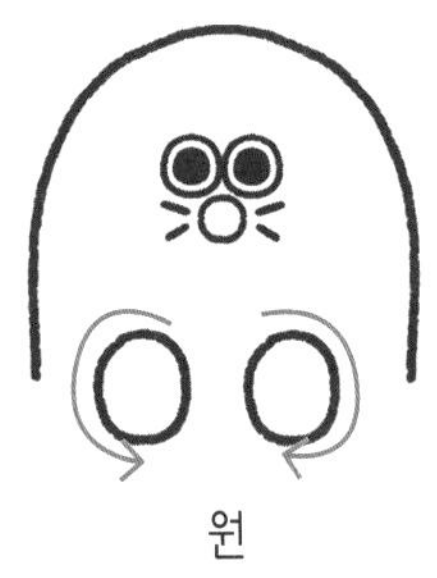

원

땅

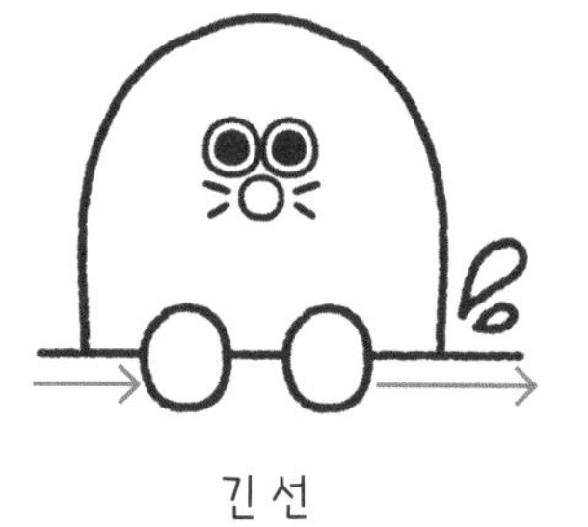

긴 선

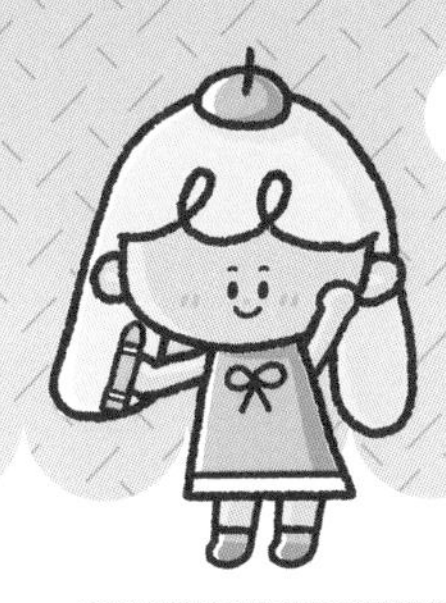

원과 반원으로 그리는

생쥐

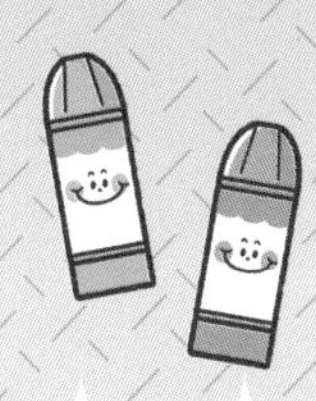

생쥐 1

몸통

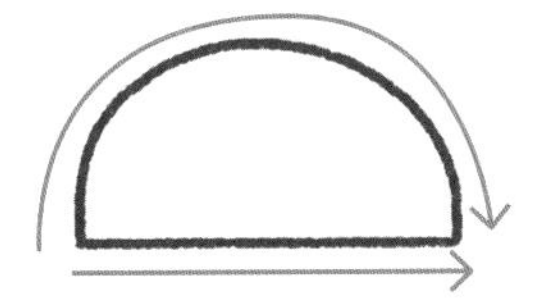

반원

귀

작은 반원

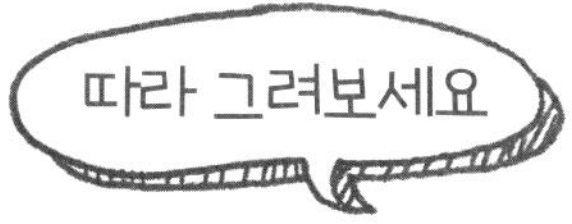

눈·코·입

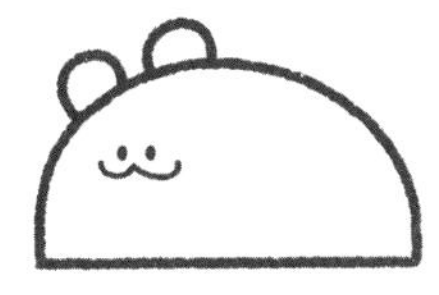

점과 둥근 선

꼬리

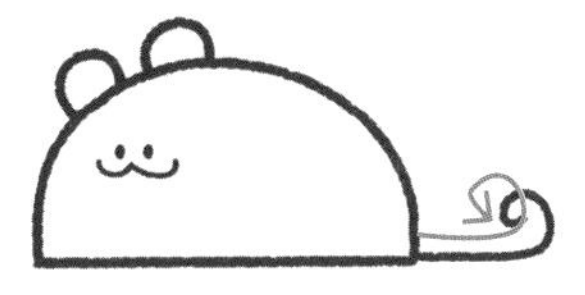

끝이 둥글게 감긴 선

생쥐 2

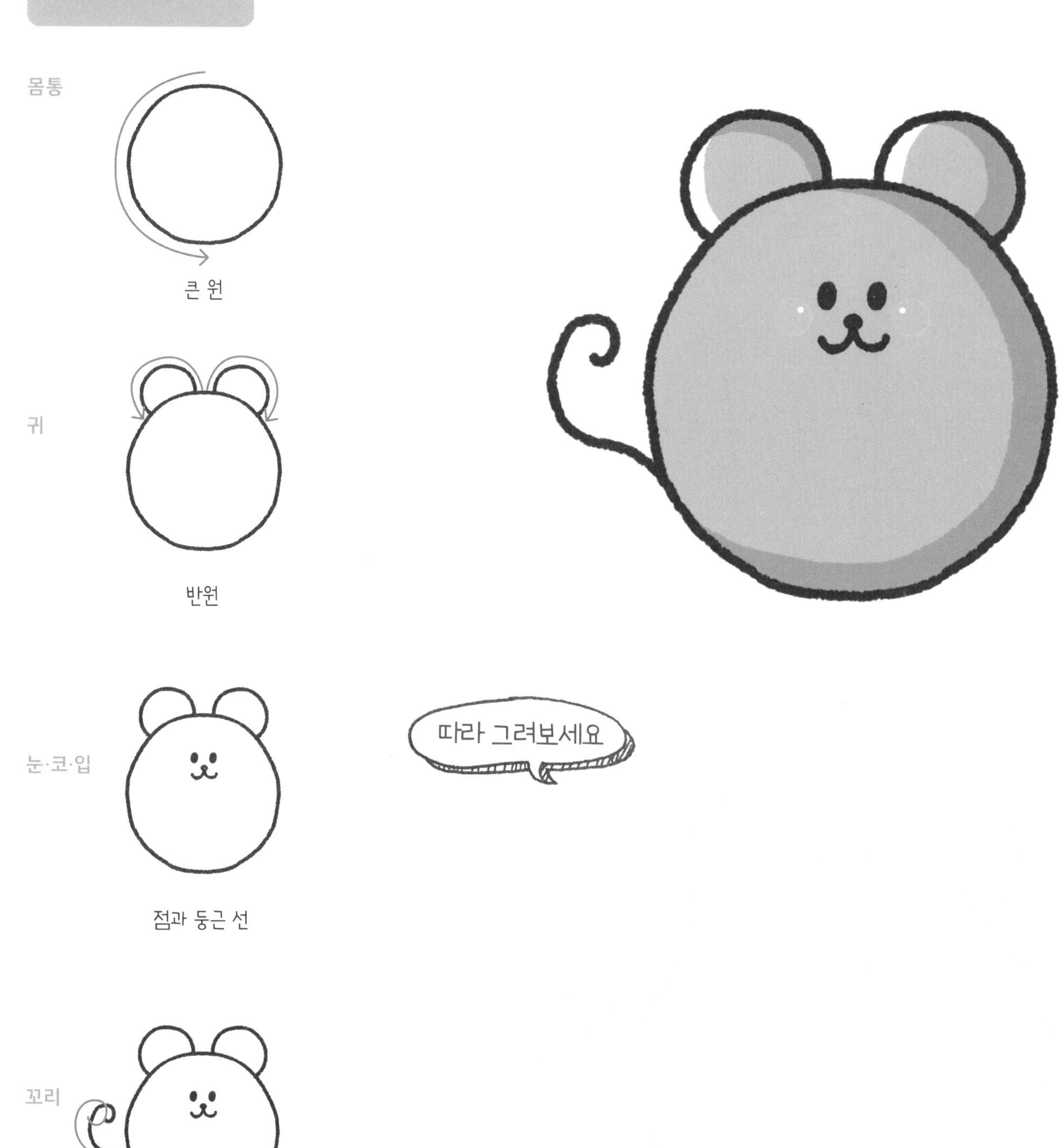

다람쥐

머리

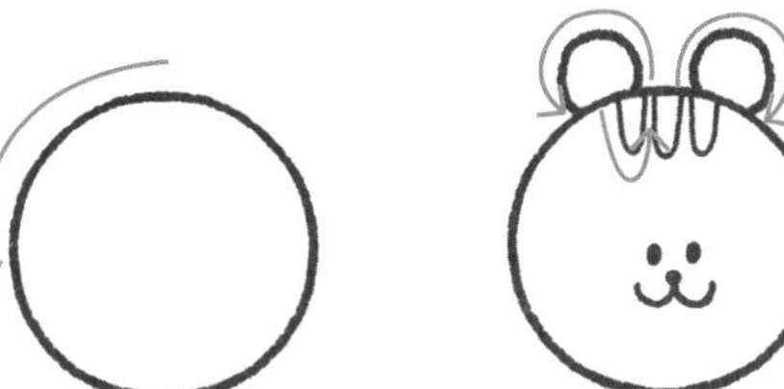

큰 원

귀·무늬·눈·코·입

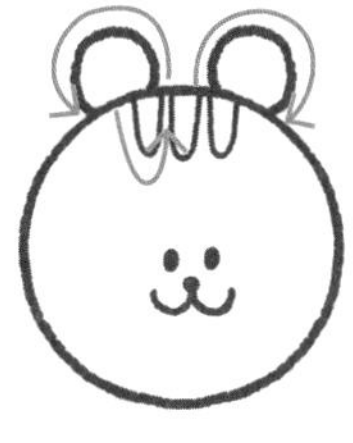

작은 원과
끝이 둥근 삼각형~
점과 둥근 선

몸통

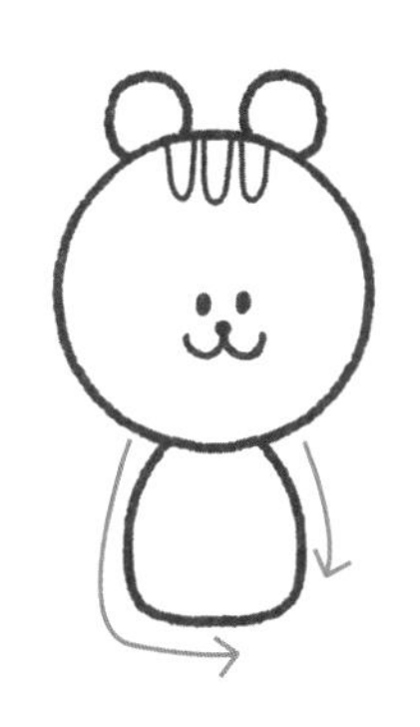

모서리가 둥근 사각형

다리

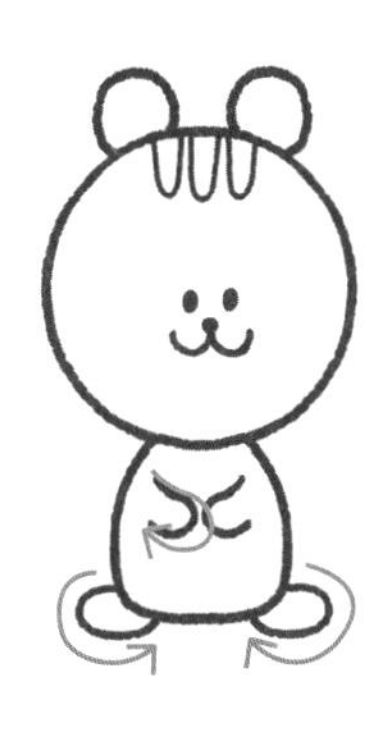

둥근 선과 작은 원

꼬리

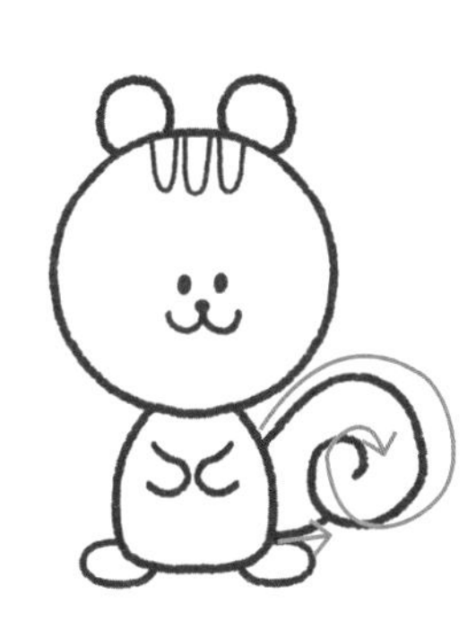

소용돌이 선

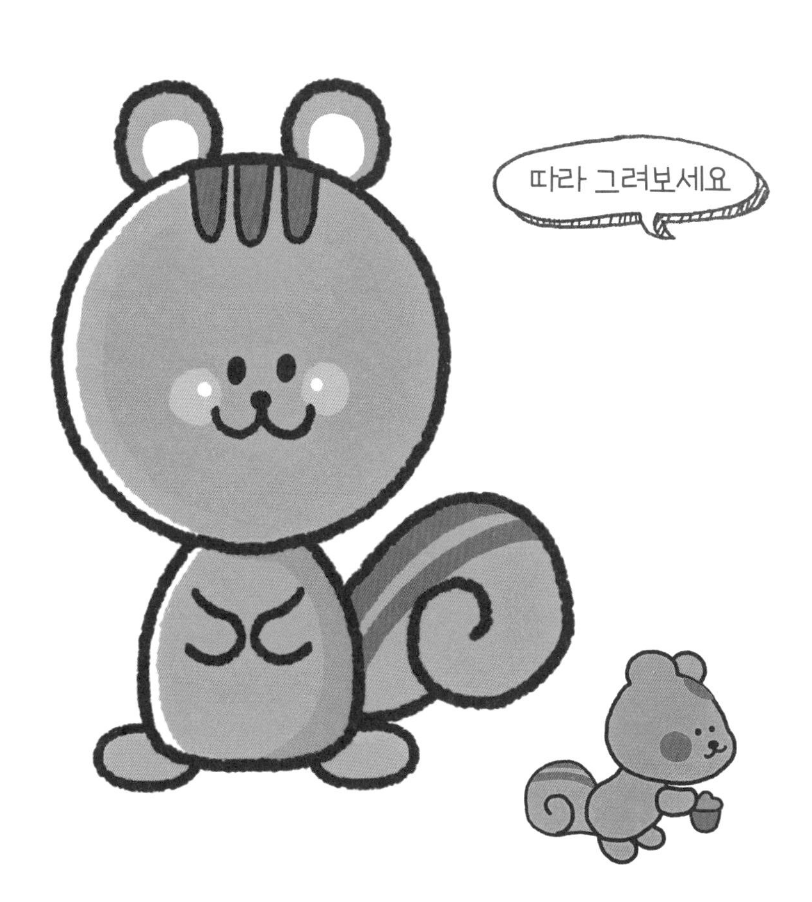

햄스터

몸통

가로로 길쭉한 타원

귀·
눈·코·입

작은 반원~
점과 둥근 선

따라 그려보세요

무늬

둥근 선

다리·
꼬리

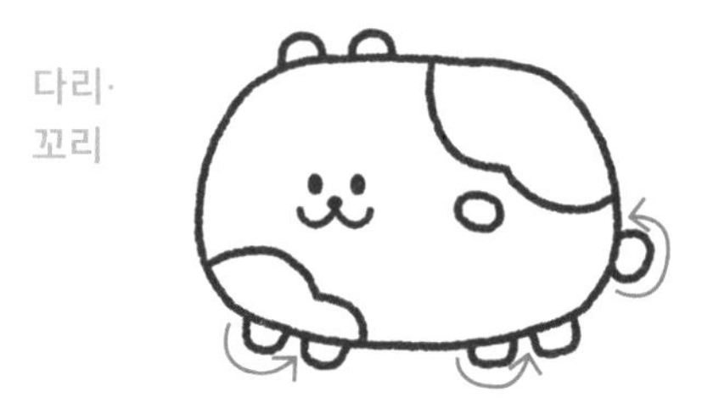

작은 반원과 작은 원

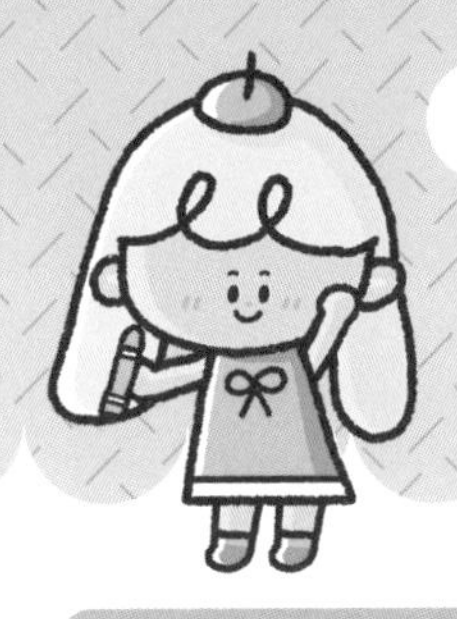

둥근 선과 반원으로 그리는

낙타

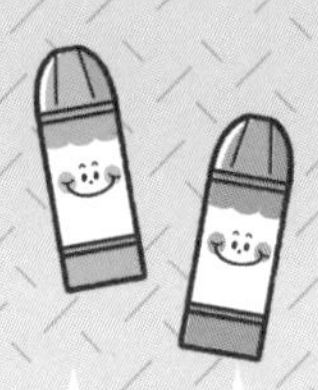

낙타

머리

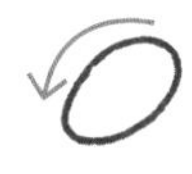

타원

귀·눈·입·목

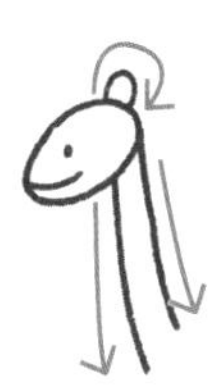

반원~
점과 둥근 선, 긴 선

혹

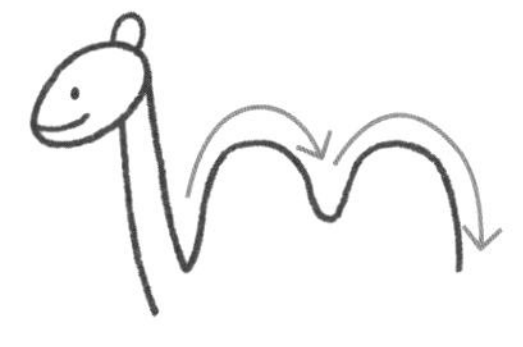

3 모양 올록볼록한 선

몸통

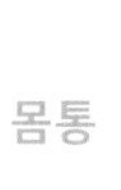

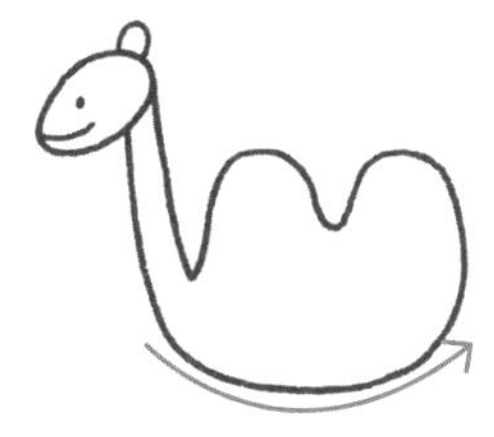

반원

다리·꼬리

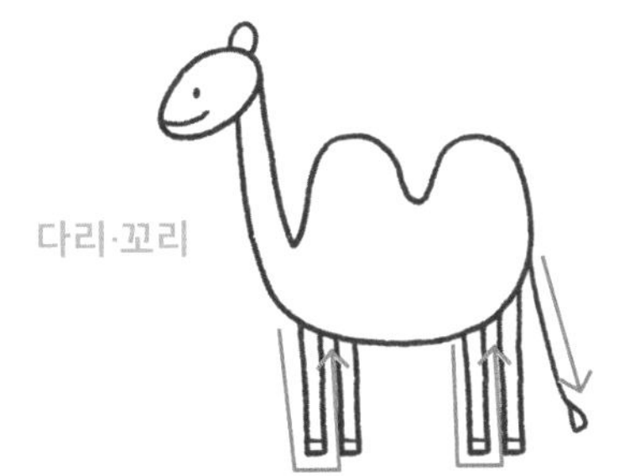

긴 사각형과 선~
선과 원

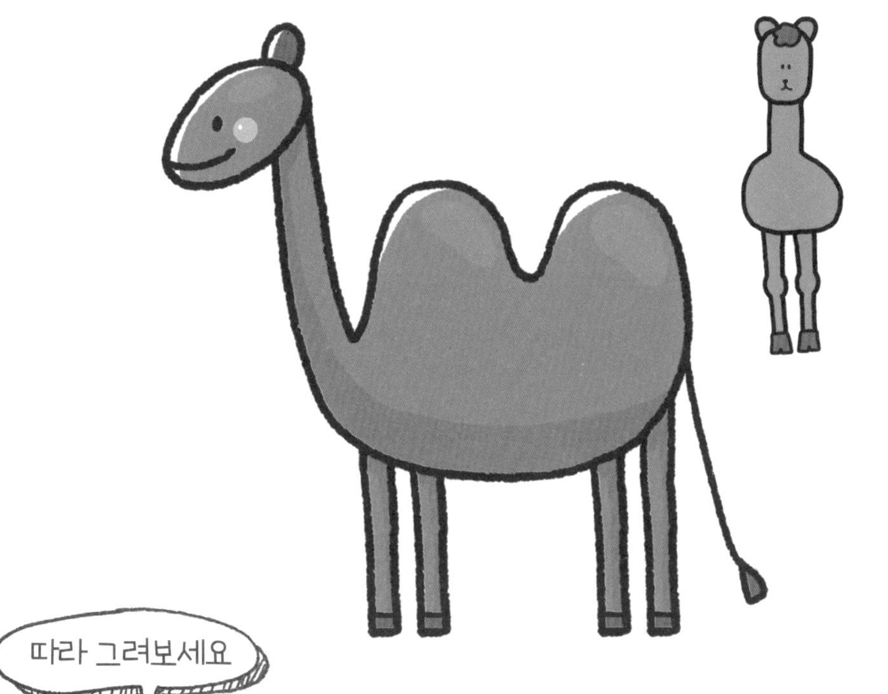

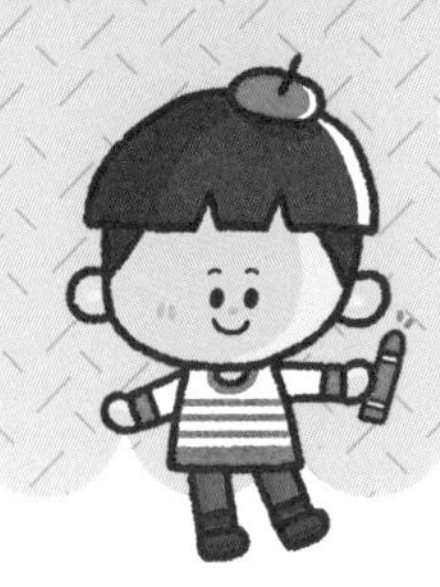

타원으로 그리는

코알라

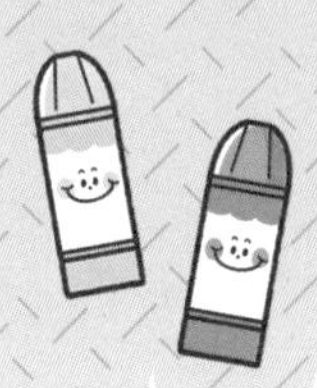

코알라

머리

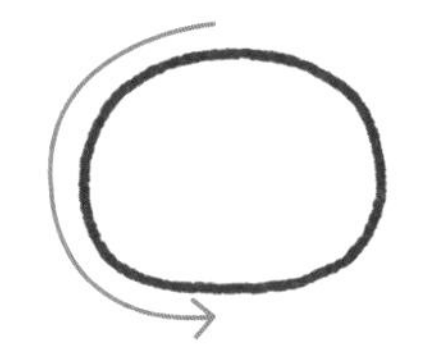

큰 타원

귀·
눈·코·입

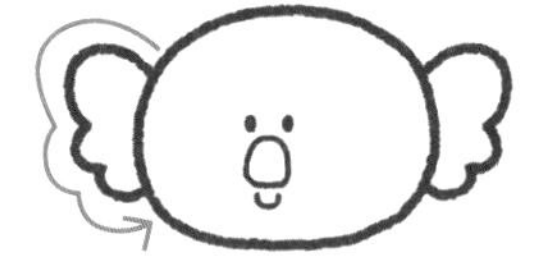

둥근 선~
점과 긴 타원, 둥근 선

몸통

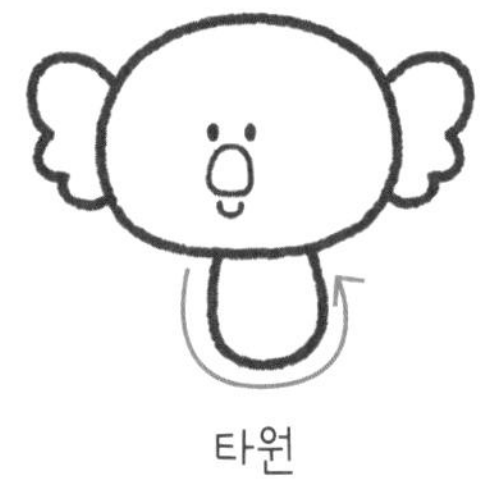

타원

다리·꼬리

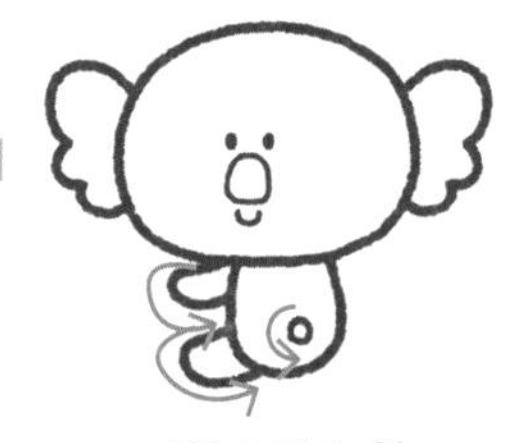

타원과 작은 원

나무

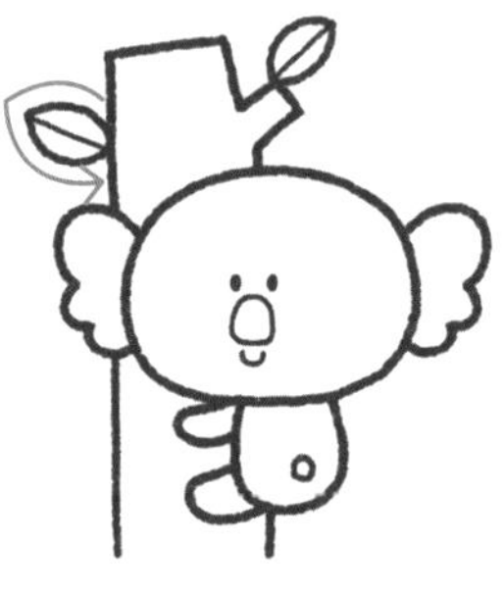

선과 뾰족한 타원

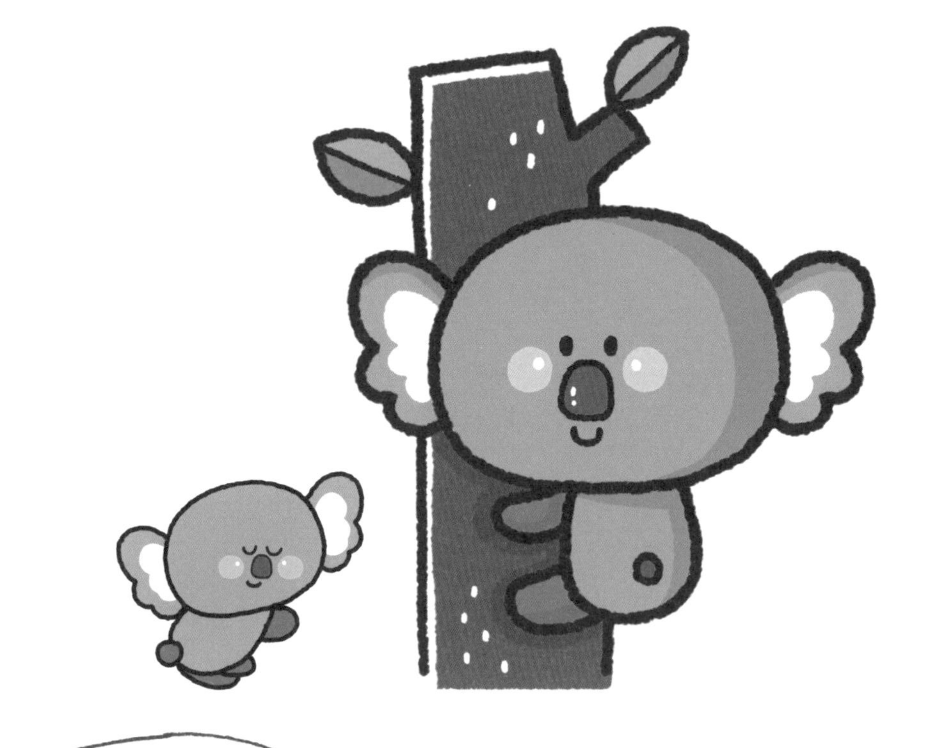

따라 그려보세요

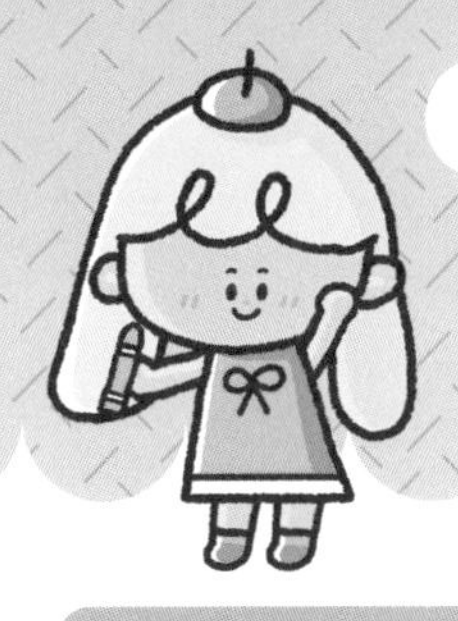

긴 타원으로 그리는

캥거루

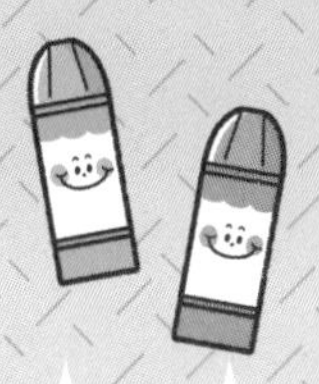

캥거루

머리

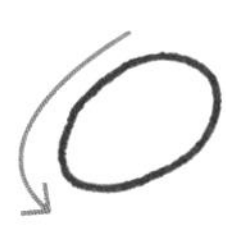

타원

귀·눈·코·입

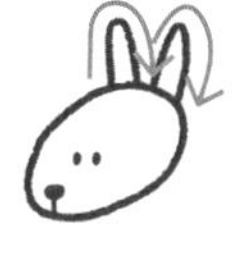

긴 타원~
점과 선

몸통

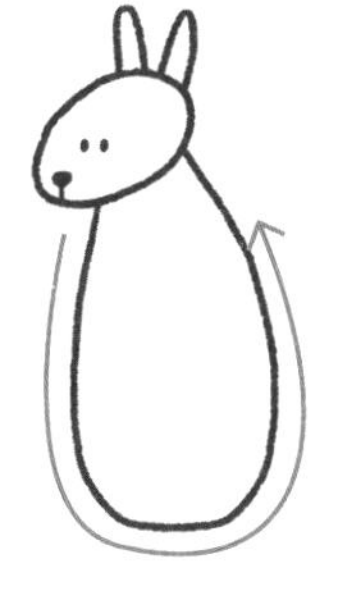

큰 타원

다리

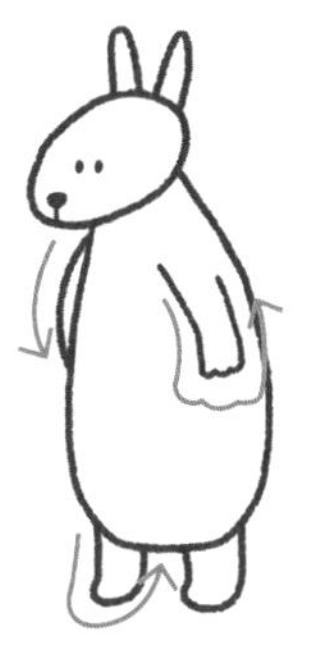

둥근 사각형

꼬리

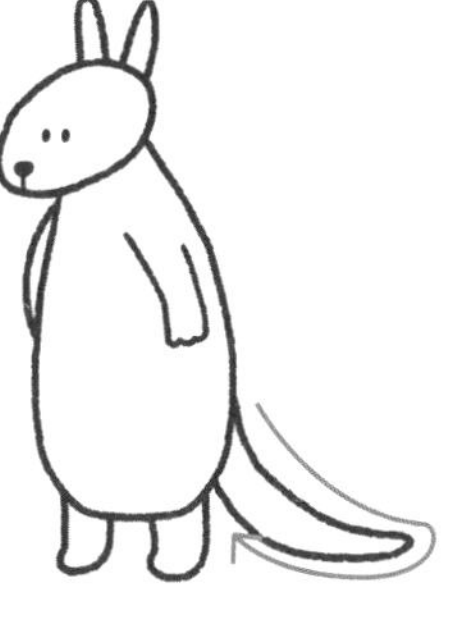

둥글고 긴 선

주머니·새끼 캥거루

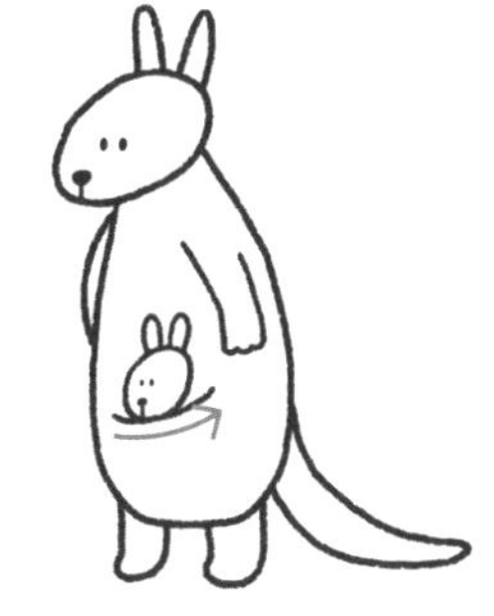

둥근 선~
작은 원과 점, 선

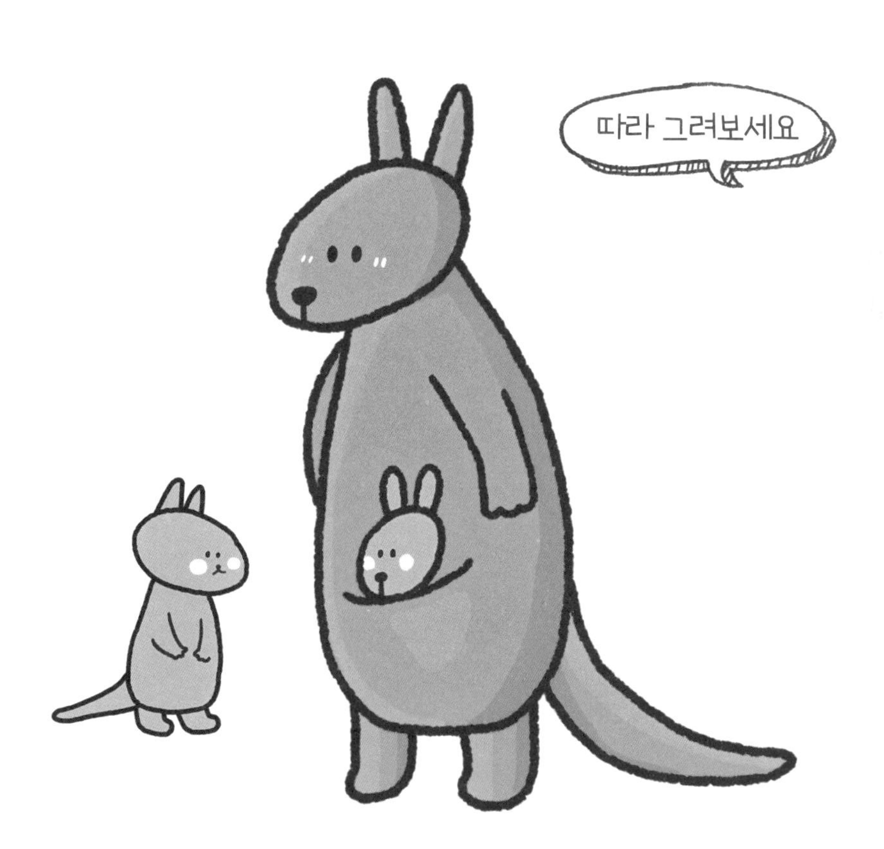

타원으로 그리는

오리

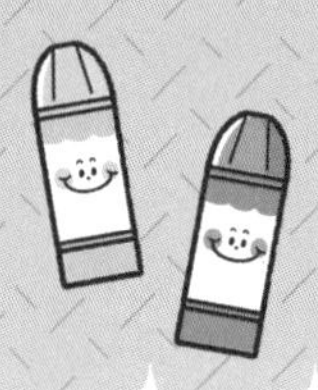

오리 1

몸통

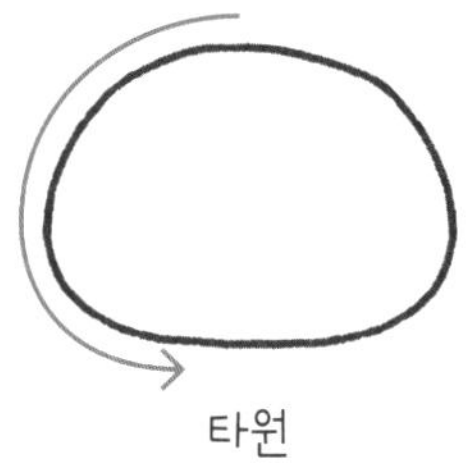

타원

눈·부리

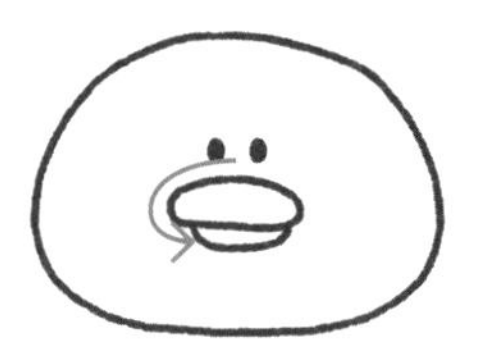

점, 옆으로 긴 타원과 그 밑에 둥근 선

날개

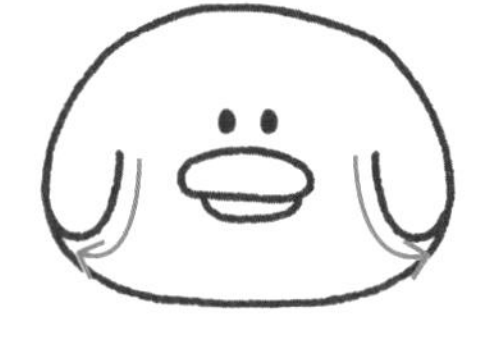

둥근 선

다리

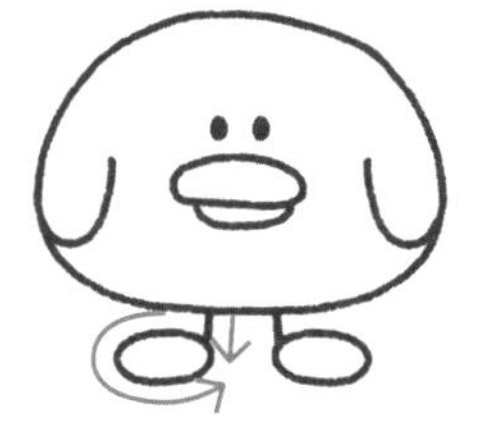

선과 타원

깃털

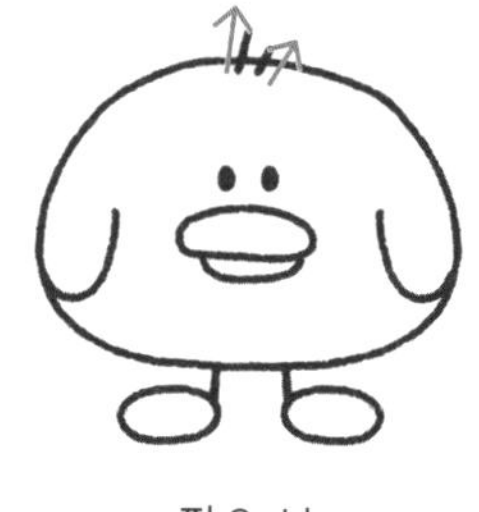

짧은 선

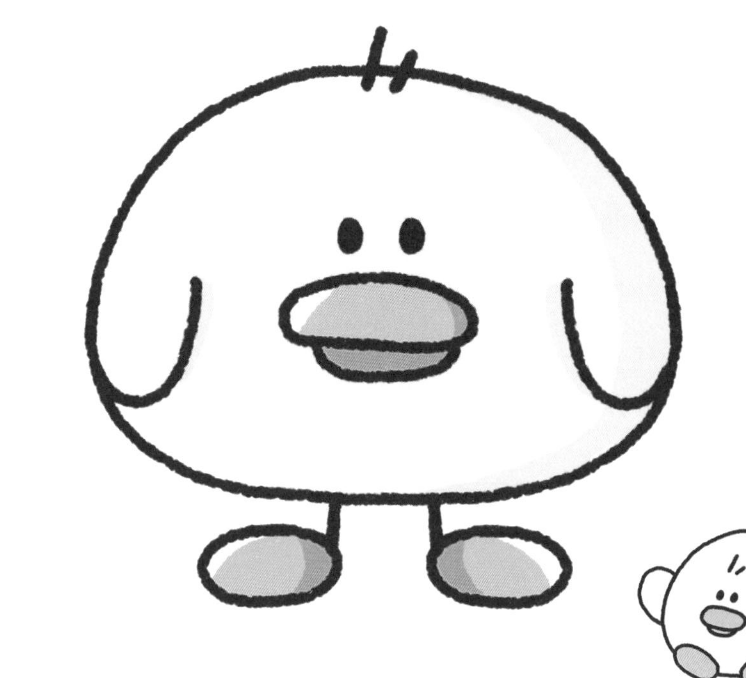

따라 그려보세요

오리 2

머리

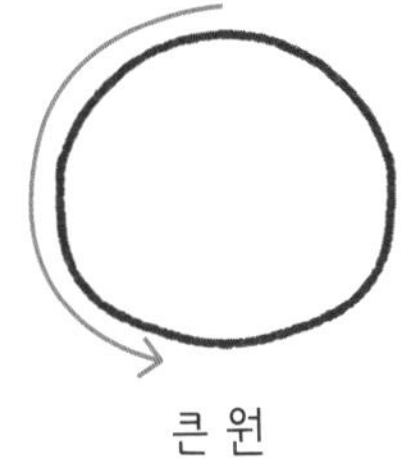

큰 원

눈·부리

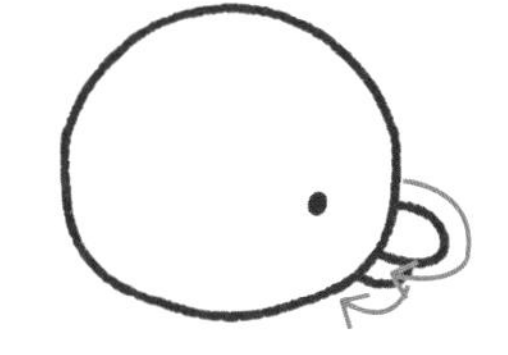

점, 반원과 그 밑에 둥근 선

몸통

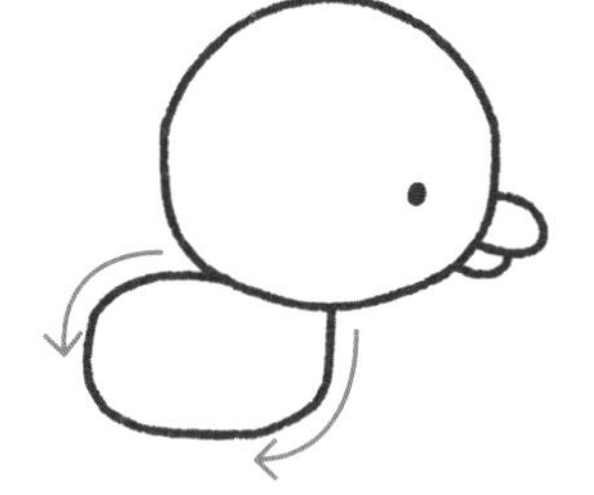

모서리가 둥근 사각형

날개

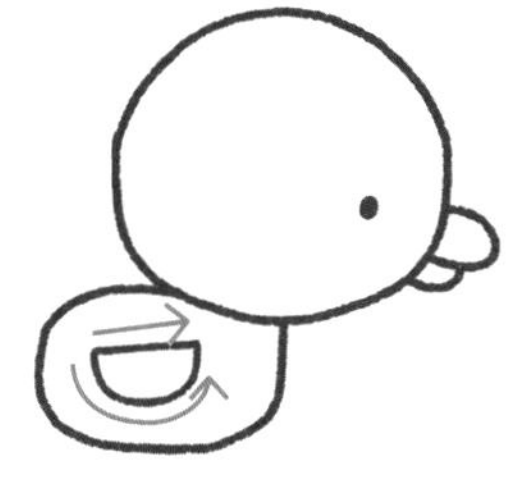

반원

깃털

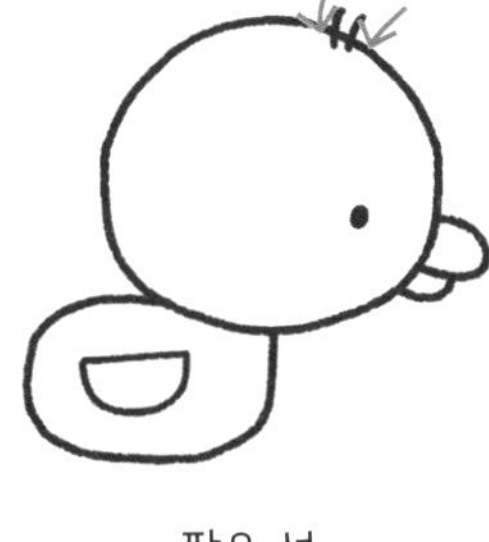

짧은 선

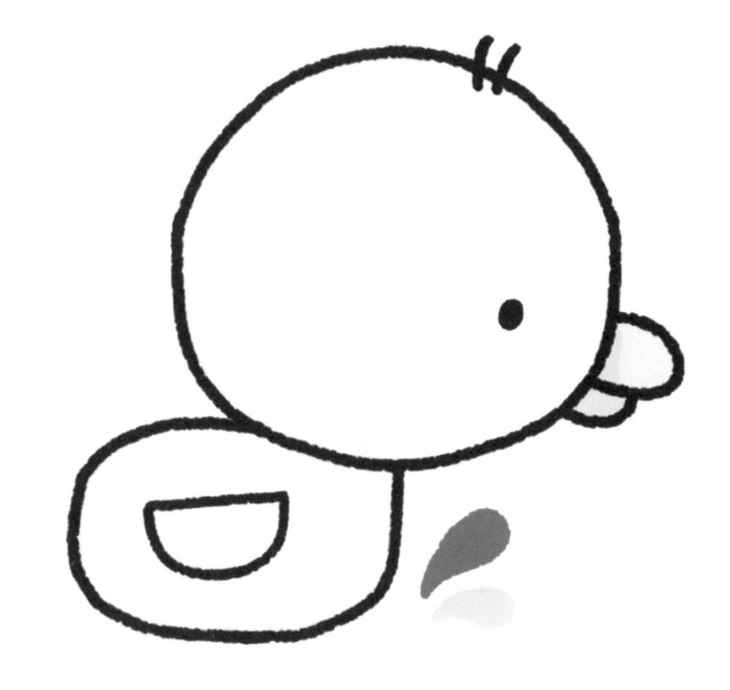

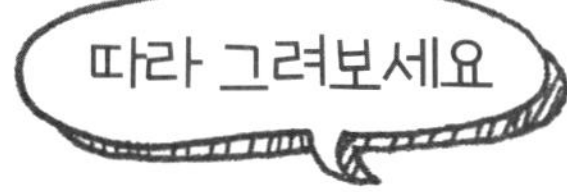

오리 3

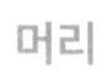

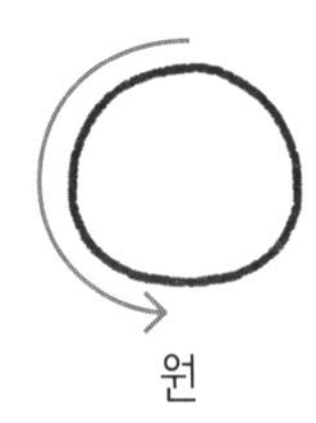

원

눈·부리

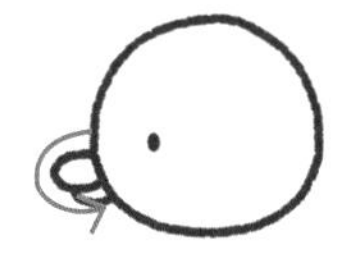

점, 작은 원과 그 밑에 둥근 선

목

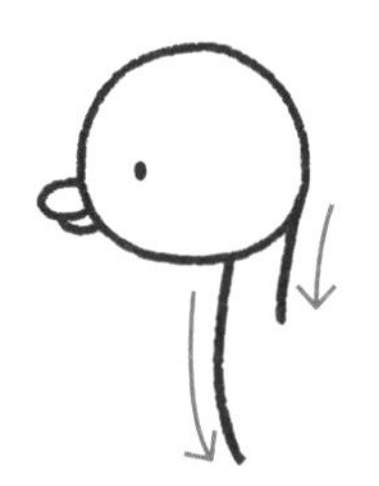

긴 곡선과 약간 짧은 선

몸통

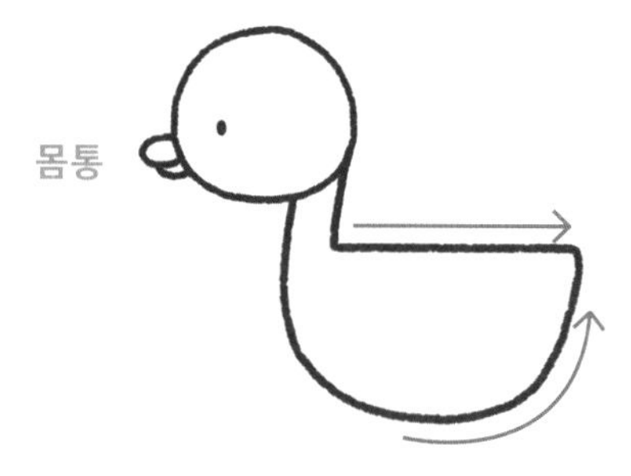

두 선을 연결하는 반원

날개

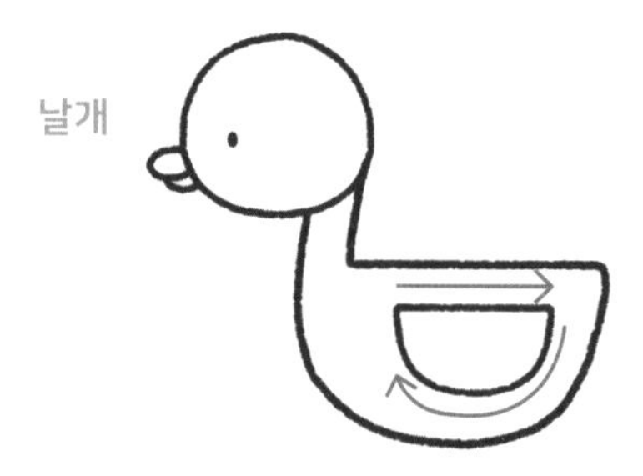

작은 반원

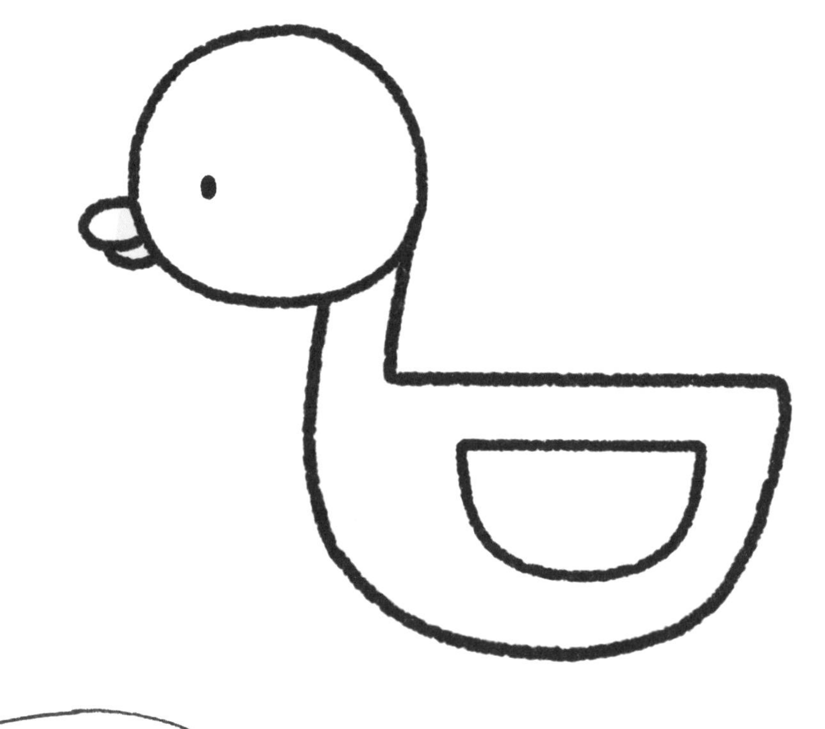

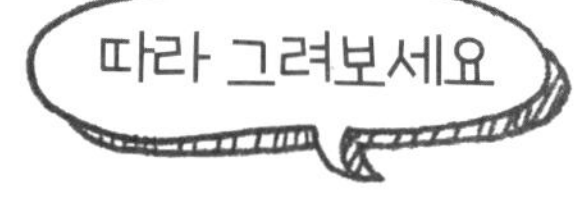

오리 4

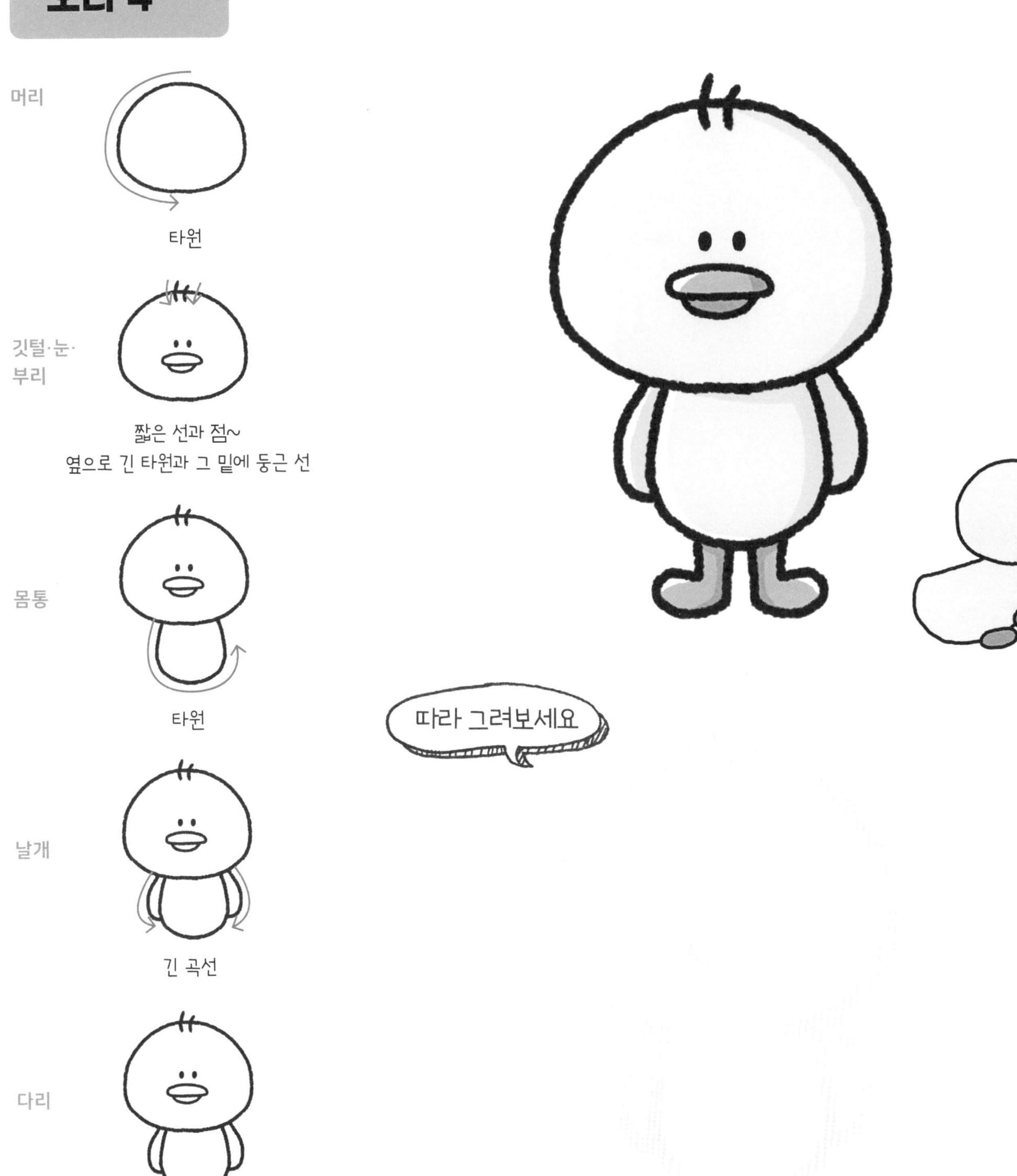

머리
타원
깃털·눈·
부리
짧은 선과 점~
옆으로 긴 타원과 그 밑에 둥근 선
몸통
타원
날개
긴 곡선
다리
짧고 긴 직선과
두 선을 연결하는 타원
따라 그려보세요

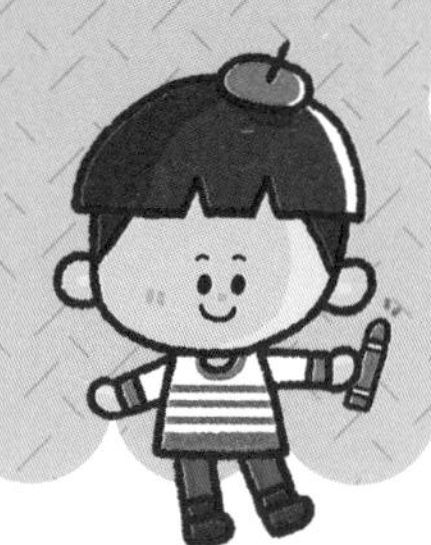

원과 선으로 그리는

백조

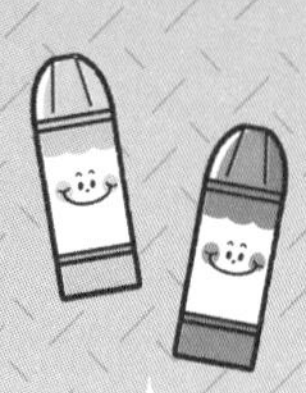

백조

머리

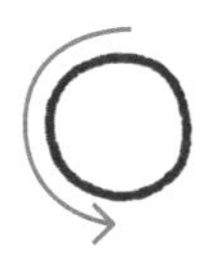

원

눈·부리

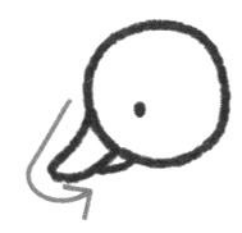

점과 반원

목

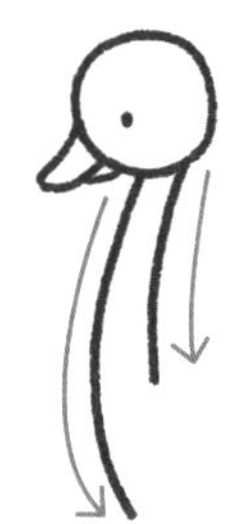

긴 곡선과 약간 짧은 선

몸통

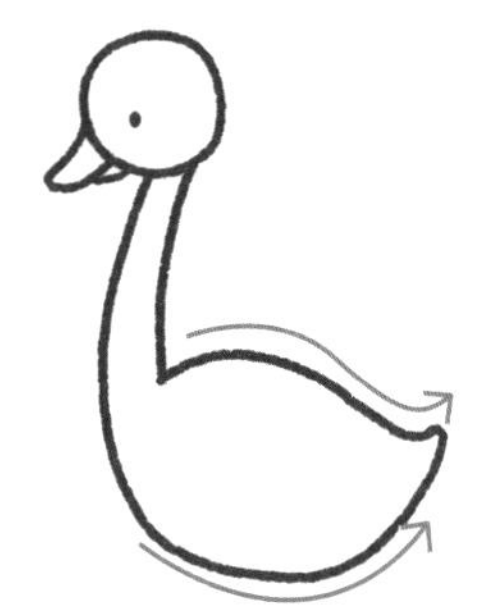

두 선을 연결하는 뾰족한 타원

날개

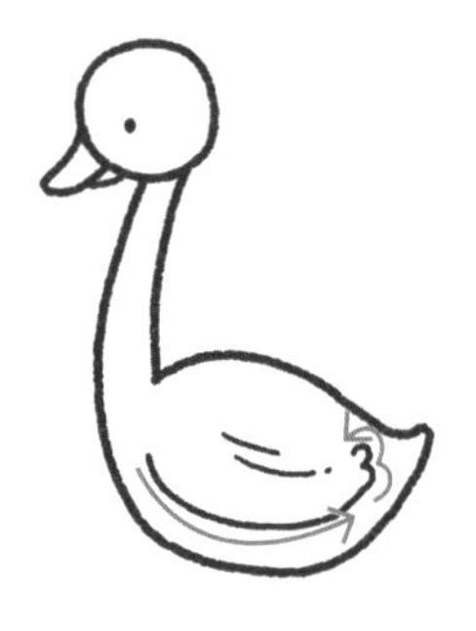

끝이 올록볼록한 둥근 선

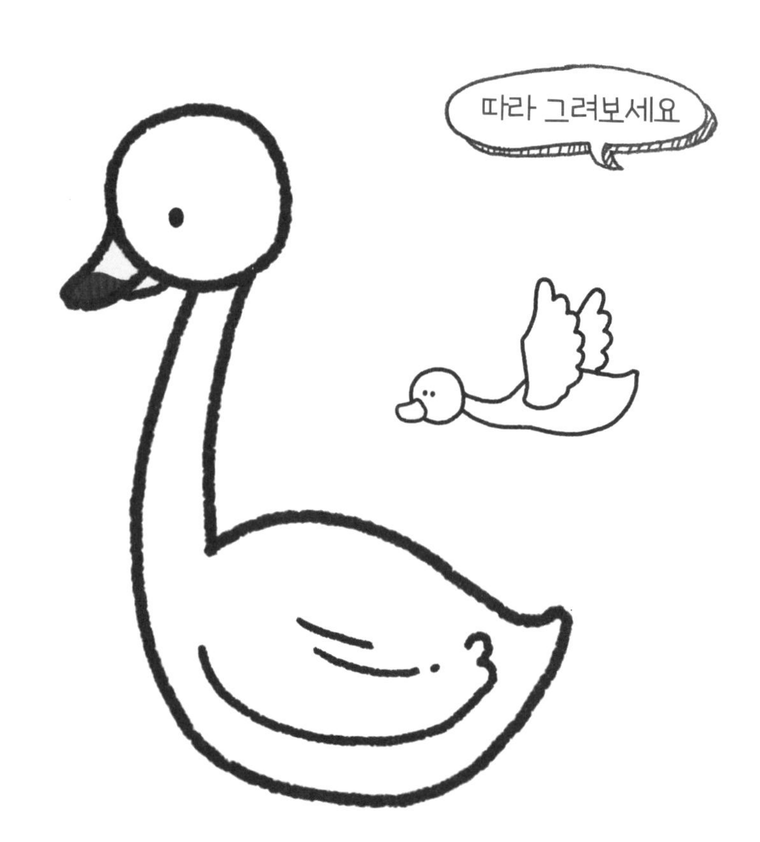

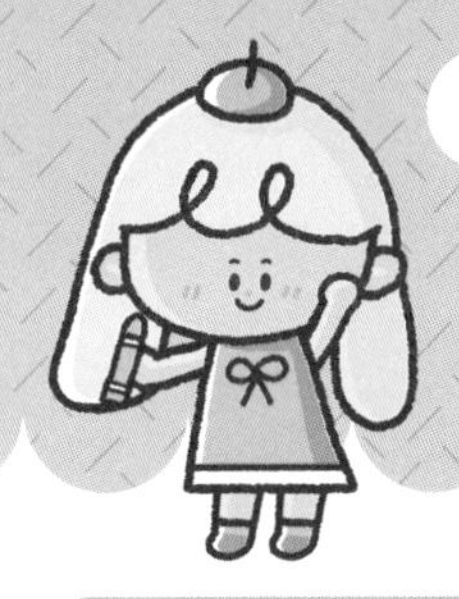

원과 삼각형으로 그리는

박쥐

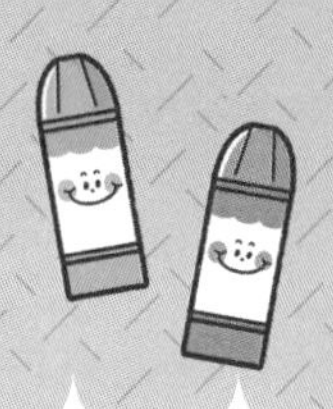

박쥐

몸통

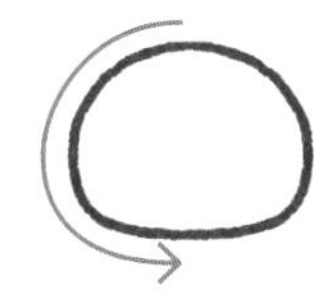

타원

귀

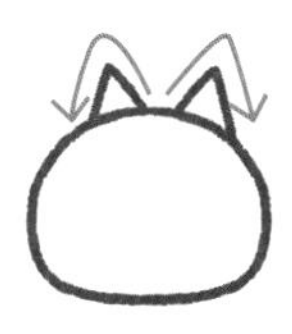

삼각형

눈·코·입

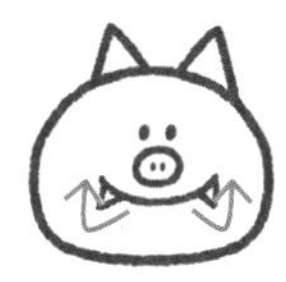

점과 원~
둥근 선과 작은 역삼각형

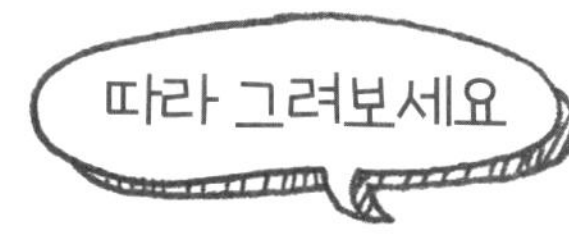

날개

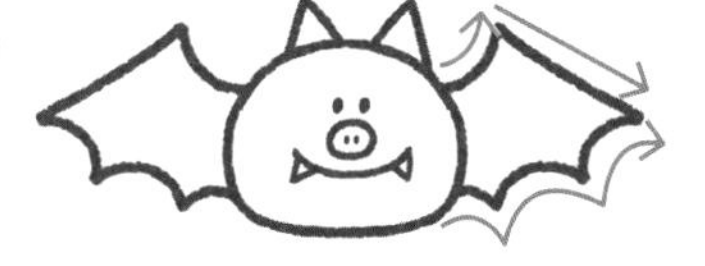

뾰족하게 꺾은 곡선과 직선~
이 선과 연결된 올록볼록한 선

다리

작은 반원

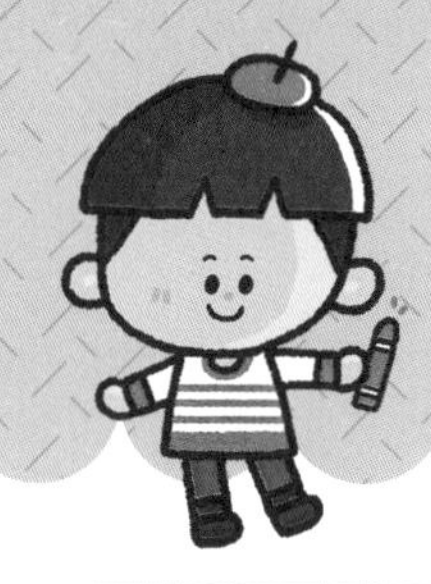

원과 반원으로 그리는

참새

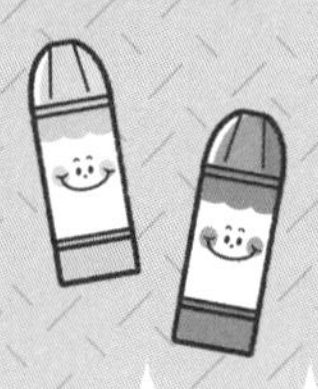

참새 1

머리

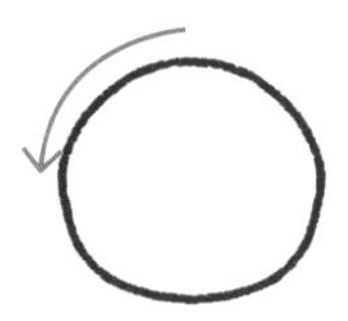

원

눈·부리

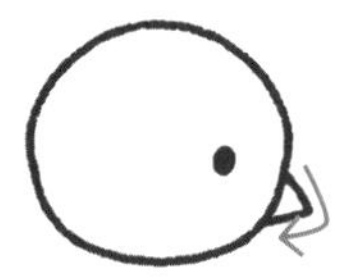

점과 삼각형

날개

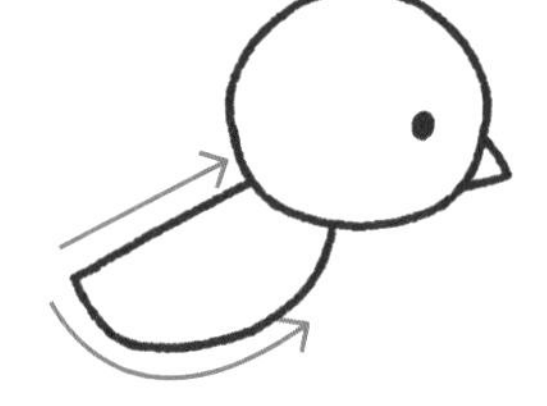

반원

몸통

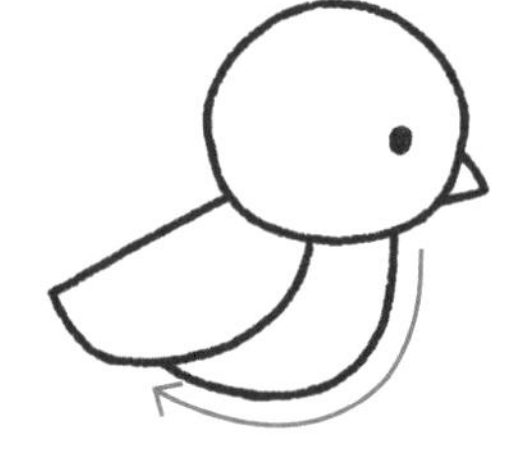

둥근 선

다리

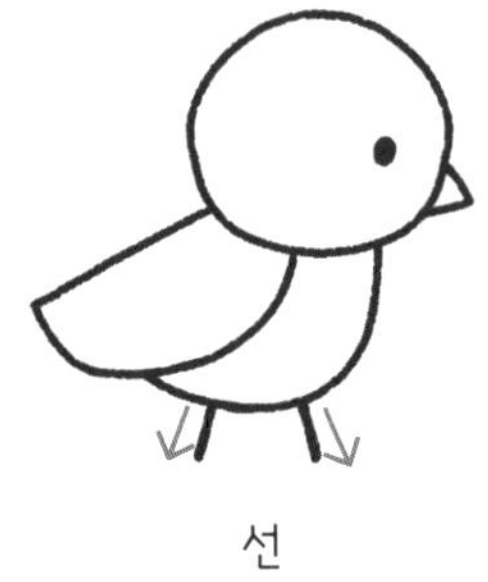

선

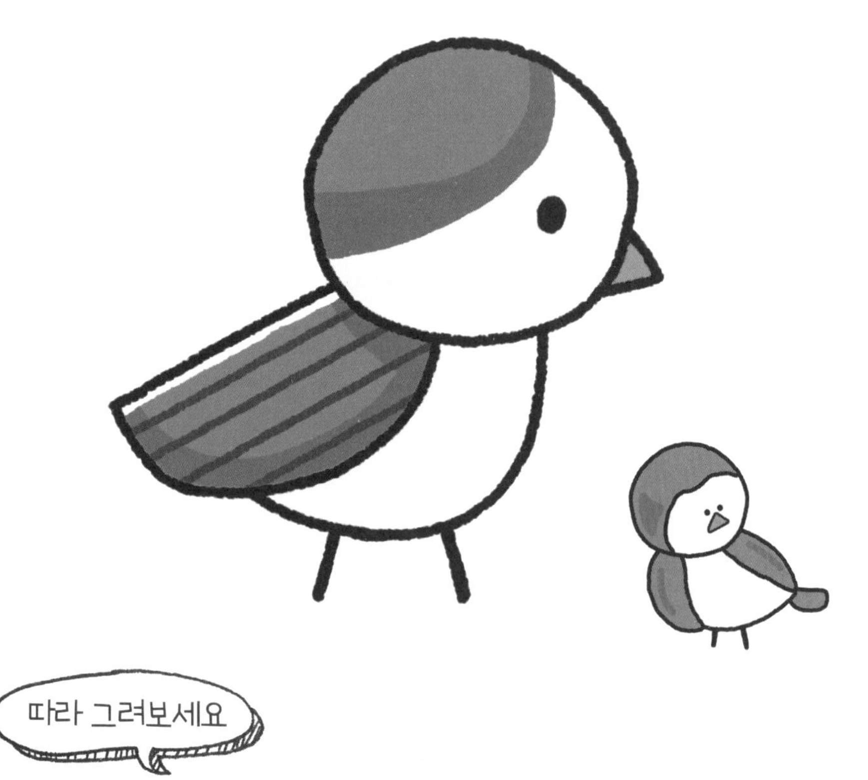

참새 2

머리

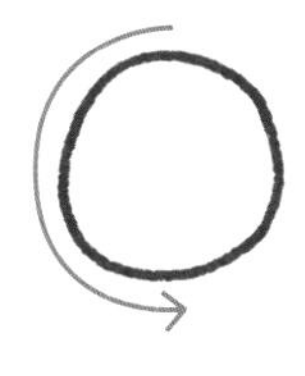

원

눈·부리

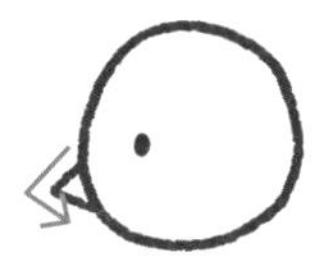

점과 삼각형

몸통

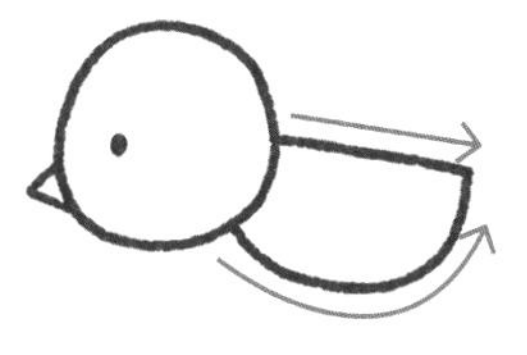

반원

날개

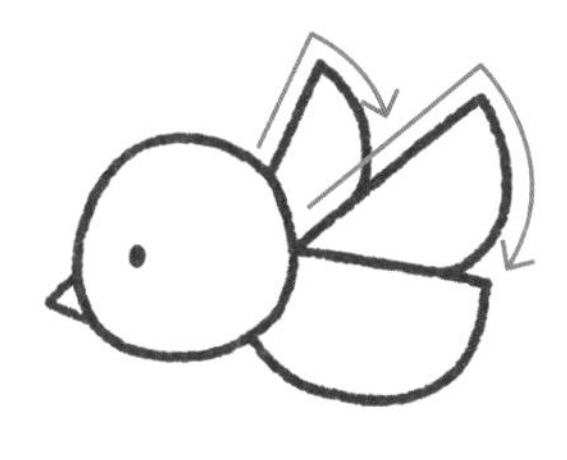

반원

꼬리·다리

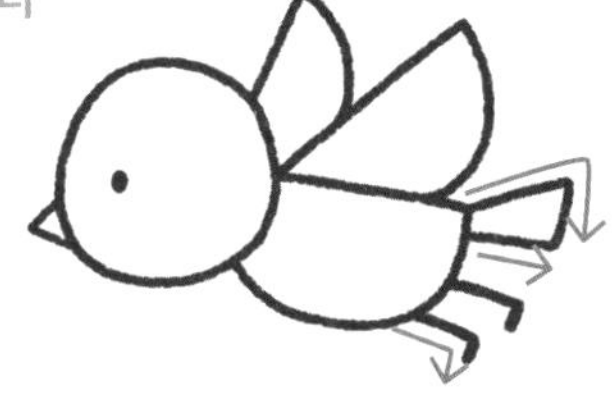

사각형과 꺾은 선

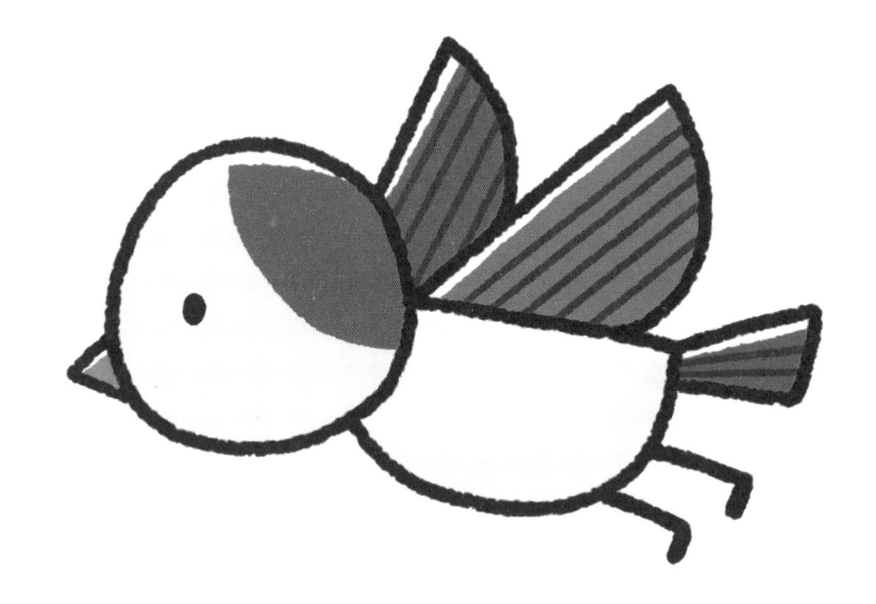

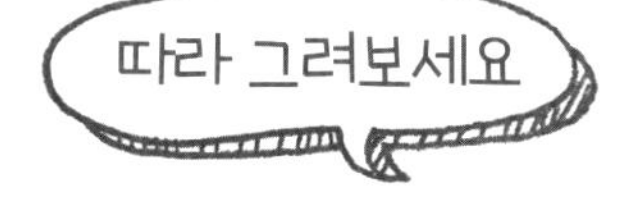

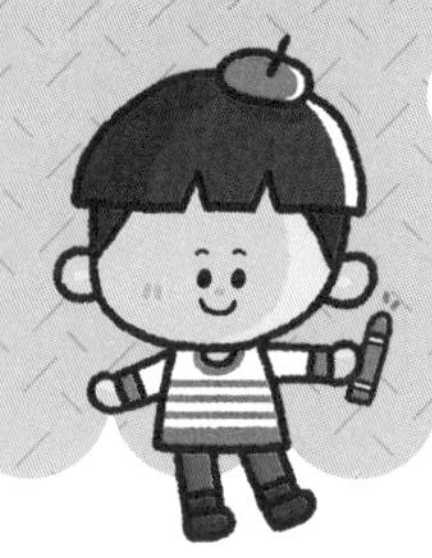

원과 선으로 그리는

공작

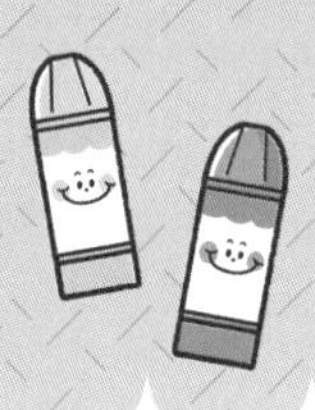

공작 1

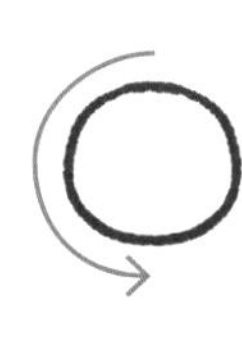

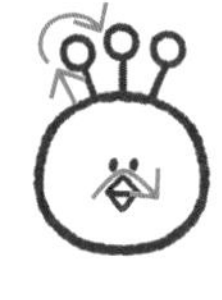

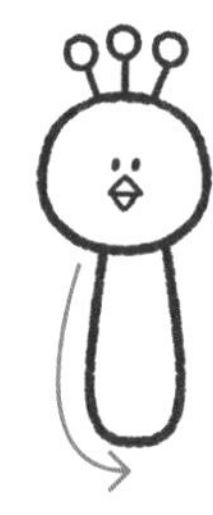

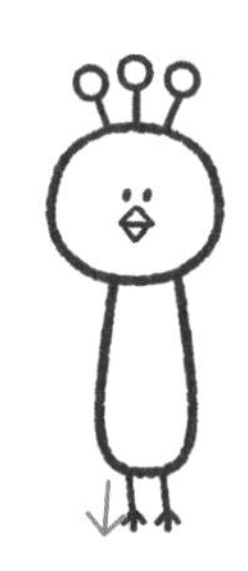

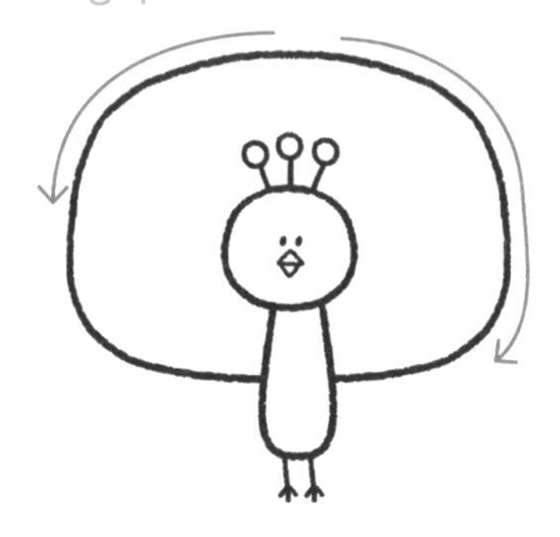

따라 그려보세요

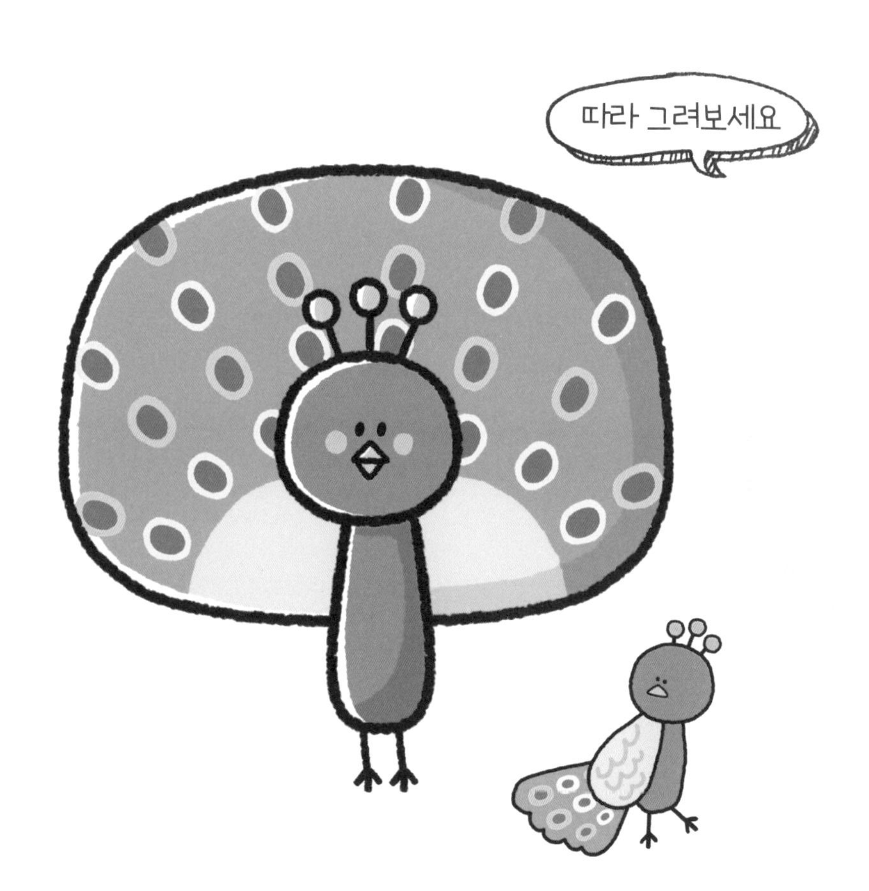

공작 2

머리

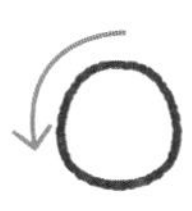

원

깃털·눈·부리

원과 선~
점과 삼각형

목

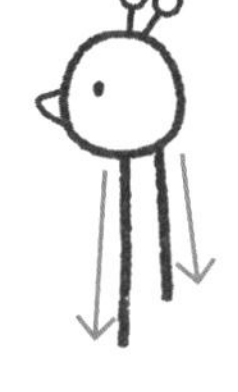

긴 선과 약간 짧은 선

날개

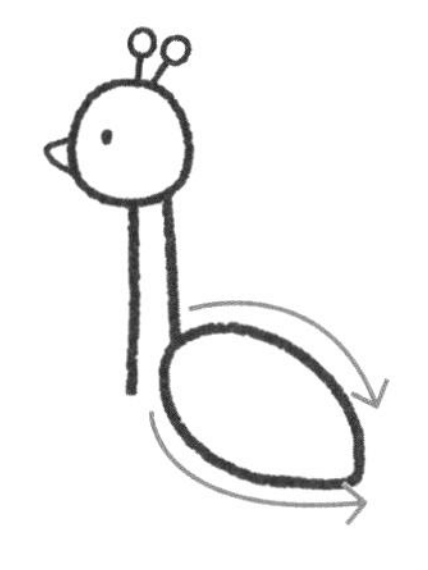

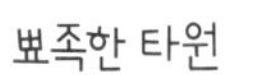

뾰족한 타원

몸통

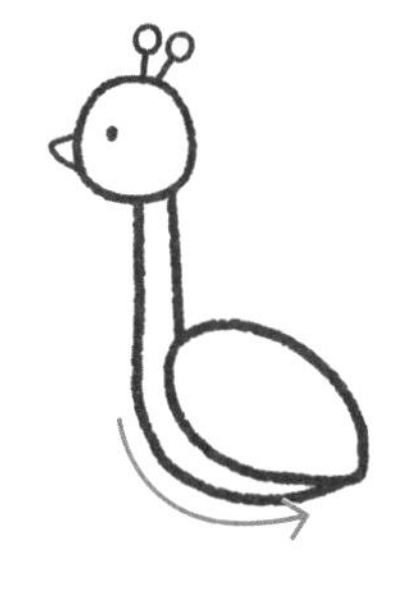

긴 선에 이어지는 둥근 선

다리·꽁지

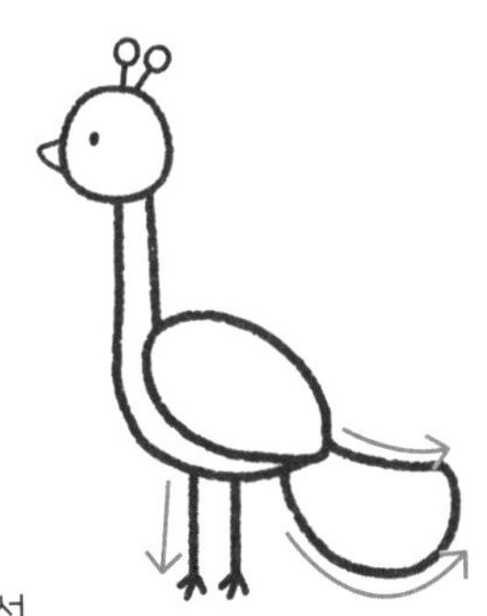

긴 선과 짧은 선~
반원

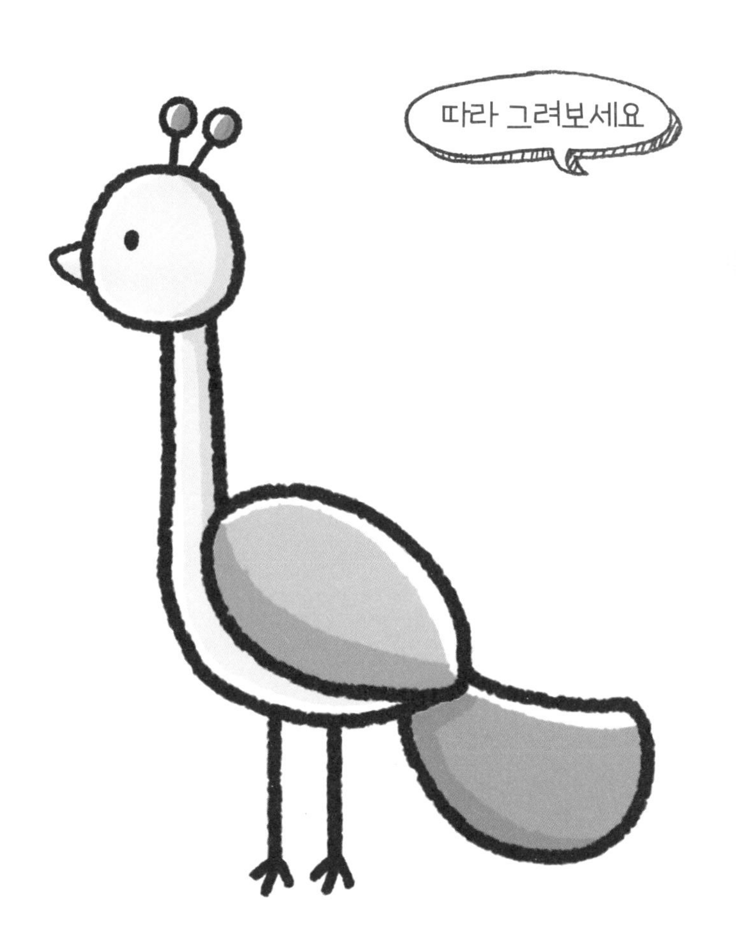

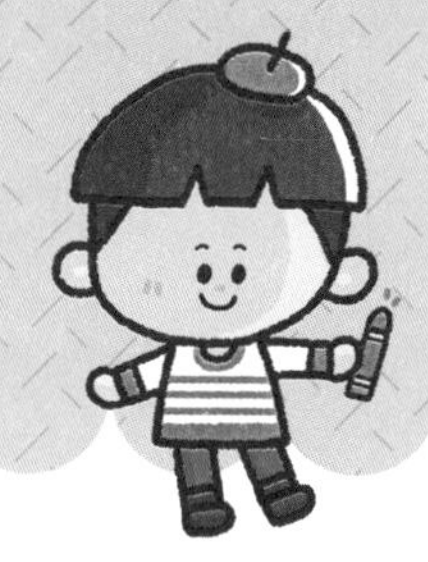

원과 둥근 선으로 그리는

앵무새

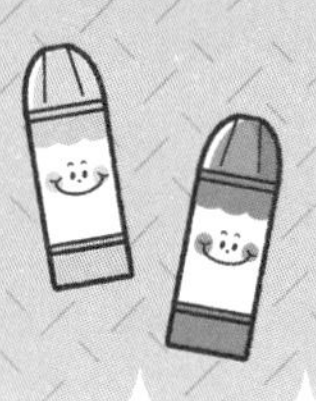

앵무새 1

깃털

열린 타원

머리·눈·부리

큰 타원~
점, 반원과
그 밑에 둥근 선

몸통

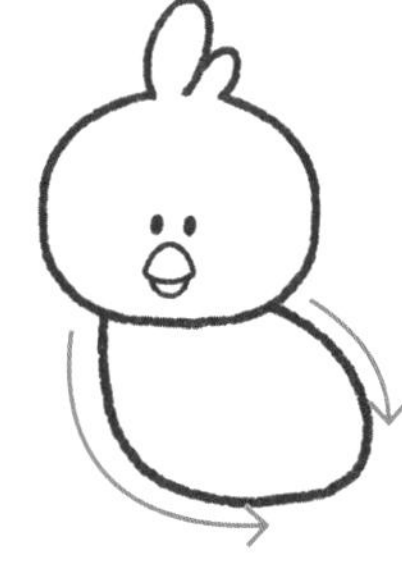

타원

날개·꽁지

둥근 선~
길쭉한 하트 모양

다리

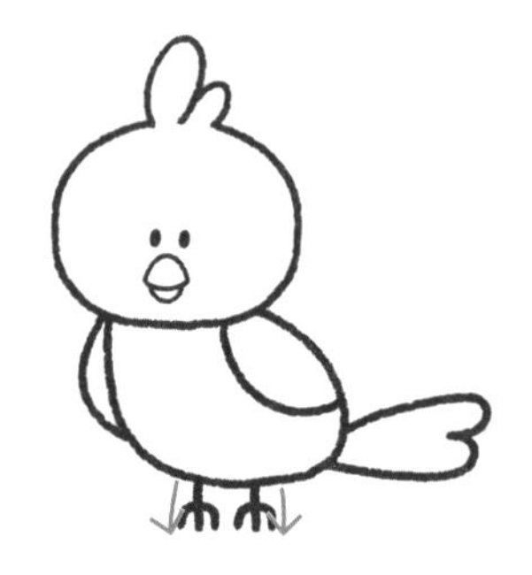

긴 선과 짧은 곡선

따라 그려보세요

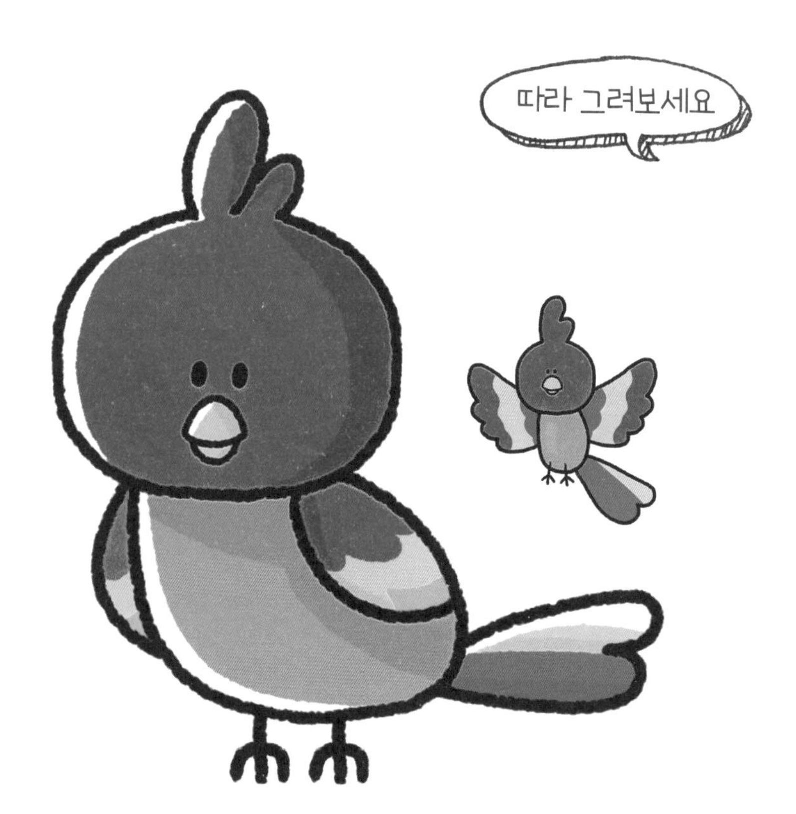

앵무새 2

머리

원

깃털·눈·부리

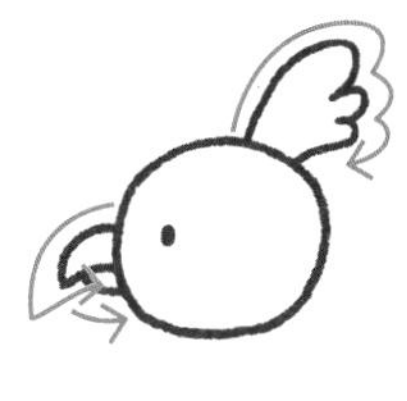

둥근 선~
점과 반원, 둥근 선

몸통

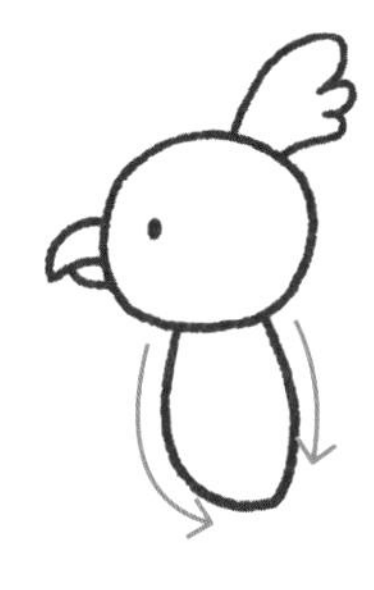

세로로 긴 타원

날개

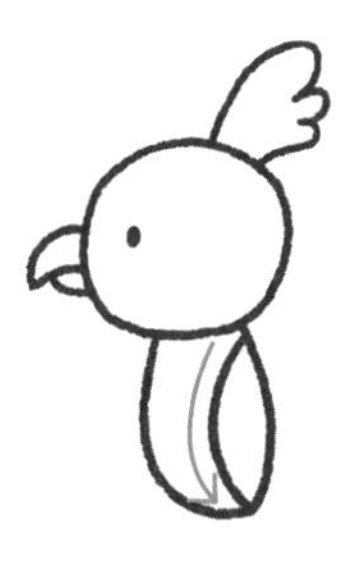

둥근 선

다리·꽁지

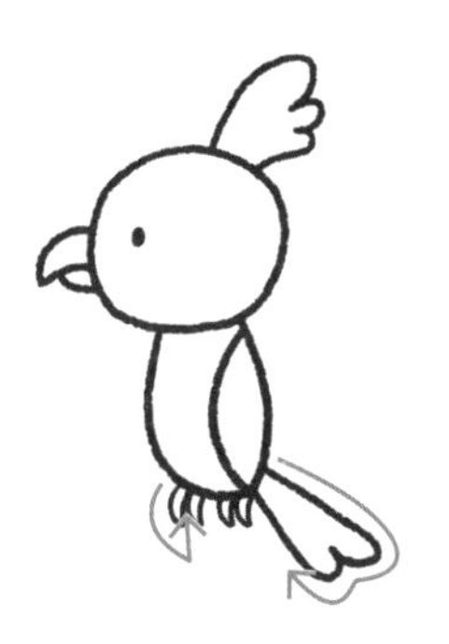

긴 반원~
길쭉한 하트 모양

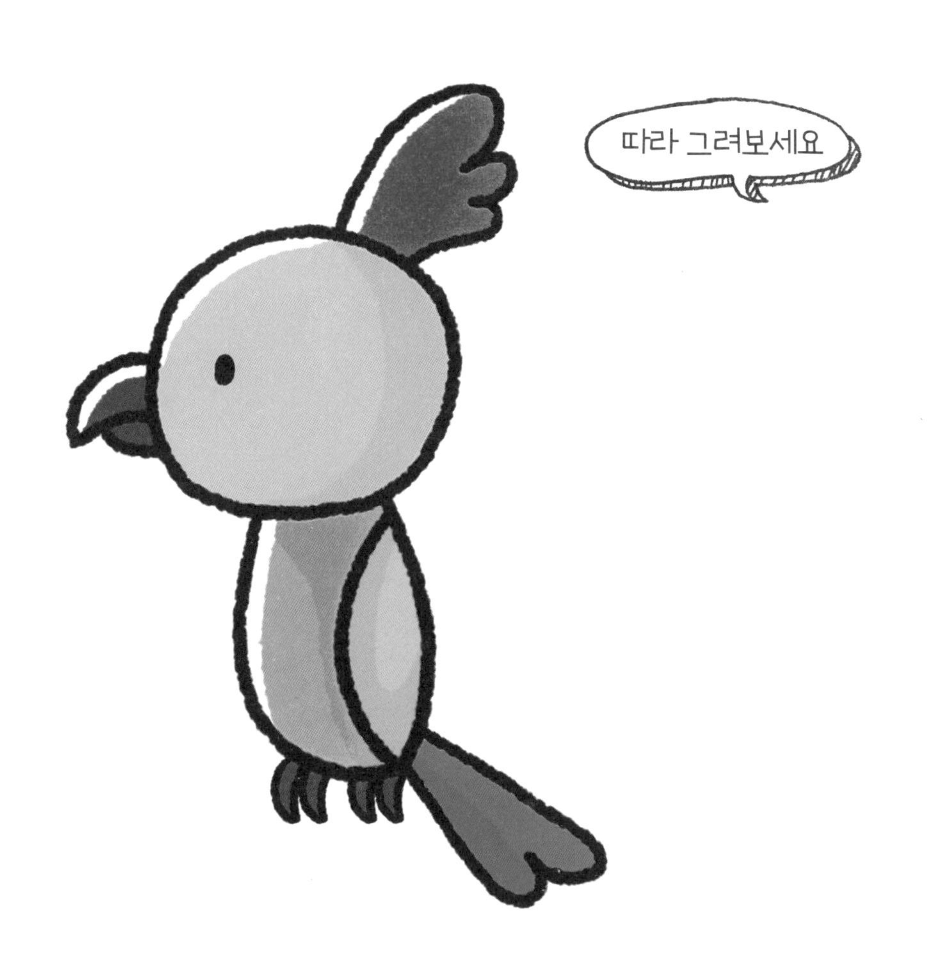

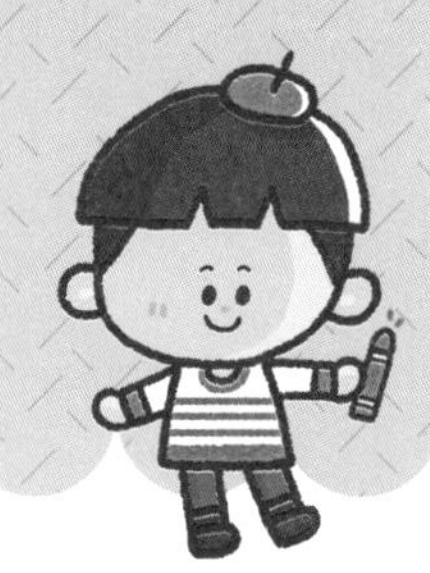

원과 타원으로 그리는

부엉이

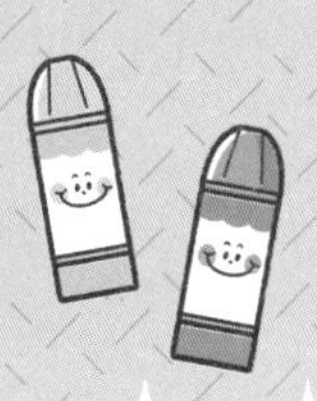

부엉이 1

머리

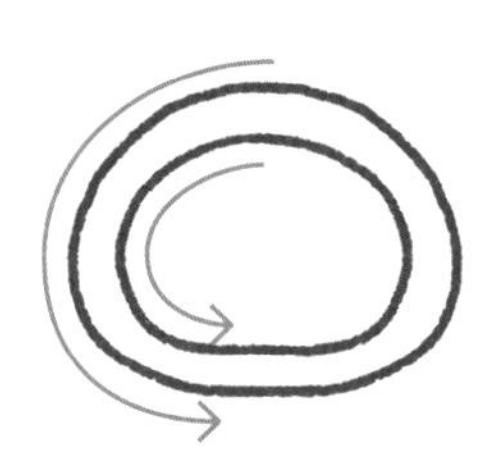

큰 원과 그 안에 중간 원

귀·눈·부리

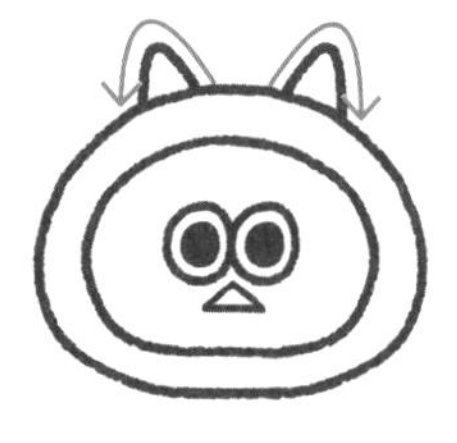

삼각형~
작은 원과 점, 삼각형

몸통

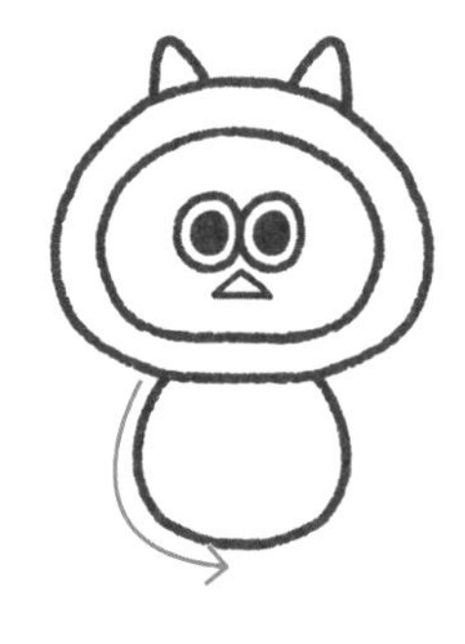

타원

날개

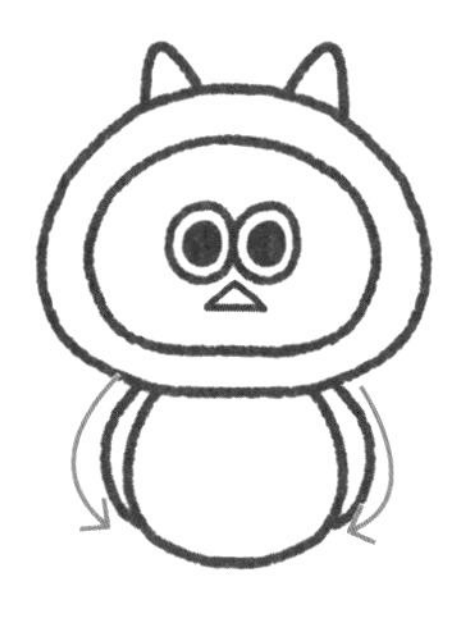

둥근 선

다리

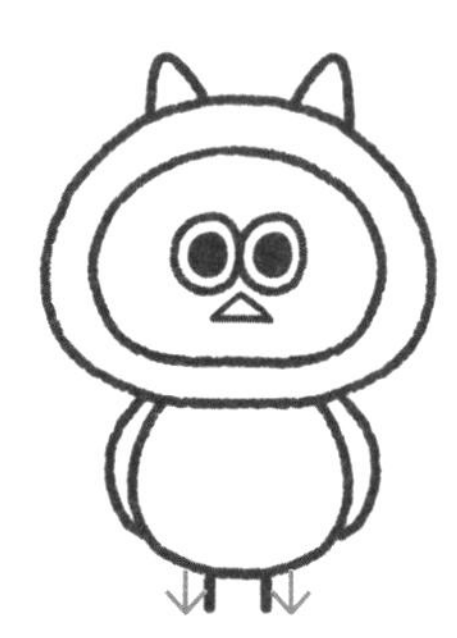

짧은 선

따라 그려보세요

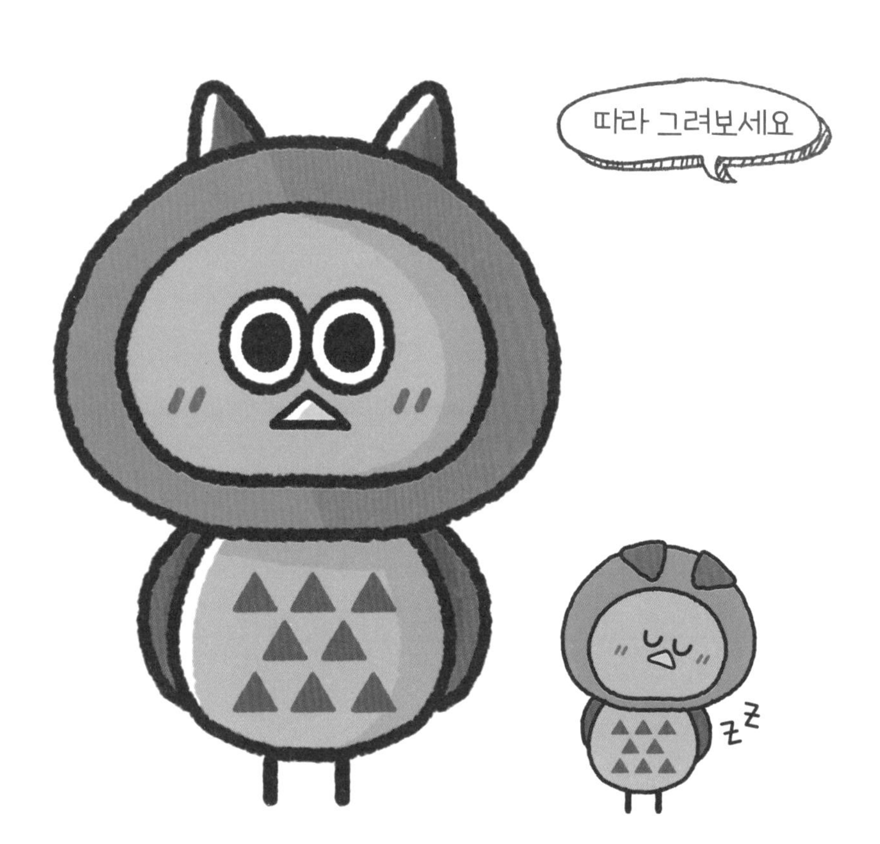

부엉이 2

머리

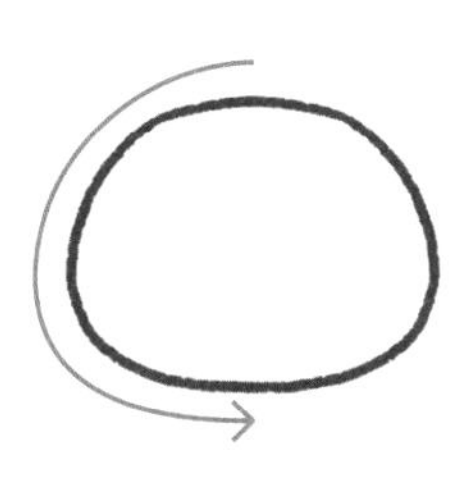

타원

귀·눈·부리

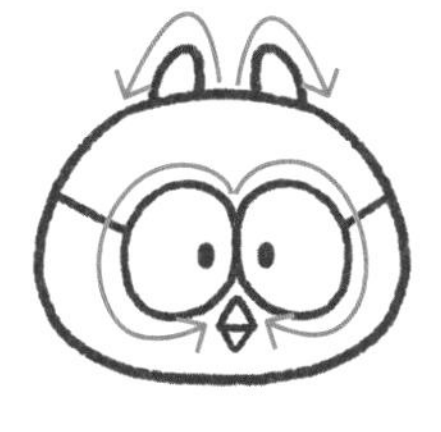

삼각형~
중간 원과 점, 삼각형

날개

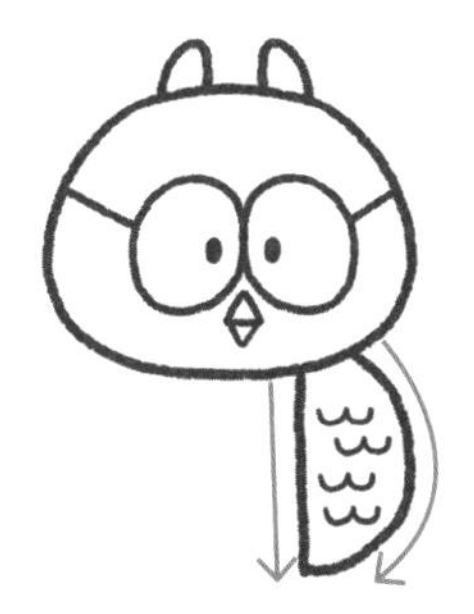

반원과 3 모양 선

몸통

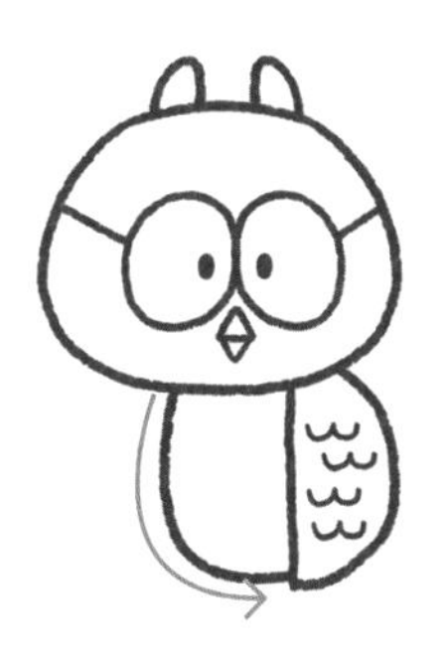

둥근 선

다리

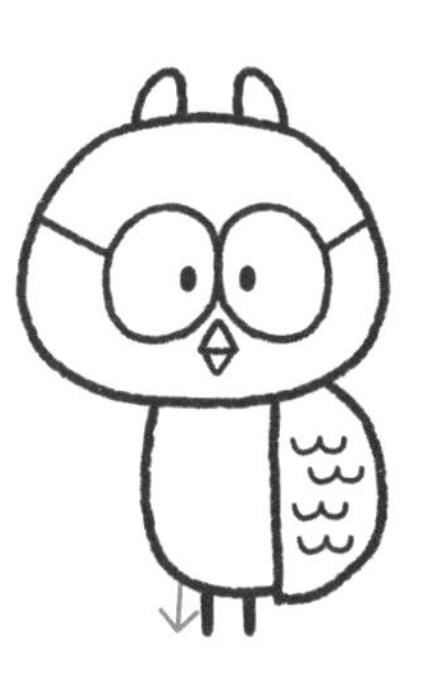

짧은 선

따라 그려보세요

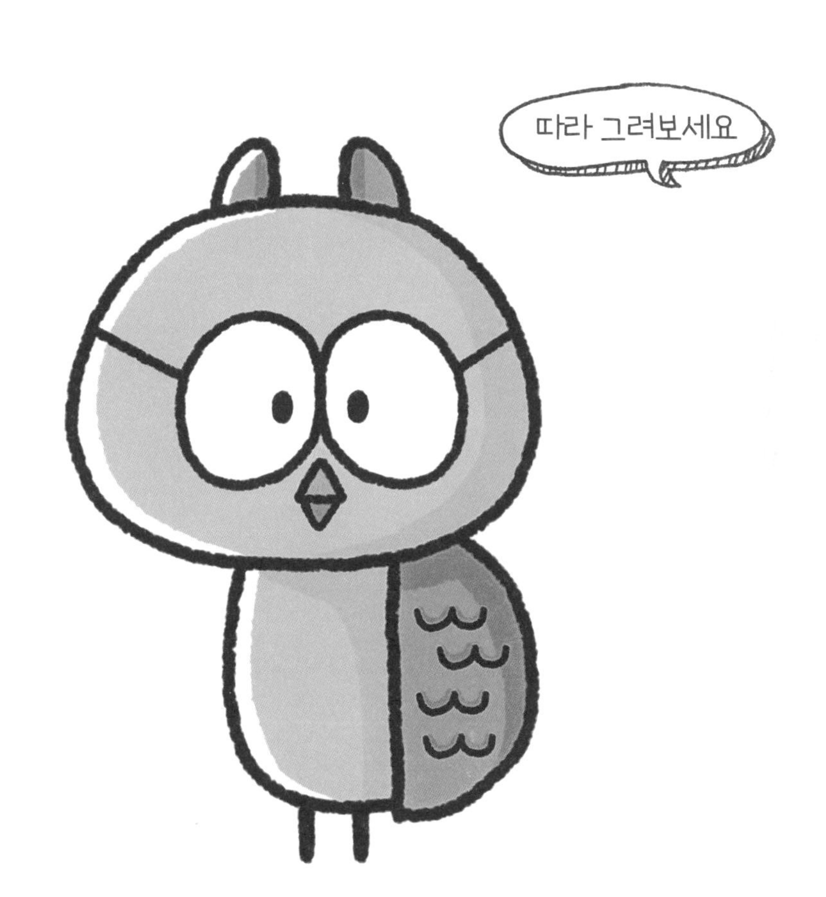

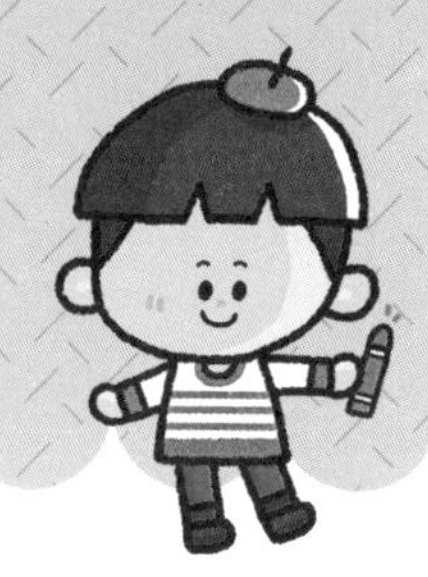

타원과 사각형으로 그리는

올빼미

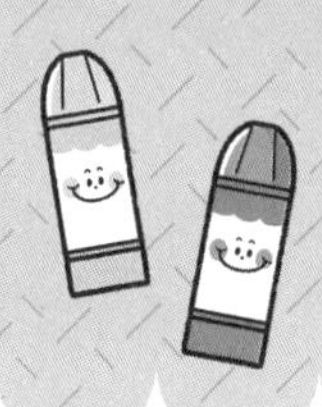

올빼미 1

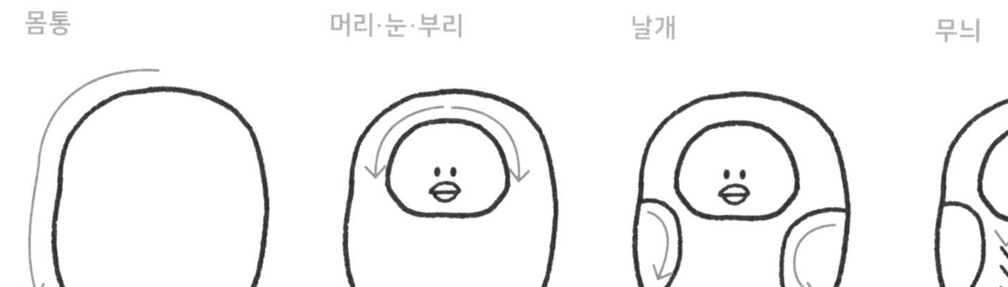

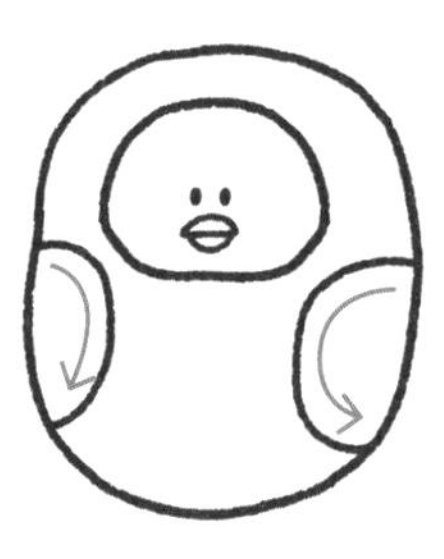

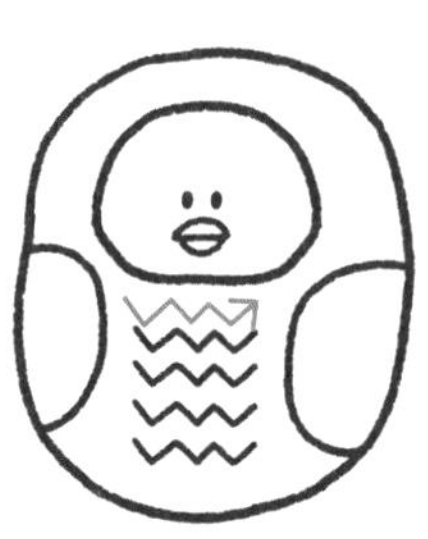

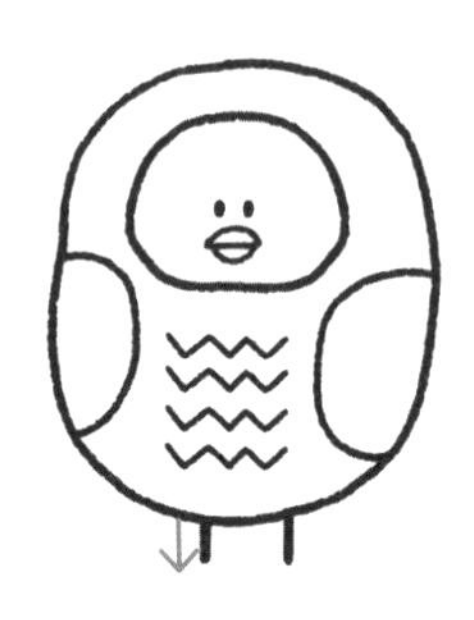

몸통	머리·눈·부리	날개	무늬	다리
큰 타원	작은 타원~ 점과 반원	둥근 선	지그재그 선	짧은 선

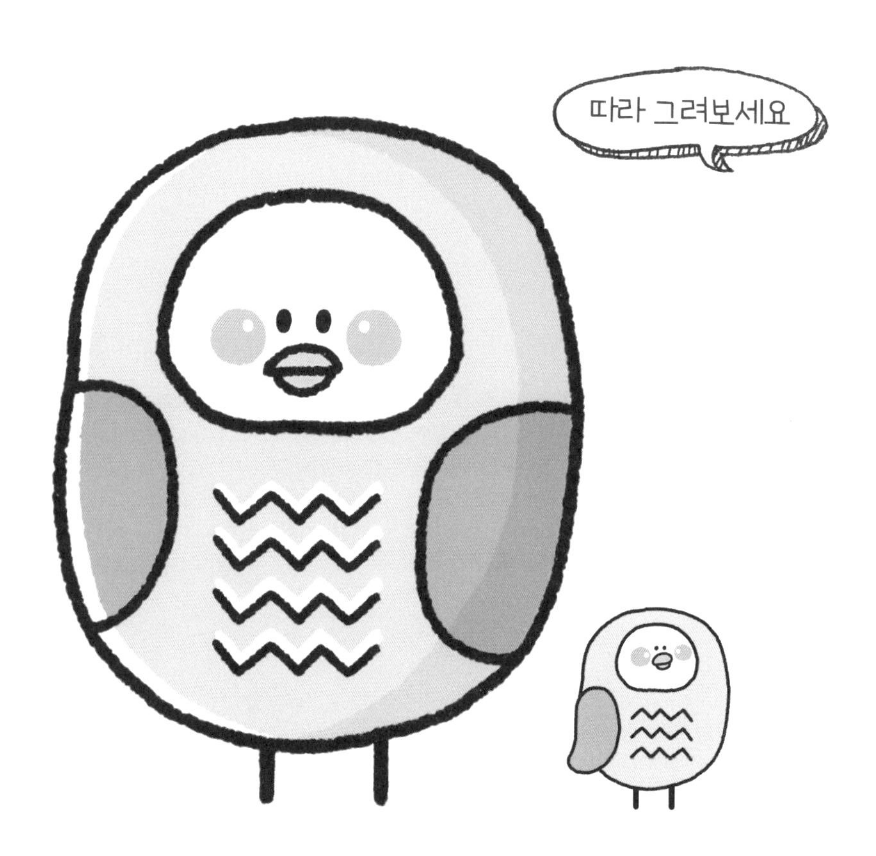

올빼미 2

몸통

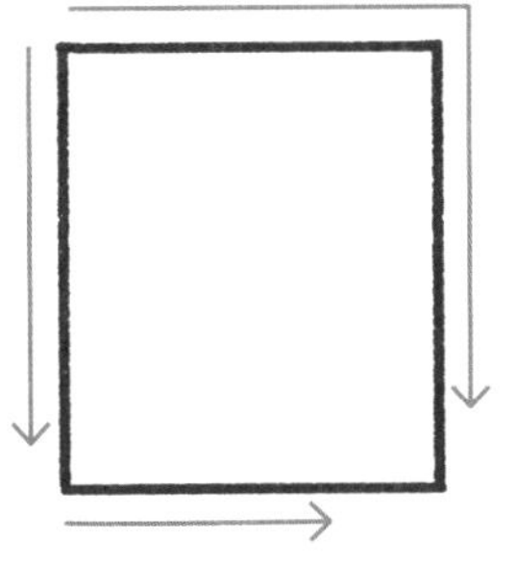

사각형

머리

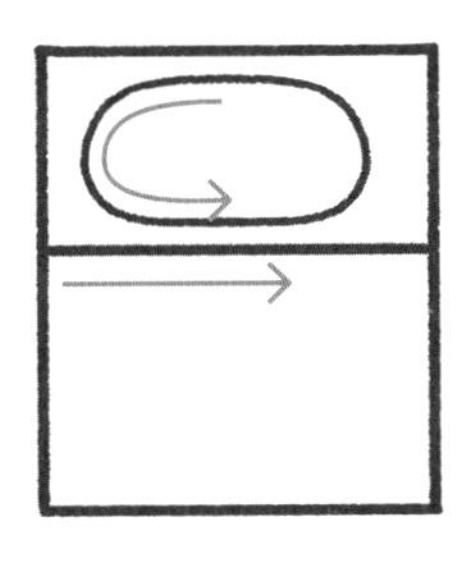

타원과 직선

눈·부리

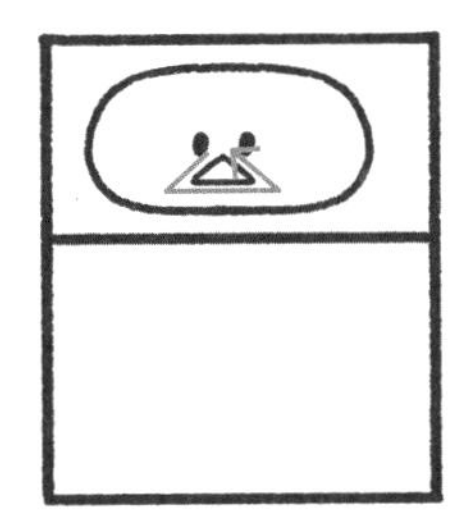

점과 삼각형

날개·무늬

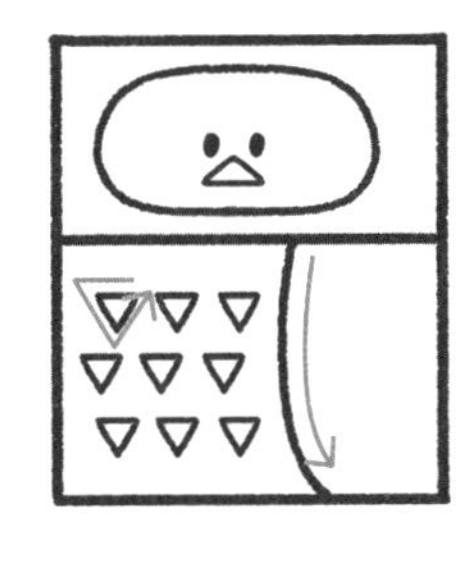

둥근 선과 역삼각형

다리

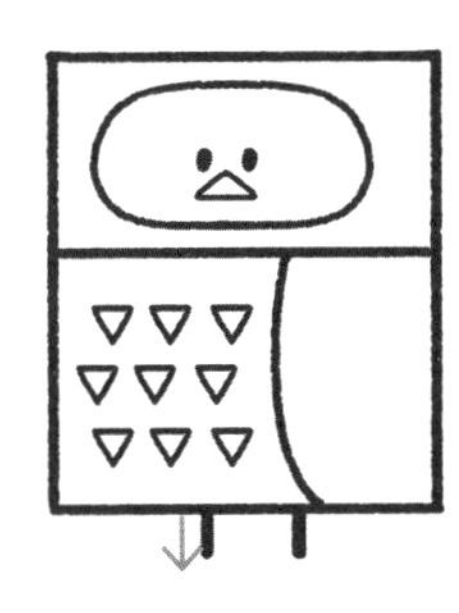

짧은 선

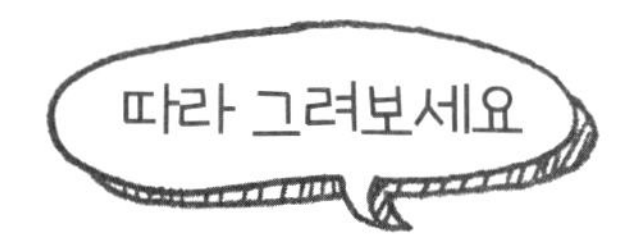

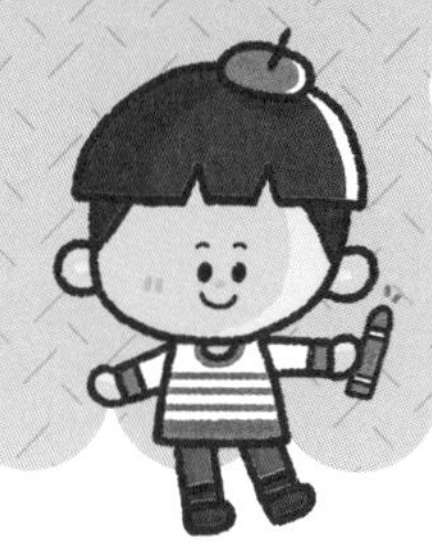

원과 선으로 그리는

타조

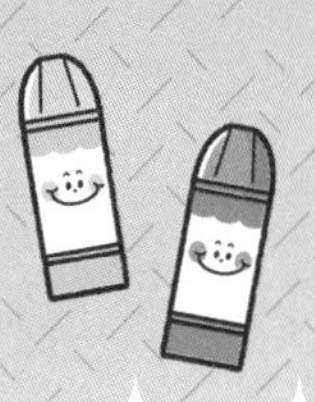

타조 1

머리

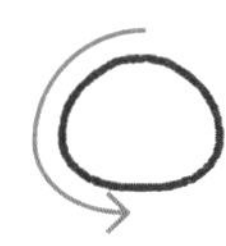

타원

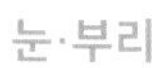

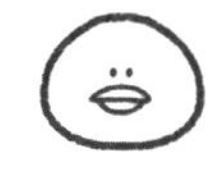

점과 긴 반원

목

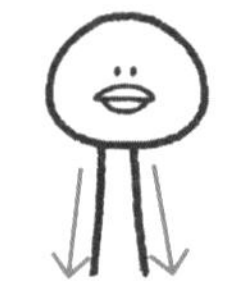

선

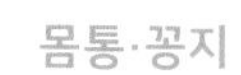

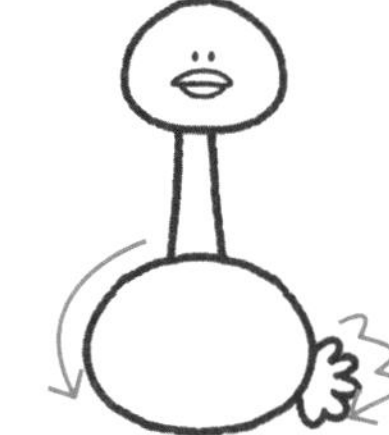

타원~
올록볼록한 선

다리

둥근 선과 긴 선

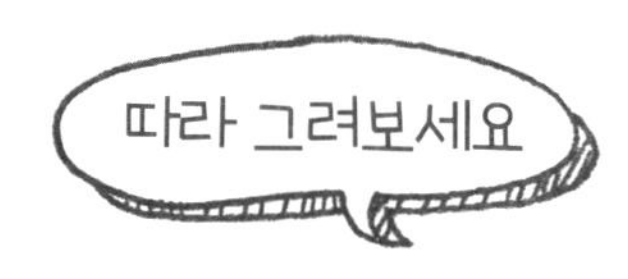

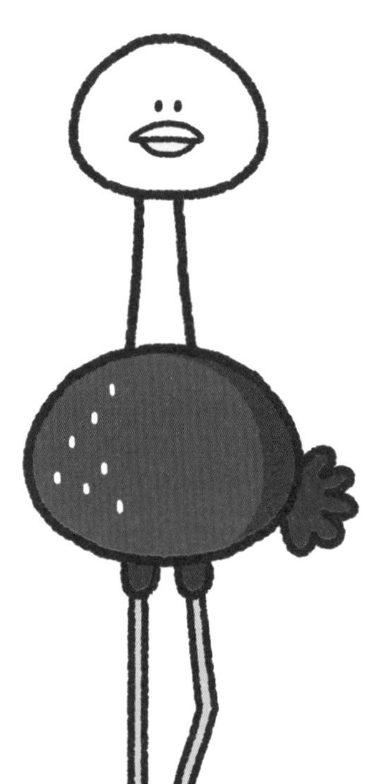

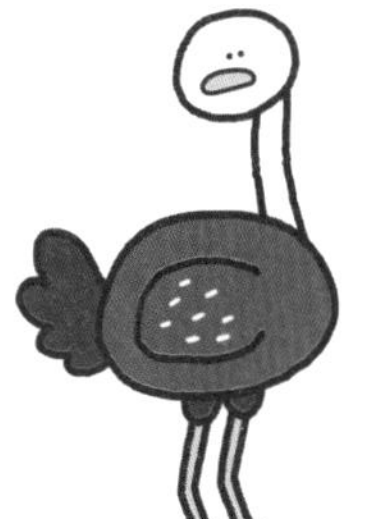

타조 2

머리	눈·부리	목	몸통	꽁지	다리
원	점과 삼각형	길쭉한 선과 올록볼록한 선	타원	올록볼록한 선	둥근 선과 긴 선

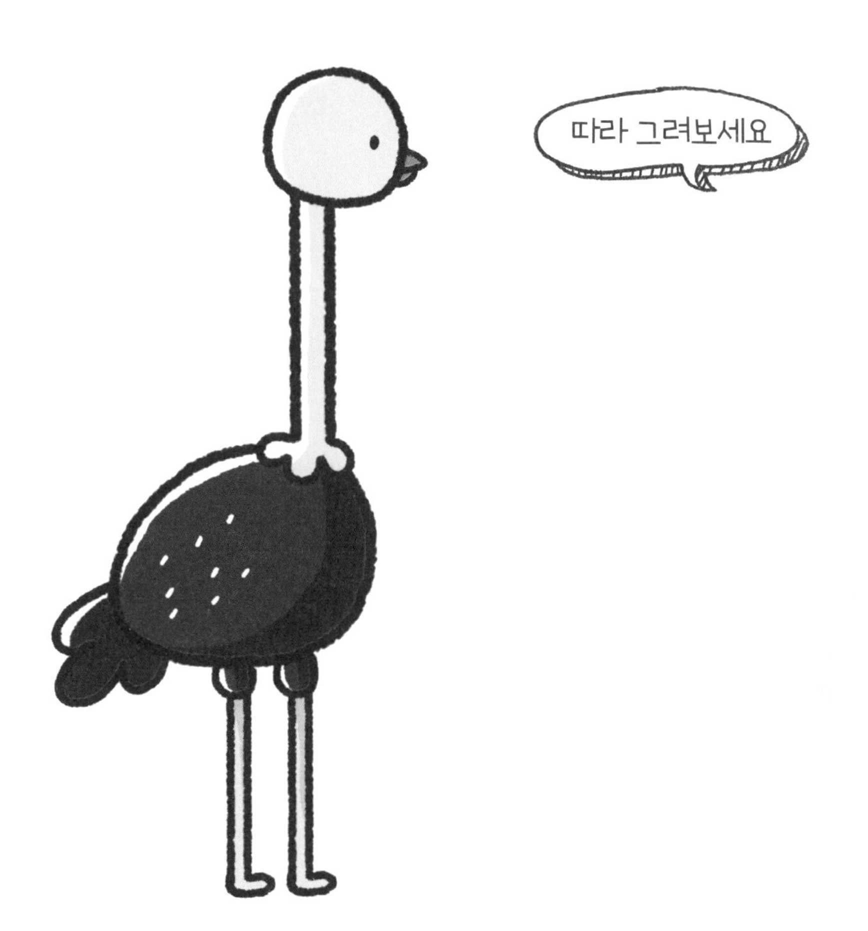

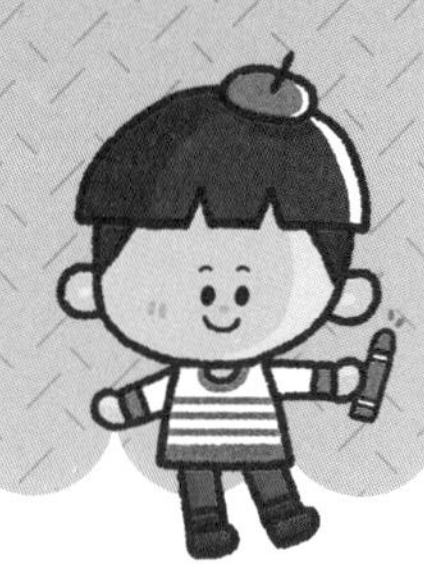

반원과 타원으로 그리는

닭과 병아리

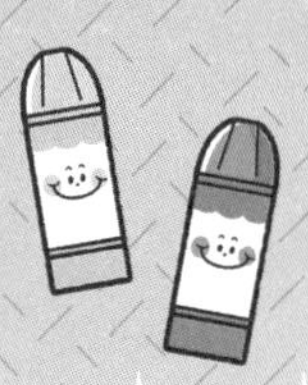

닭과 병아리 1

몸통·
날개

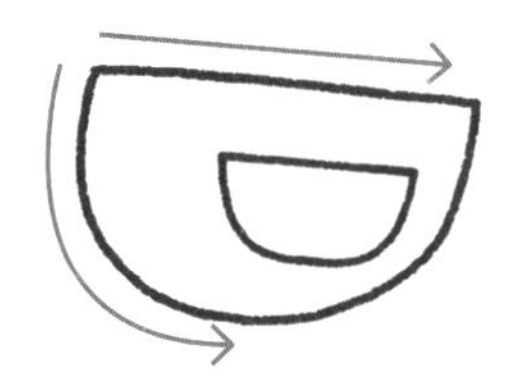

큰 반원과 그 안에 작은 반원

볏·
눈·부리

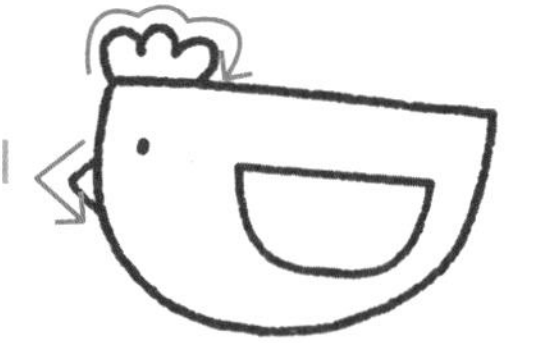

울록볼록한 선~
점과 삼각형

다리

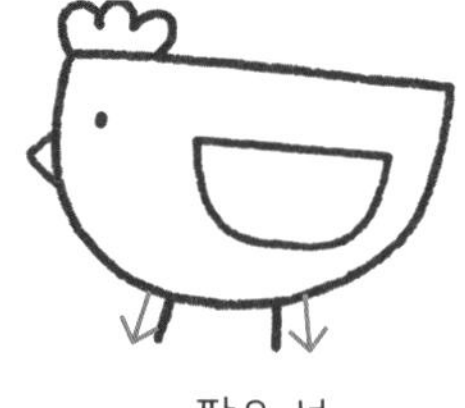

짧은 선

병아리
몸통

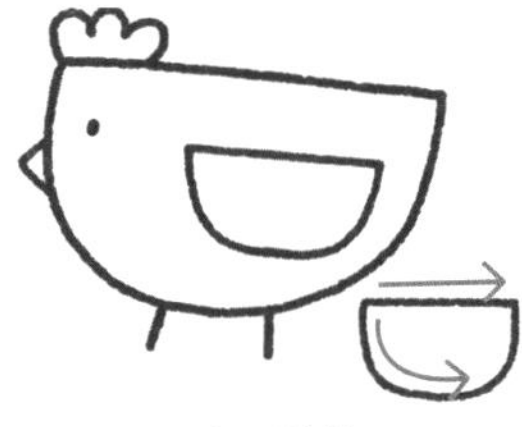

작은 반원

병아리
눈·부리·
다리

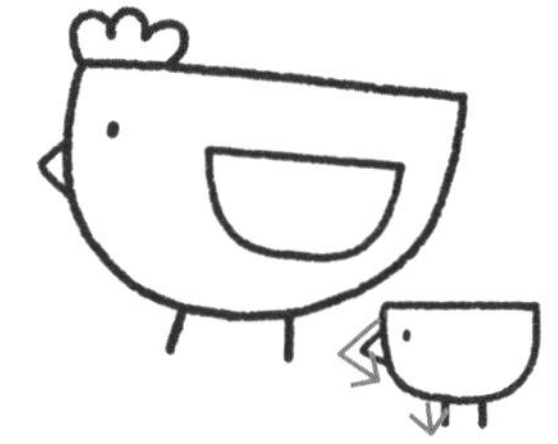

점과 삼각형, 짧은 선

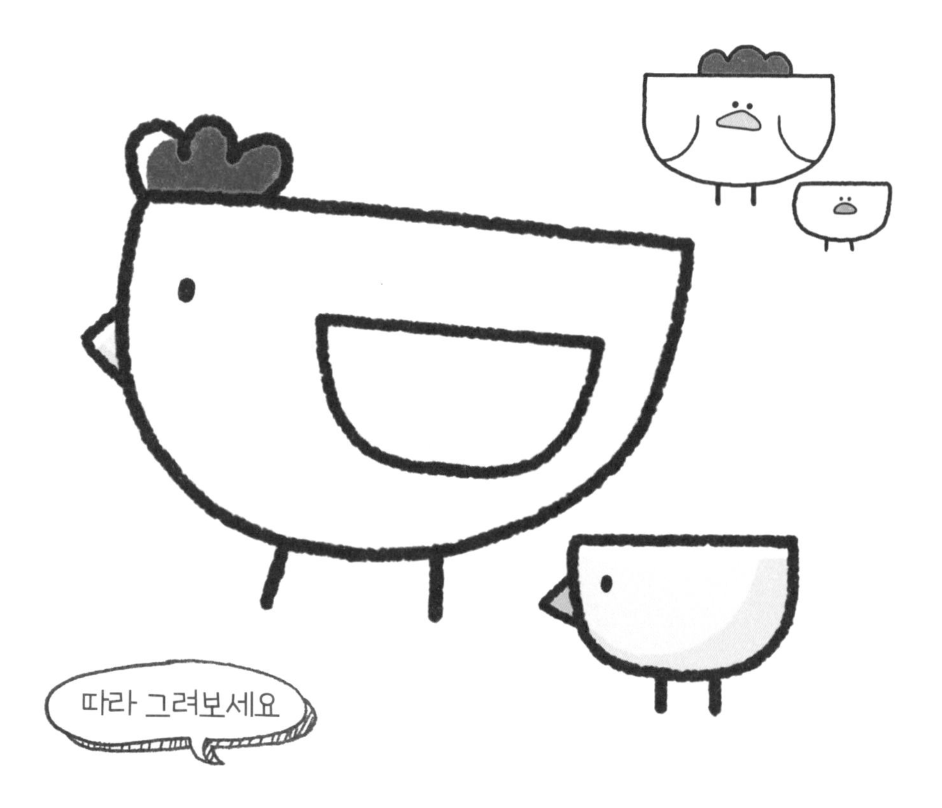

닭과 병아리 2

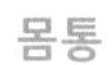

몸통

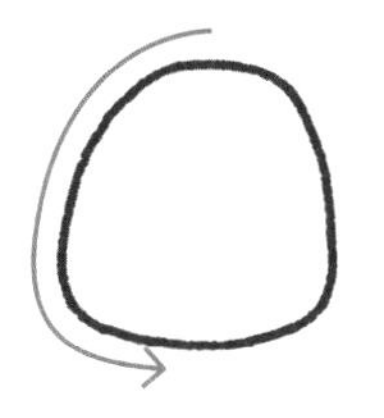

아래가 넓은 타원

볏·
눈·부리

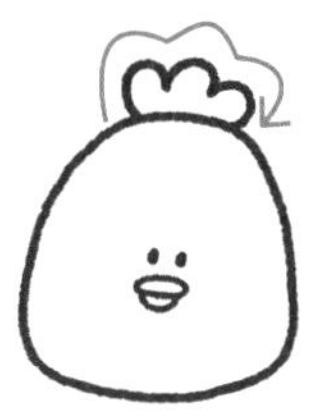

올록볼록한 선~
점, 긴 타원과 그 밑에 둥근 선

날개·다리

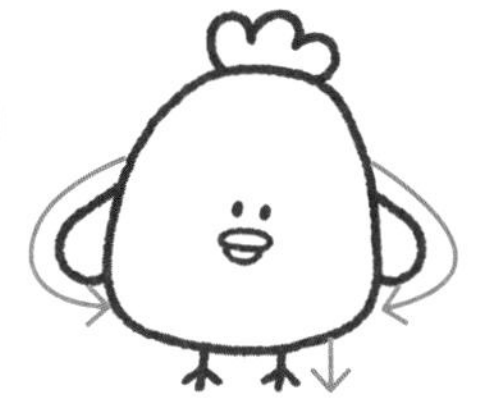

둥근 선과 짧은 선

병아리
몸통

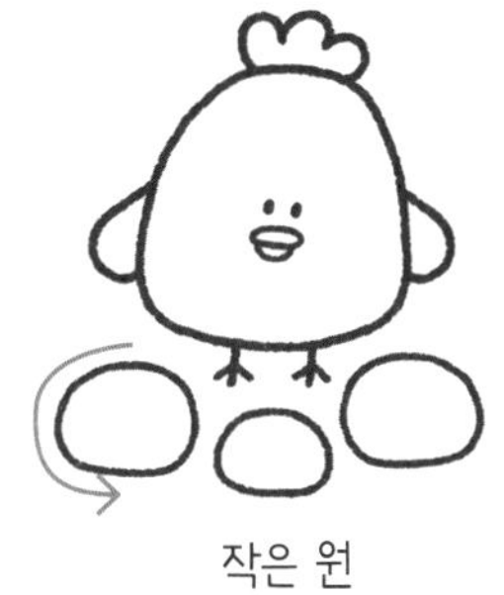

작은 원

병아리
눈·부리·
다리

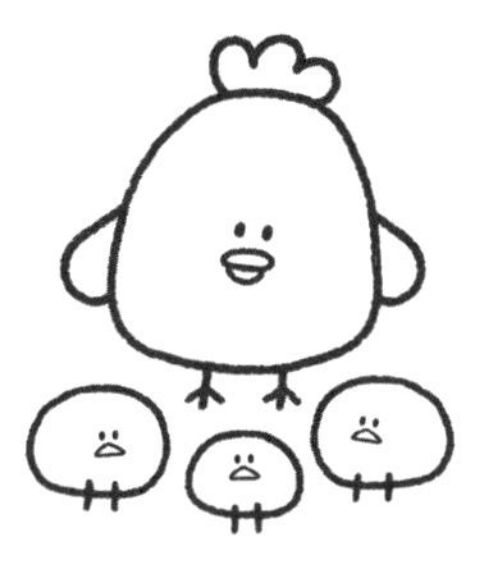

점과 삼각형, 짧은 선

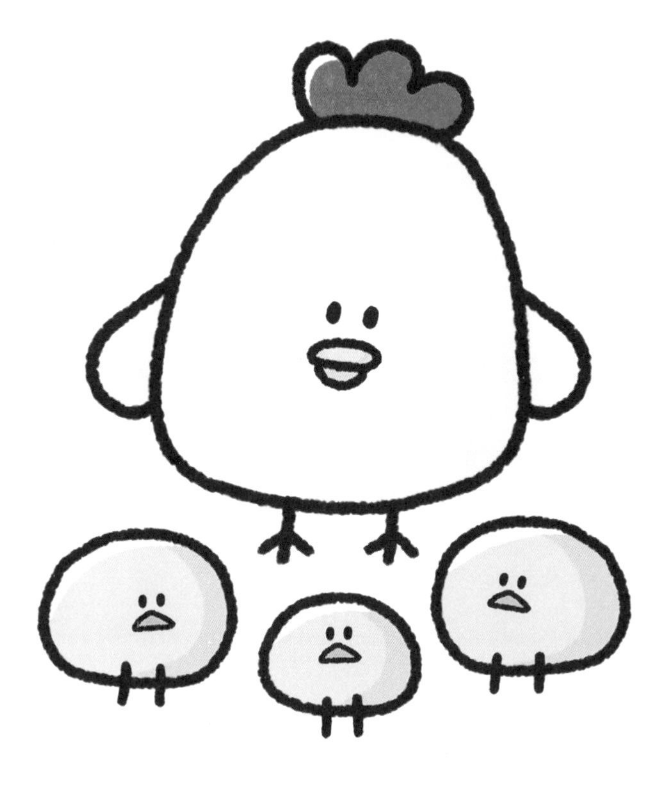

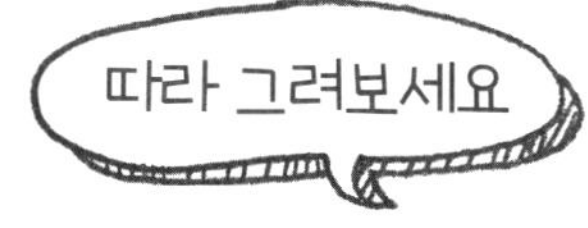

닭과 병아리 3

머리

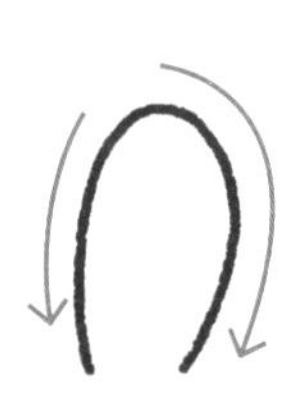

열린 타원

볏·눈·부리

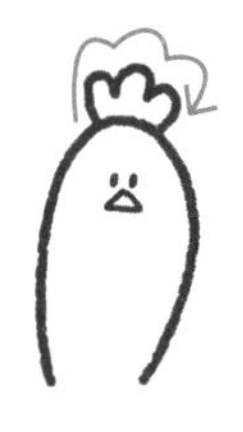

올록볼록한 선~
점과 삼각형

몸통

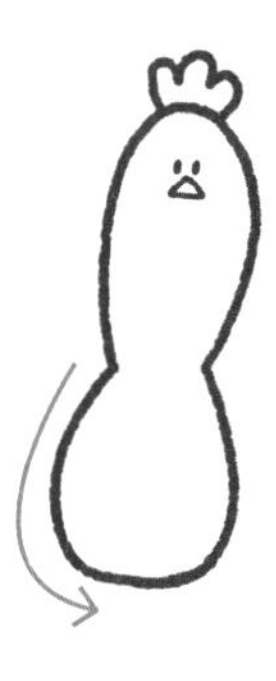

열린 타원과
연결되는 타원

날개·다리

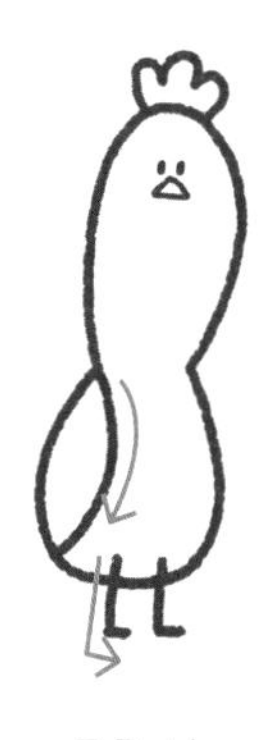

둥근 선~
꺾은 선

병아리 몸통

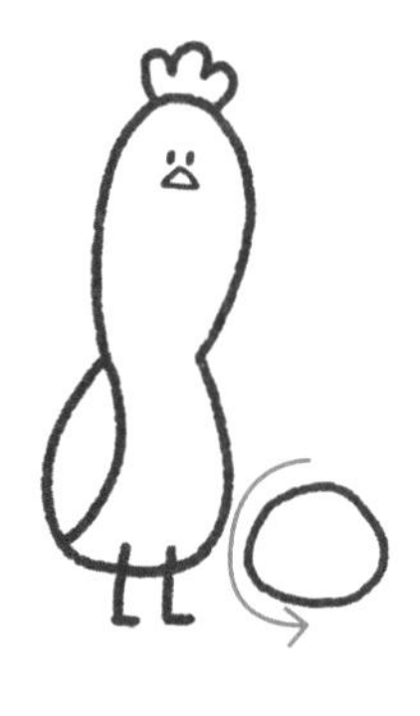

작은 원

병아리 눈·부리·다리

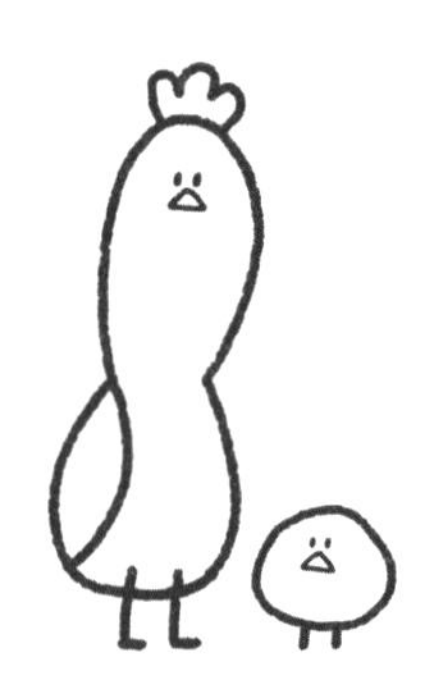

점과 삼각형, 짧은 선

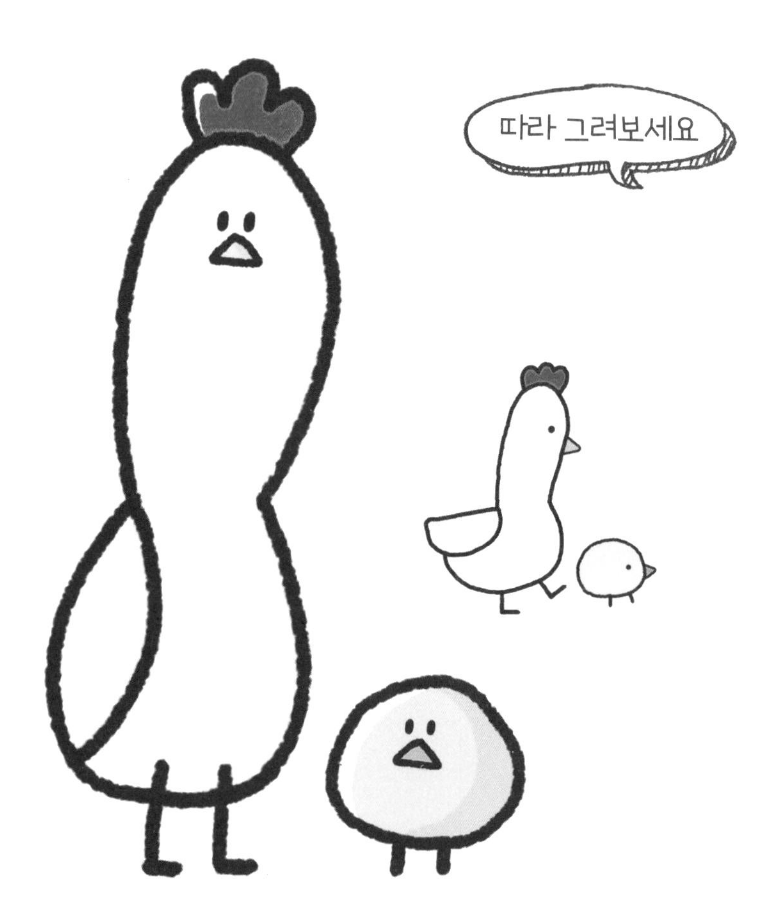

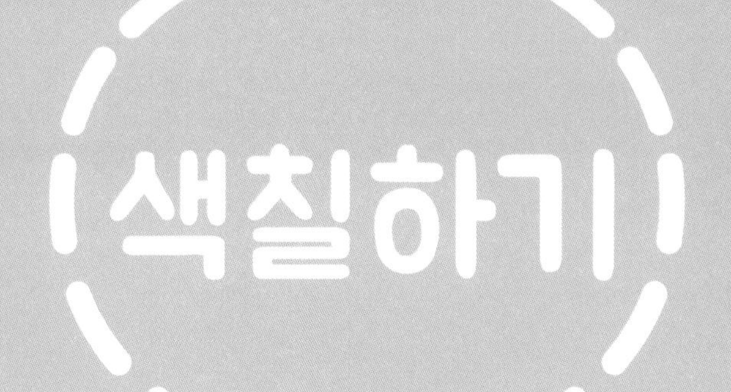
색칠하기

색칠하기 1

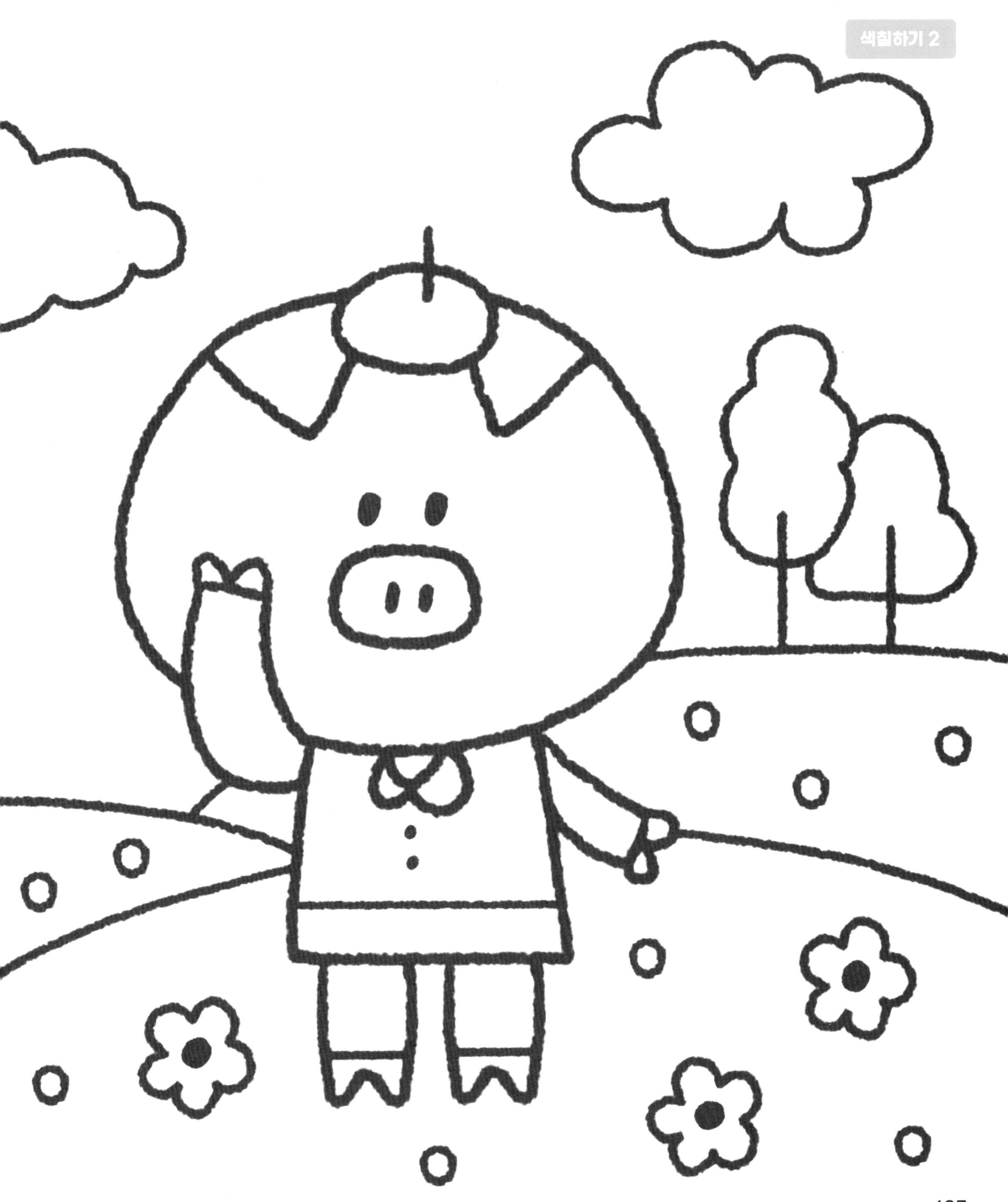

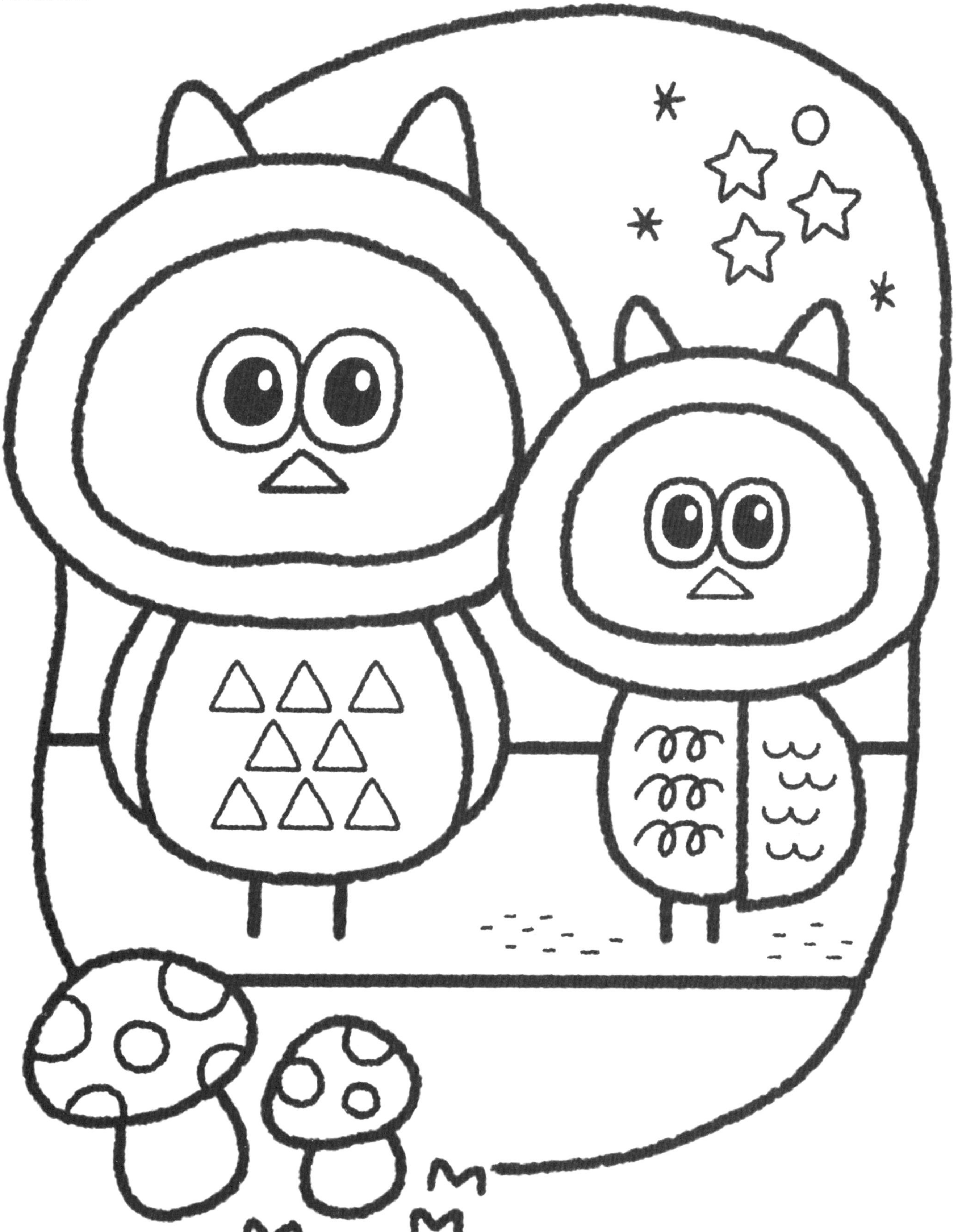

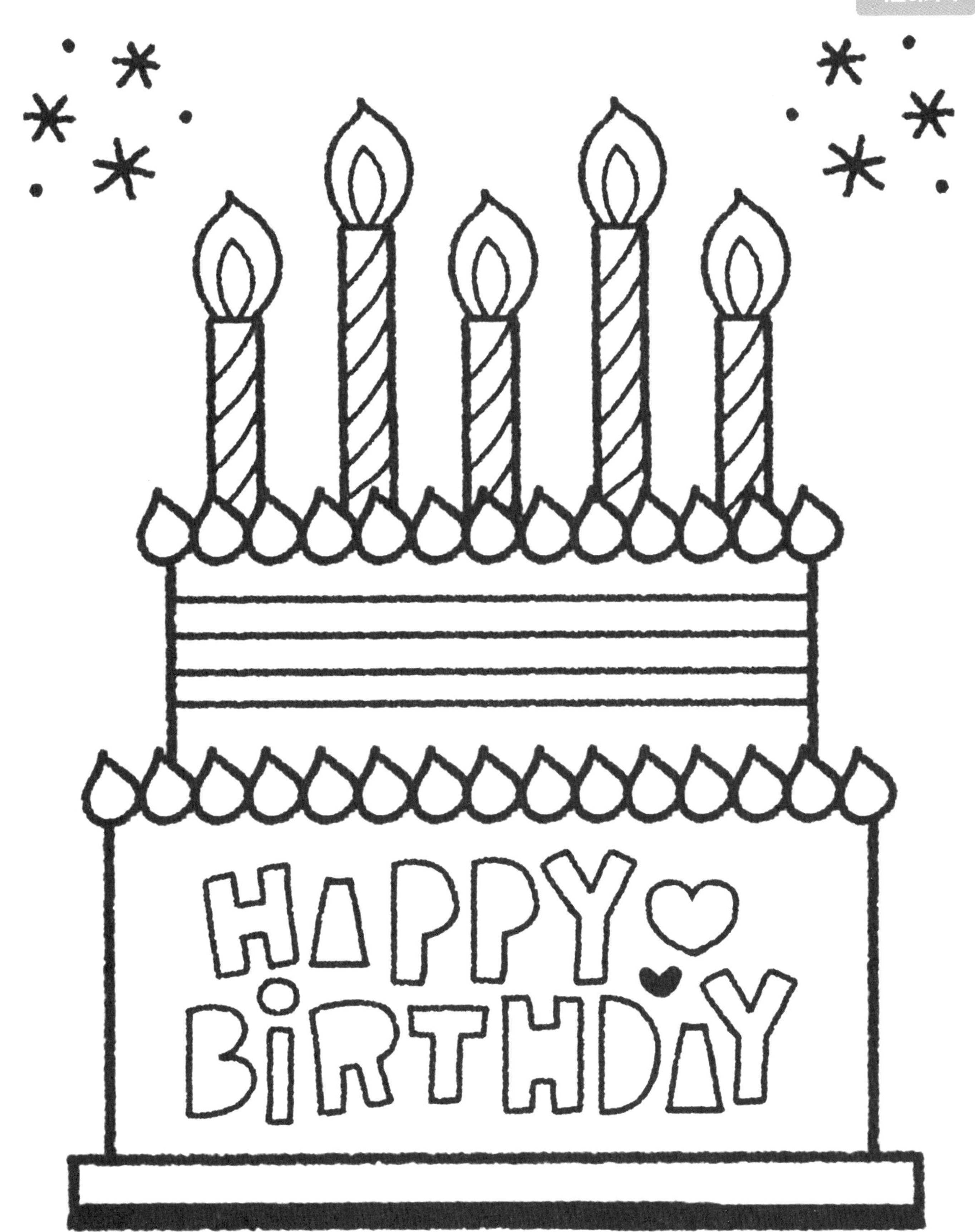
HAPPY
BIRTHDAY

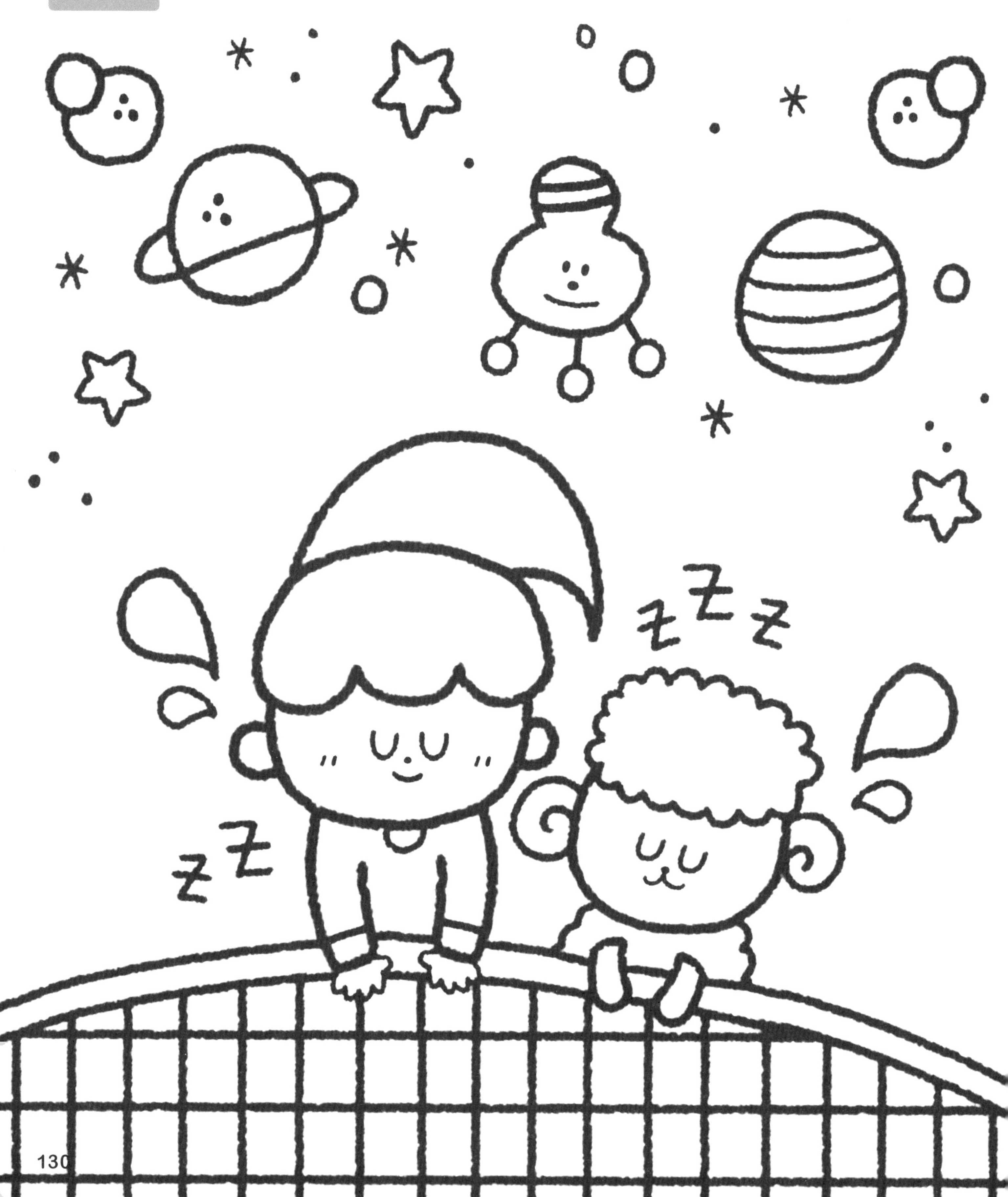
zZz
zZ

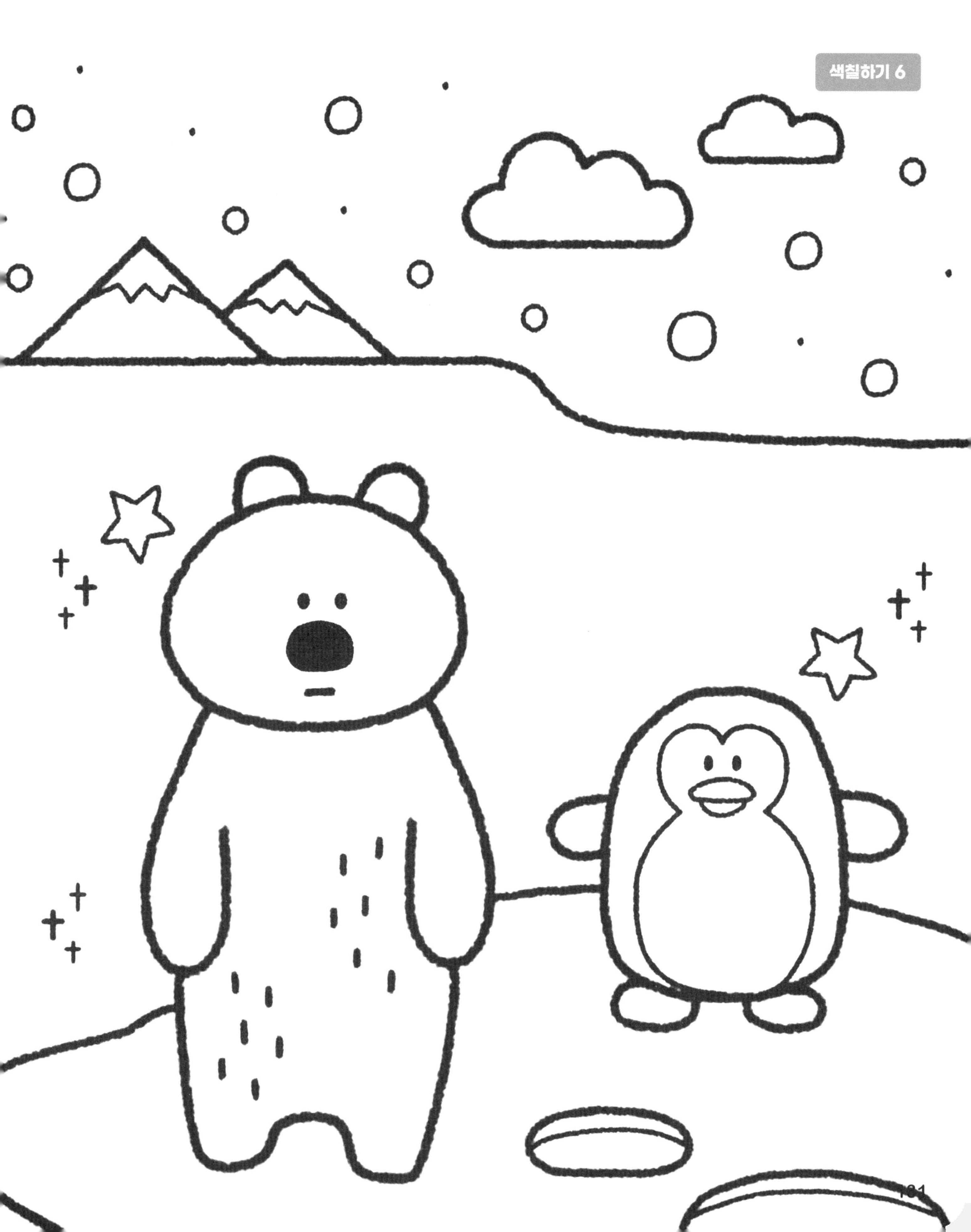

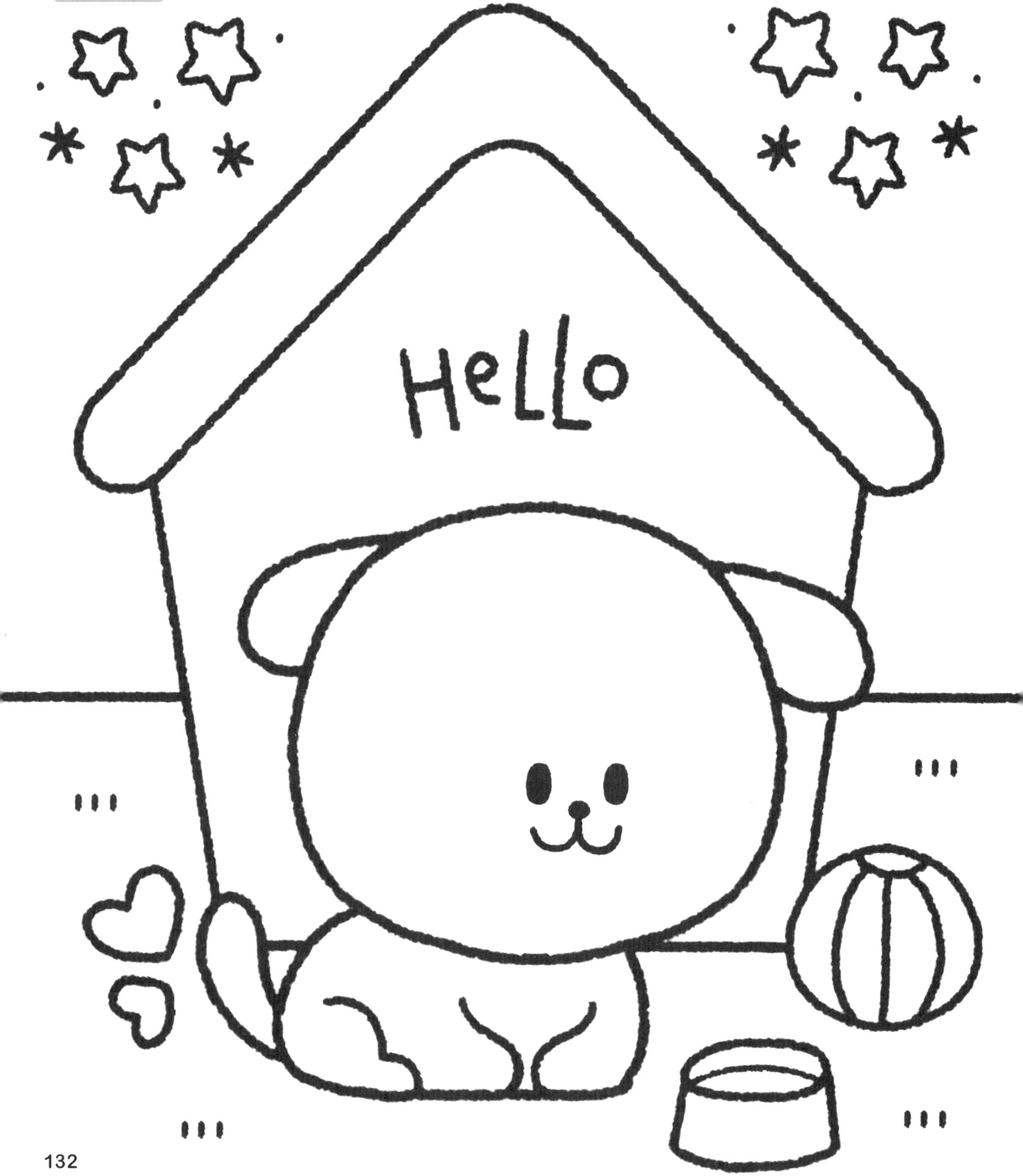

HeLLo

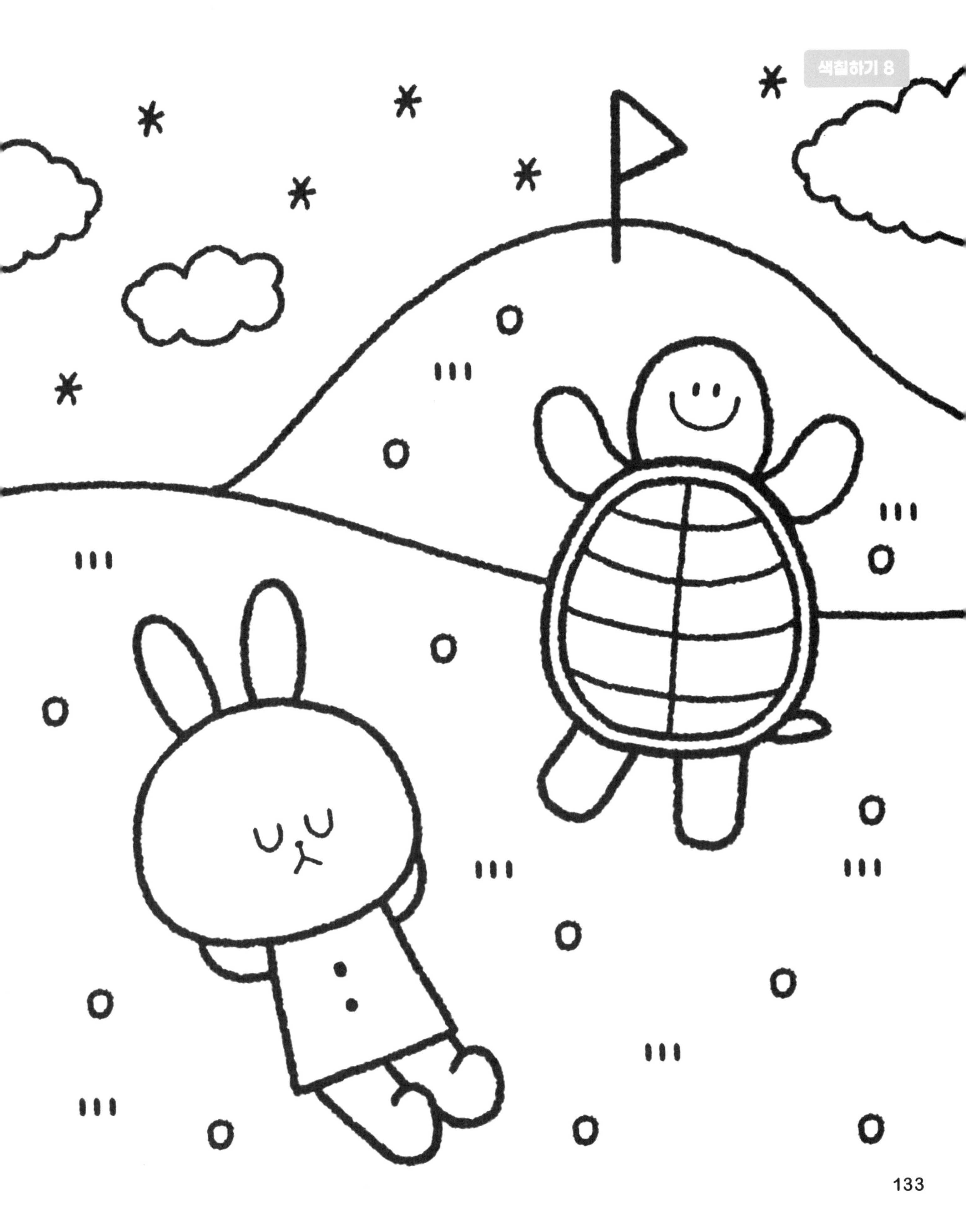

색칠하기 9

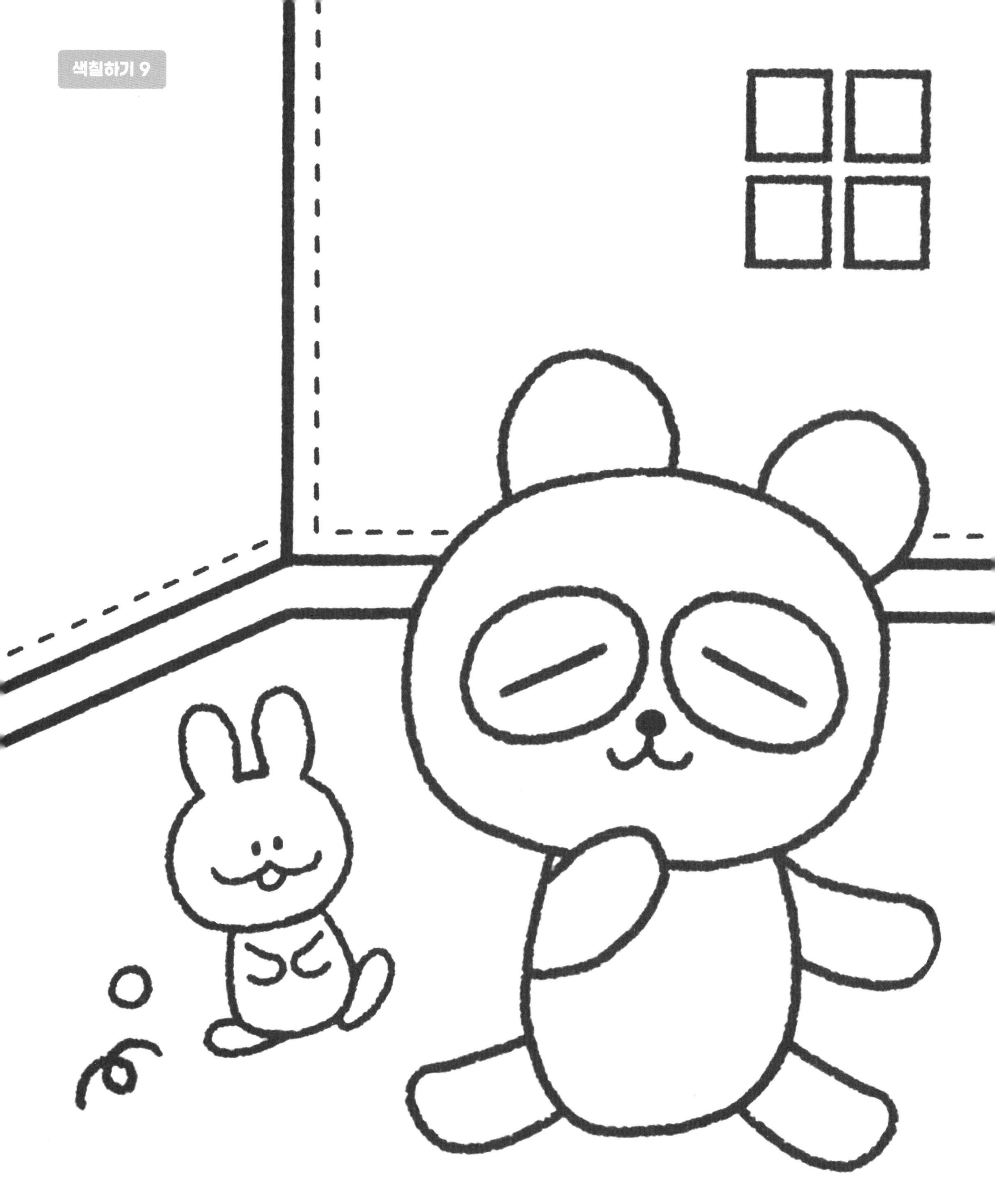

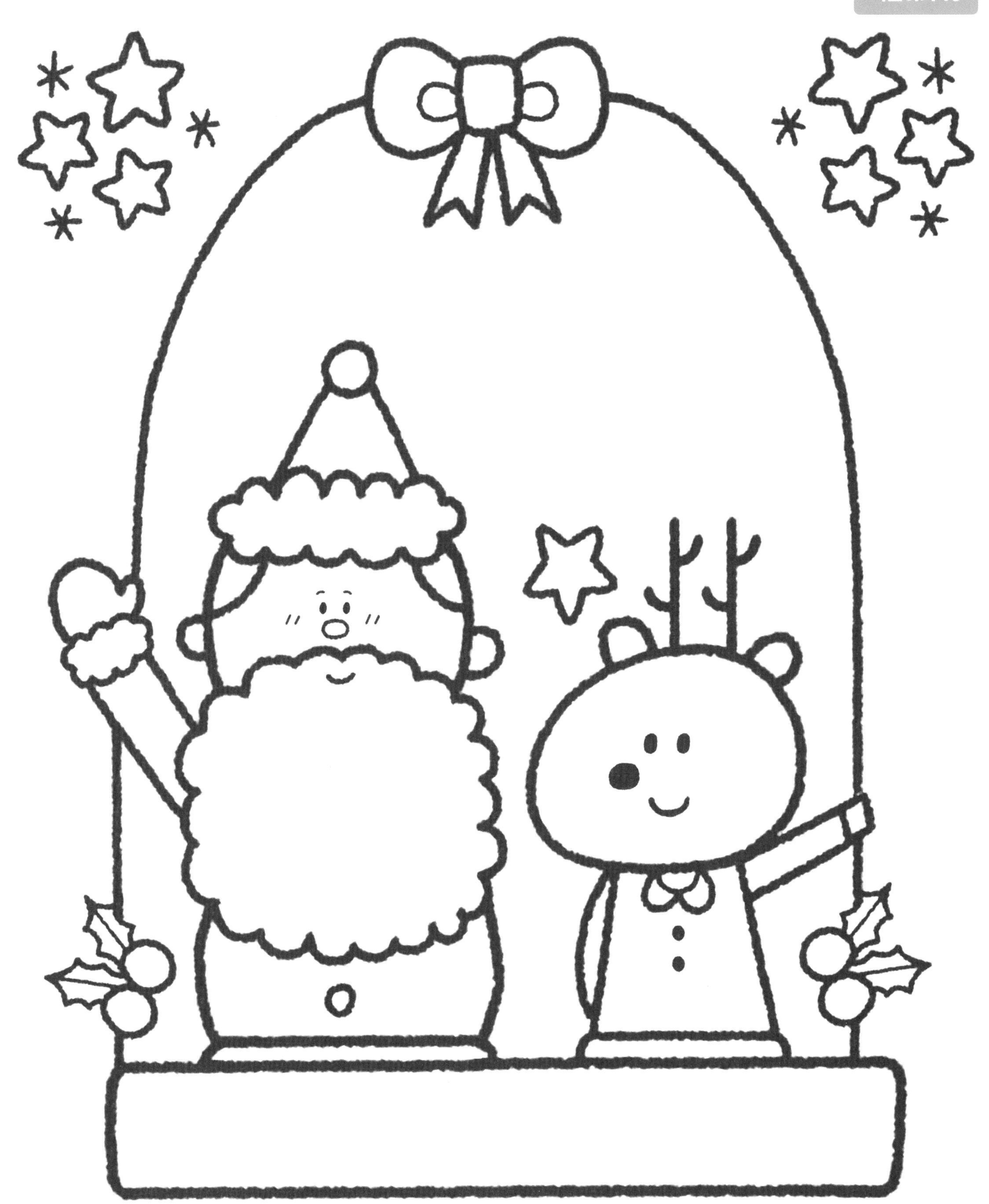

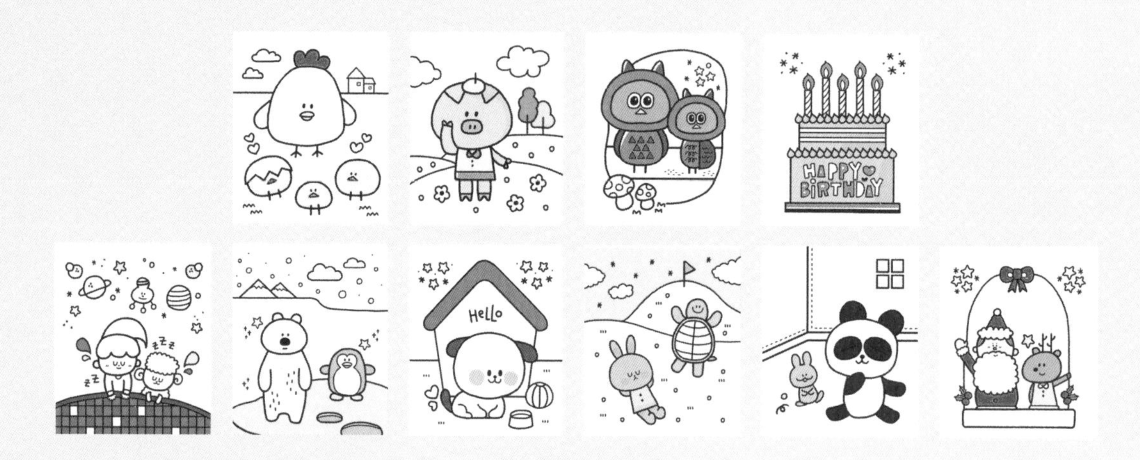

그리고 싶은 것을 그려 보세요!

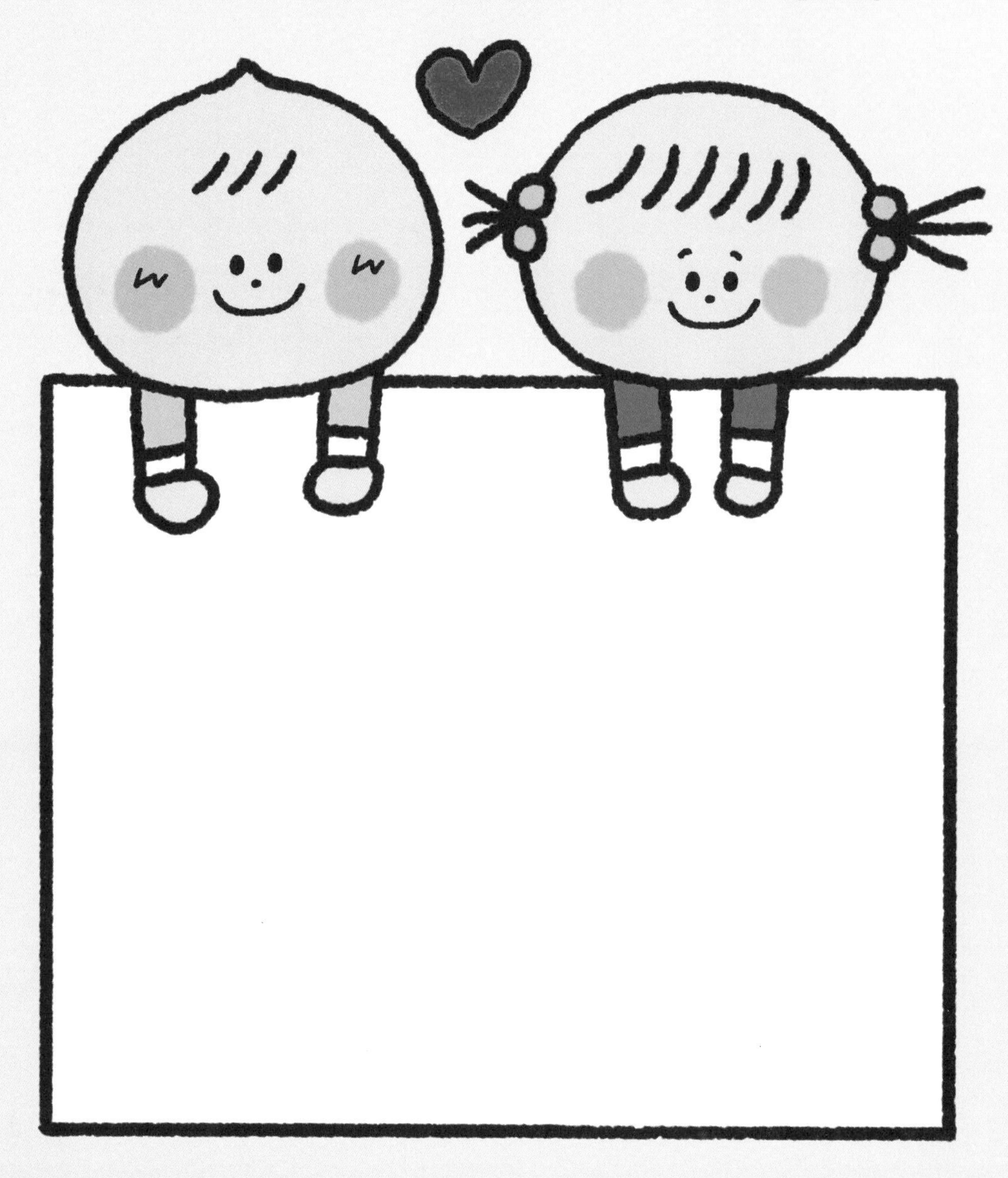